中国出生性别比偏高问题研究

胡耀岭 / 著

本书由河北大学科研创新团队培育与扶持计划(2016年“一省一校”专项经费)资助出版

科学出版社

北 京

内 容 简 介

20 世纪 80 年代以来，我国出生性别比长期保持偏高状态，这不仅是新时期我国面临的重大人口问题，也是我国正在或即将面临的重大社会问题。本书应用定性分析法研究出生性别比偏高的时空特征和分布规律，通过深入分析男孩偏好强度和性别选择技术可及性，提出出生性别比升高的内在机理和传导机制，并且以此为基础，建立空间计量模型，选取统计参量指标，应用定量分析法研究社会、经济、文化因素对出生性别比升高的影响及其影响程度，探寻群众进行性别选择性生育的根本动因，力争发现综合治理效果不太理想的症结所在，提出与经济社会发展阶段相适应的治理路径和与当地条件相适应的治理措施。

本书适合政府部门、高校教师和相关研究人员阅读与参考。

图书在版编目（CIP）数据

中国出生性别比偏高问题研究 / 胡耀岭著. —北京：科学出版社，2017.9
ISBN 978-7-03-054419-3

Ⅰ. ①中…　Ⅱ. ①胡…　Ⅲ.①人口性别构成-研究-中国　Ⅳ. ①C924.2

中国版本图书馆 CIP 数据核字（2017）第 221813 号

责任编辑：徐　倩 / 责任校对：王晓茜
责任印制：吴兆东 / 封面设计：无极书装

科 学 出 版 社出版
北京东黄城根北街 16 号
邮政编码：100717
http://www.sciencep.com

北京京华虎彩印刷有限公司 印刷
科学出版社发行　各地新华书店经销

*

2017 年 9 月第　一　版　　开本：720×1000　B5
2017 年 9 月第一次印刷　　印张：11 1/2
字数：232 000

定价：70.00 元

（如有印装质量问题，我社负责调换）

前　言

目前，我国正处于人口转型发展的第三阶段，在人口规模、人口结构、人口素质和人口分布等方面呈现新特征，这就需要我们进行调查研究和深入分析，把握人口发展特征及其规律性。从人口结构上看，性别结构尤其是出生性别结构是影响和决定社会经济协调可持续发展的重要方面，在我国出生人口性别比长期偏高的背景下，婚姻挤压、劳动力市场、产业结构等都发生了微妙变化，这同样需要我们认真分析研究出生性别比偏高的原因及其社会经济后果，提出妥善解决出生性别比偏高问题的政策方案。

出生性别比是指在一定的时间和空间范围内，全部活产婴儿出生时的男婴人数与女婴人数之比。在统计数量足够大时，出生性别比基本稳定在103~107（女=100），这是出生性别比的正常值域。20世纪80年代以来，我国出生性别比出现了迅速而持续的偏高、升高趋势，到2010年，全国出生性别比达到117.96，显著高出正常值范围，而且，除西藏和新疆外的其他省份均明显偏离正常值，从而使我国成为世界上出生性别比偏高程度最高的人口大国。若单纯从出生人口数据方面进行分析，我国2008年的出生性别比高达120.50，2010年和2015年分别降至117.96和113.51，出生性别比偏高状况得到了初步遏制，但从出生性别比孩次特征和区域分布情况来看，出生性别比偏高形势依然十分严峻。

出生性别结构失衡是影响我国人口结构问题的重要方面，得出出生性别比出现持续回落的结论，还为时尚早。出生性别结构失衡给我国的经济、社会、政治、文化等方面带来的影响是全面和持续的，也是深刻和长远的。出生性别比偏高且持续升高的最直接表现就是，女性出生人口相对于男性出生人口的不平衡，以及低龄女童非正常的高死亡率，这些均导致出生人口乃至总人口中的女性“赤字”。研究表明，出生性别比偏高的根本原因是性别选择性生育，其直接受害者是女性胎儿和生育女孩的妇女，一方面，这是对女性生命权的严重侵犯，那些无辜的女性胎儿还没有面世就被残酷地剥夺了生命权；另一方面，性别选择性人工终止妊娠手术让怀孕妇女蒙受巨大身体伤害，承受身体和精神的双重痛苦，有的会付出终身不孕甚至死亡的惨痛代价。出生性别比长期持续严重偏高，不仅是新时期我国面临的一个重大人口问题，也是我国正在或即将面临的一个重大社会问题，直接制约着社会主义和谐社会建设进程。

1995年之前，出生性别比问题并没有引起我国政府部门和学术界的足够重视，学术界认为出生性别比偏高是因瞒报、漏报女婴造成的出生性别比假性偏高，这一论断一度占据上风。但自20世纪90年代后期以来，学术界关于中国出生性别比偏高问题的认识逐渐趋于一致，基本认同中国出生性别比严重偏高，是确已存在的客观事实。在此期间，学术界针对出生性别比偏高问题开展了长期、持续和卓有成效的研究，对中国出生性别比持续升高现象进行了理论分析和实证研究，并主要集中在中国出生性别比失常的表现、原因及后果等方面，从多个视角对出生性别比偏高问题及其社会经济后果进行分析，增强和提高了全社会对于出生性别比偏高问题的认知，综合分析现有研究进展情况，其所取得的研究成果主要包括以下五个方面：一是在无人为强力干扰的情况下，出生性别比的正常值处于103~107；二是20世纪80年代以来，从东亚国家到南亚国家，再到南高加索地区国家，出生性别比渐次偏高；三是出生性别比偏高将带来严重的社会经济后果；四是中国出生性别比的变化具有明显的空间差异性，地区、城乡、孩次分布差异较大；五是出生性别比偏高是多因素综合作用的结果。这些成果对开展本书的研究具有一定的借鉴和启示作用。以此为基础，本书将分析并总结出生性别比变动特征和变化规律，定量研究和分析社会、经济、文化等因素对出生性别比的影响及其影响程度，力求深入理解和把握出生性别比内在变动规律，应用空间计量分析方法研究社会、经济、文化因素对出生性别比偏高的影响及其影响程度，并在此基础上，提出切实可行的治理措施与政策建议，争取对出生性别比偏高问题综合治理工作有所裨益。

近年来，出生性别比偏高问题得到党中央和国务院的高度重视，引起社会各界的普遍关注，各级政府制定并采取了一系列政策措施。我国在改善出生性别结构组织行动中，大力推动促进社会性别平等和综合治理出生性别比问题专项活动，在政府和公民社会两个层面同步推动、平行展开。政府主要通过制定各种法规和采取各项政策措施来提高妇女地位，促进男女性别平等；公民社会则主要在政府的协调下参与各项社会活动，充分发挥其在促进性别平等中的组织优势。近年来，虽然政策措施初见成效，但并未从根本上全面解决出生性别比继续升高问题，部分省（自治区、直辖市）出生性别比仍在高位震荡，综合治理出生性别比偏高问题的工作任务依然十分艰巨。在治理出生性别比偏高问题上，国家、省、市、县四级政府组织开展了关爱女孩行动和综合治理出生性别比偏高问题工作，但是，各地区出生性别比偏高的具体特点不尽相同，正在经历的阶段有所差别，所面临的社会、经济、文化背景复杂多样，没有一个普遍适用的治理方式和方法，这就需要针对出生性别比升高的具体情况，采取相应的治理措施，做出适宜的政策安排。因此，本书在分析导致出生性别比偏高升高内在机理的基础上，以联系的观点和实践的方法，研究出生性别比变动特征和变化规律，探寻不同阶段治理出生性别比所应采取的政策措施，并将其应用到综合治理出生性别比偏高问题的工作实践中，充分体现政策的导向性、有效性和超前性，真正做到未雨绸缪、有的放矢，为尽早遏制中国出生性别比升高势头和从根本上解决出生性别比偏高问题奠定基础。

在研究内容上，本书主要包括如下四个方面：一是分析中国出生性别比偏高的时空分布特征，掌握其时间分布、空间分布和社会经济特征，发现出生性别比的变化规律，观察和分析社会、经济、文化因素对出生性别比偏高的影响；二是以相关理论为基础，从男孩偏好观念和性别选择技术可及性入手，建立数学模型，主要选取 2000 年全国人口普查数据和相关省（自治区、直辖市）的社会经济统计数据，充分考虑空间自相关作用，应用空间计量分析技术实证研究各变量对出生性别比升高的影响及其影响程度；三是社会、经济、文化因素导致了出生性别比失衡，同时，出生性别比偏高也制约了人口和社会经济的可持续发展，进一步厘清出生性别比偏高带来的危害，有助于全面认识出生性别比失衡带来的社会问题；四是在明晰出生性别比的时空分布特征和社会经济文化因素对出生性别比偏高影响程度的基础上，提出不同变动阶段所应选择的治理路径，为制定切实可行的治理措施提供理论基础和制度保障，确保综合治理出生性别比偏高问题工作切实取得实效。

本书研究所需的基础数据主要来源于全国各省（自治区、直辖市）及其所属地市的 1982~2010 年第三、四、五、六次全国人口普查资料，2000~2015 年统计年鉴、卫生统计年鉴、农业年鉴、人口与就业统计年鉴、国民经济和社会发展统计公报、计划生育年报等人口社会经济数据。在研究方法上，主要采用定性分析法、定量分析法、实地调研法和案例分析法开展研究，把握变动规律性，力求措施可行性，应用定性分析法探寻出生性别比偏高的时空分布规律，应用定量分析法研究社会、经济、文化因素对出生性别比升高的影响及其影响程度，采用实地调研法发现与群众生育选择相关的问题及其症结所在，运用案例分析法总结各地在开展关爱女孩行动和综合治理出生性别比偏高问题工作中所取得的典型经验及其主要不足，客观评价出生性别比相关数据的准确性，分析群众进行性别选择性生育的根本动因，力争发现综合治理效果不太理想的症结所在，最终提出在不同社会经济发展阶段所应选择的治理路径，争取更好地认识出生性别比变动规律，发掘具有推广价值的先进经验、治理路径和治理措施。

在篇章结构上，本书分十章对出生性别比偏高及其相关问题进行研究。第一章提出四个需要重点研究的问题：出生性别比正常值应该是多少；出生性别比偏高的影响因素有哪些；出生性别比升高的内在机理是什么；如何认识当前出生性别比治理措施。第二章研究出生性别比指标及其相关问题，厘清出生性别比真性偏高和假性偏高，出生性别比统计测度和不同口径数据评估，并应用国际数据考察孩次递进出生性别比正常值。第三章分析出生性别比偏高变动趋势和时空特征，在时间维度上出生性别比偏高程度逐年扩大，在空间维度上呈现梯次性、蔓延性和普遍性，为深入分析出生性别比偏高原因奠定基础。第四章研究出生性别比偏高的社会后果，应用全国人口普查和抽样调查数据，测算女性缺失和婚姻挤压规模，分析女孩生命权和生存权受到侵害等问题。第五章分析出生性别比升高的内在机理，探讨出生性别比偏高所需具备的环境条件和触发因素，对男孩偏高程度和性别选择性生育技术进行深入分析，提出出生性别比升高的影响机制和主要框架。第六章实证研究各因素对出生性别比升高的影响，构建数学模型、选取指标变量，以地级市 2000 年全国人口普查数据为基础，应用空间计量分析技术实证研究各因素对出生性别比偏高升高的影响。第七章对出生性别比偏高与生育政策关系进行研究，现行生育政策挤压强化了人们的性别选择意识，应用人口数据分析总和生育率与政策符合率对出生性别比偏高问题的影响及其影响程度。第八章考察和分析出生性别比偏高问题治理路径，从治理可行性、路径选择和治理措施等方面，研究出生性别比偏高问题的主要治理措施及其成效，为国家综合治理出生性别比偏高问题提供政策参考和决策依据。第九章是案例分析，通过对贵州和安徽两省在治理出生性别比偏高问题中的实践进行分析，进一步检验各因素对出生性别比升高的影响机制，总结具有推广价值的治理措施。第十章是本书主要结论。

目　　录

第一章　导　　论

出生性别比偏高是影响中国人口良性健康发展的关键问题，也是关系全国社会经济可持续发展的重大问题。综合治理出生性别比偏高问题专项行动，发现一些地方政府或部门在对出生性别比的实践和认识上出现一些新问题，出生性别比变动呈现一些新特征和新特点，并由此引发一些新思考，现将其在本章一并提出，这也是本书将重点研究的主要方面和重点回答的问题。

第一节　出生性别比正常值再认识

一些地方政府或部门对出生性别比认识不够准确，错误地认为出生性别比指标越低越好，评比考核中存在盲目“比低”现象。在实地调查中某乡镇干部曾大倒苦水，当年该乡镇因为出生性别比为 104 但高于同区县其他乡镇，致使其在人口计划生育考核评分中受影响，案例真实而酸涩，这不仅不利于出生性别比偏高问题治理，还变相刺激了所辖区域及相关部门人为地进行系统性造假，严重影响政策执行的有效性和针对性。那么，出生性别比正常情况下应该是多少呢？目前人们基本公认地将 103~107 作为出生性别比的正常值范围，也就是说，新出生男婴数量是女婴数量的 1.03~1.07 倍，两者比较接近，男婴数量略多于女婴，这是在无人为干扰情况下的变动范围。

问题到此还远远没有结束。103~107 的变动范围与实际生活体验和观察值并不完全一致，人们发现，在同样没有人为或政策干扰的 20 世纪五六十年代，也就是在实行严格生育数量限制之前，养育孩子支出（也可称为孩子边际成本）较低，人们传统的生育观点是“多子多福”，家庭普遍追求多生育子女，“五朵金花”、“七仙女”及“葫芦娃”等家庭比比皆是，而一男一女或男女平衡家庭似乎并不占多数，显然，当时的医学技术水平不具有人为性别选择性生育的基础，而且在不受生育数量限制情况下人们也无须进行人为性别选择性生育，如何解释家庭生育中真实存在的“多男”和“多女”现象呢？微观家庭中存在的出生性别比偏离而且严重偏离 103~107 取值范围确实是个有待解答的现实问题。

一个可能的解释是，出生性别比是一个统计上的概念，只有对大量样本进行统计才具有实际意义，仅就统计显著性和统计指标而言，样本量至少多大规模才能满足出生性别比统计需要？在小样本情况下，如何去权衡比较出生性别比是否正常，以及出生性别比变化情况呢？如果在大规模样本下的出生性别比正常值为103~107，那么，小样本下的正常值变动范围应该是多少呢？科学正确地回答上述问题可以为出生人口规模较小的基层政府部门认识和监测本地出生性别结构提供一个直观可操作性的标准，同时，对国家有针对性地开展综合治理出生性别比偏高问题行动和科学制定出生性别比偏高问题相关政策具有一定的指导意义。

第二节　出生性别比偏高的影响因素

自1980年以来，我国出生性别比处于长期持续偏高状态，这不是“一时一事”造成的偶然性偏差，而是出现整体性、系统性偏差，这是多种因素共同作用的结果。从出生性别比开始偏高的时点进行分析，这与我国实行改革开放政策时间相吻合、与实施严格计划生育政策时间相同步，是巧合，还是必然？

对出生性别比分区域变化特征进行分析，1982年广东、安徽等东部省份出生性别比率先升高，1990年几乎所有东部、中部省份开始加入出生性别比偏高阵营，2000年除西藏外的所有西部省份全部“倒戈”，出生性别比偏高省份从东部沿海地区开始逐渐向中部地区进而向西部地区扩展。很明显，该种变化趋势呈现出从经济发达省份到不发达地区渐次渗透传播的特点，那么，这到底是经济因素造成的，还是文化因素所引致，抑或人口流动加快了出生性别比传播速度呢？如果是经济因素所引致，能够使出生性别比开始出现偏高的地区经济发达水平或人均经济收入阈值是多少呢？也就是说，在人均经济收入阈值点上，出生性别比处于正常和偏高临界状态。另外，各个行政区域交界地区的出生性别比较接近，而且更倾向于受偏高情况较严重行政区域的影响，这是由于这些地区处于综合治理出生性别比的“三不管”地带而较少受到监管治理，还是受相邻区域之间经济贸易文化往来频繁影响而“近墨者黑”呢？

传统上认为，在生育间隔时间和生育数量限制下，人们的生育性别结构可选择空间被大大压缩，在生育期望数量与政策生育数量差异较大时，其受到的挤压将会更大一些，为了在有限的生育空间内尽量达到生育男孩的目的，就会人为地性别选择性生育男孩，想方设法“留男流女”，大量家庭普遍性进行性别选择性生育，必然导致出生性别比出现系统性持续偏高。其主要证据是，在实行计划生育政策之前，全国及各省（自治区、直辖市）出生性别比处于正常值范围内，即便是实行计划生育政策之后，西藏和新疆等生育数量限制较小的省份，其出生性别比仍然基本保持在正常值范围内。但值得注意的是，除藏族和维吾尔族之外的千万人口以下少数民族，在未受到生育数量限制的情况下，为什么其出生性别比也远远超出正常值范围？与之相对照的是，同样实行严格生育政策的贵州省，其出生性别比直到 2000 年仍然处于正常值范围内，显然，上述分析理论无法将所有情况完全解释清楚，由此可见，国家生育政策可能在某种条件上对出生性别比升高具有某种程度的影响，但肯定不是全部解释变量。出生性别比与生育政策之间到底具有什么关系，生育政策如何影响以及在多大程度上影响出生性别比偏高呢？这就需要应用相应资料数据进行定性分析和定量研究。

中国传统生育观念中存在的“重男轻女”和强烈男孩偏好是出生性别比偏高的必要条件，在不存在严重男孩偏好的情况下，每个家庭将顺其自然地做出自己的生育决策，整体出生性别比将必然处于正常范围内。但是，男孩偏好并不必然导致出生性别比偏高，同样，随着男孩偏好程度下降，出生性别比也并不必然降低。例如，随着婚育新风进万家活动在全国范围内有效开展，新型生育文化宣传和生育健康教育走进千家万户，男孩偏好强烈程度有所下降，但近三十年来的出生性别比却逐年上升，到 2010 年，安徽、福建、海南等省份的出生性别比甚至达到了 125 以上，那么，传统生育文化对出生性别比偏高到底起着什么样的影响呢？这还有待于我们进一步深入研究。

第三节 出生性别比升高的内在机理

出生性别比升高是社会经济文化等因素综合作用的结果。只有在具有强烈男孩偏好的国家和地区，才会出现出生性别比偏高问题，而在男孩偏好不强烈或者没有男孩偏好的国家和地区，其出生性别比一般处于正常值范围内，但男孩偏好（甚或是强烈男孩偏好）并不必然导致出生性别比偏高。在 20 世纪 80 年代之前，我国群众生育男孩意愿亦十分强烈，而统计资料表明，当时的出生性别比与世界其他国家几无差异，均处于正常值范围内。一个国家出生性别比出现持续系统性偏高，肯定是某个环节或某些方面出现了一些问题，或者说是出现了一些诱发因素，悄悄打开了出生性别比升高的“阀门”。那么，到底是什么因素导致了出生性别比偏高呢？出生性别比升高的内在机理是什么呢？

最本质地，出生性别比升高只有两种可能，一是多生男孩，二是少生女孩。从实现手段来讲，可以采用通过染色体干预和人工授精技术达到多生男孩的目的，但该项医疗服务项目成本较高，少则三五万，多则十几万，远远超出普通家庭的经济承受能力，仅为生育男孩而寻求技术手段的家庭较少，不会造成出生性别比的系统性偏高升高，由此可见，出生性别比升高的最便捷途径是少生女孩。由于孕前干预胎儿性别的经济成本太高，孕前期几无人为干预，妇女怀孕时的过程基本是自然生理过程，如果此时统计胎儿性别的话，其性别比基本是接近正常水平的，但为了生育男孩而生育数量指标又十分有限的情况下，人们的理性选择是尽早检测胎儿性别，将女胎流引产而寄希望于下次怀孕时是男胎，通过少生女孩达到生育男孩的目的，因此当期出生性别比偏高。那问题是，人们为什么承受健康风险和精神折磨去进行选择性别人工终止妊娠呢？此间，是什么因素激发起人们付诸实际行动的勇气呢？答案是强烈的男孩偏好。那又是什么引起群众那么大的男孩偏好呢？难道仅仅是儒家文化和传统生育观念吗？

出生性别比升高是大量家庭集中进行性别选择性生育的结果，是家庭实现生育意愿过程中理性决策的结果，其所反映出来的是社会经济生活中某些环节出现了问题。从经济学角度分析，个体生育决策以实现家庭效用最大化为目的，其效用包括精神上的和物质上的，前者主要体现在传宗接代、家族地位等方面，后者主要体现在男劳动力、养儿防老等方面，生育男孩承载着一个家庭在社会交互作用中形成的价值取向，在这样的社会心理和文化环境氛围中，这些因素将对男孩偏好产生一定影响，其对男孩偏好的影响是如何传导的呢？其中的影响机制是什么？从实现手段来讲，性别选择技术为生育男孩和流引产女胎提供了可能，育龄群众是如何获得这些技术的？获得这些技术服务与社会经济环境和家庭经济收入之间有什么样的关系？医疗设备购销管理、医院诊疗业务管理、卫生技术人员执业道德规范是否与社会生活和管理实践相适应？相关法律法规是否具有针对性和可操作性？这些因素是错综复杂的，体现在社会经济文化方方面面，但它们均有明确的指向性，通过增强群众男孩偏好和提高选择性别人工终止妊娠技术而促进出生性别比升高，从这个意义上讲，在出生性别比升高过程中存在着一定的内在作用机理，需要我们进行深入研究，探寻出生性别比变动的内在规律性。

第四节　出生性别比治理措施再审视

系统分析和科学论证出生性别比偏高影响因素及其升高内在机理，可以帮助我们认清出生性别比变动规律，为有效治理出生性别比偏高问题奠定基础。近年来，国家专门成立了综合治理出生性别比偏高问题领导小组和工作小组，多部门联合发文制定出台了综合治理出生性别比偏高问题相关文件，尤其是，国务院印发的《“十三五”卫生与健康规划》提出将出生人口性别比降至112之下，并将之作为约束性指标。

各级地方政府高度重视并贯彻落实治理出生性别比偏高问题的各项措施，在宣传教育、利益导向、奖励扶助、生殖健康服务等方面做了大量工作，形成齐抓共管的良好局面。但是，综合治理实践采取同样的治理措施，有的地区治理成效显著一些，有的地区上升趋势依旧。由此可见，即便是同一个区域，不同省份、不同县市之间的出生性别比变动特点亦有所不同，那么，各地区出生性别比是否有共同的变动特征或轨迹可循？我们如何去认识和理解各地区的变动特征呢？充分认识出生性别比变动规律可以确保国家制定的治理措施更加有的放矢。

近十年来，各级政府注重加大出生性别比综合治理力度，建立打击“两非”（非法胎儿性别鉴定和性别选择性人工终止妊娠）工作机制，并将打击“两非”作为综合治理工作的重要抓手，但在打击“两非”行动中，打击对象应该是谁？涉及“两非”行为的单位和个人众多，既包括医疗机构、医疗设备（B 超机）生产厂家、染色体鉴定机构、医疗服务中介机构，还包括育龄妇女、家庭成员或亲友、执业医师，如何界定他们各自的义务和责任？如果发生“两非”事件，医疗机构是否涉嫌非法或非正当营利？医疗设备生产厂家是否需要审核购机单位执业资格？染色体鉴定机构能否确认送检样本出于医学需要？医疗服务中介机构是否涉嫌参与非法活动并获利？《中华人民共和国刑法》对育龄妇女及其家庭成员或亲友的行为是否有相应规定？《中华人民共和国执业医师法》对执业医师参与“两非”是否有相应罚则？这些问题的圆满解答与打击“两非”工作力度息息相关。

另外，在综合治理出生性别比偏高问题上，各级政府均将出生性别比达到正常值范围作为工作目标，并且逐级进行考核评比，这可能会引发不能按时实现目标的部分基层政府对统计数据或住院分娩数据造假，即便是按时达到治理目标，也并不能保证日后不再反弹，也就是说，如果统计数据显示的出生性别比已经正常或趋于正常，这是真实情况还是表面现象？如果该正常值是慑于综合治理的外在约束力形成的，那些诱发出生性别比升高的因素并未完全消除，终会卷土重来；如果是通过内在自发努力而获得的正常，不仅出生性别比的统计指标正常，而且群众的生育观念得到根本转变，男孩偏好不再强烈或几近消除，此时的出生性别比才能持续保持正常。综合治理出生性别比问题不仅要关注结果，更要关注过程，治理的目的不是仅仅使出生性别比指标恢复正常，更应消除出生性别结构失衡所引发的一系列社会经济问题，“标本兼治”是检验综合治理出生性别比偏高问题工作得失成败的试金石。

总而言之，出生性别比偏高问题受到社会经济文化因素影响，也关系到社会经济生活的方方面面，出生性别比偏高不仅仅是指标高低的问题，更是关系到千万个育龄妇女身心健康的问题。在无人为干扰情况下，出生性别比指标正常值应该是什么？引致出生性别比偏高问题影响因素有哪些？这些因素对出生性别比升高的内在作用机理是什么？如何认识和评价当前所采取的治理措施？这些问题也是本书第二章至第九章力求回答的主要问题，对这些问题进行认真分析和科学论证，有助于我们找到一条综合治理出生性别比偏高问题的有效路径，为国家科学制定相关政策提供参考依据和数据基础。

第二章　出生性别比指标及其相关问题

出生性别比是反映人口性别结构的重要指标，出生性别比偏高所涉及的并不仅仅是数值高低问题，而是其背后隐含的由此产生的社会经济问题。为了能够定量研究出生性别比升高原因以及与之相对应的社会经济现实问题，首先需要对出生性别比指标进行认真分析，其次有必要对出生性别比指标相关问题进行澄清和界定。

第一节　出生性别比正常值范围

出生性别比是表示出生人口性别结构的指标，系指在特定的时间和空间范围内，全部活产婴儿中的男婴人数与女婴人数之比，通常也称为第二性别比，用每100名活产女婴所对应的活产男婴数表示。在自然条件下，出生性别比主要取决于受孕性别比（第一性别比）、胎儿死亡性别比、死产性别比。它除直接受自然因素的影响外，还间接受社会因素的影响。由于生物进化速度缓慢，社会因素的间接影响十分微弱，在无人为干扰的情况下，出生性别比是一个基本保持常量的人口统计指标。

Visaria（1967）研究了20世纪五六十年代的世界各国出生人口数据，认为正常的出生性别比应为103~107，如果高出107的上限，那就不是出于自然生育的过程，而是存在人为的强力干扰。Shaw（1989）对英格兰和威尔士的出生性别比进行了分析和研究，发现在被统计的40年中出生性别比基本稳定在106左右，自80年代开始，尽管出现了一定程度的降低，但仍在103~107的正常范围内。Parazzini等（1998）对世界五大洲29个国家出生性别比的变化趋势进行了分析，结果表明：1950~1994年，大多数国家的出生性别比几乎为常数，澳大利亚和南欧国家的出生性别比在正常范围内有一定上升，而部分东欧、北欧国家的出生性别比在正常范围内出现了小幅下降。刘爽（2005a）利用《联合国人口统计年鉴》资料，对世界主要国家或地区的出生性别比及其变动情况进行了较为系统的研究，发现91.9%的被统计国家的出生性别比为103~107，其中，以处于105水平的国家最多，而且出生性别比水平高低与国家的人口规模大小没有明显关联性。在对出生性别比正常范围的认识上，现有文献一致认为，103~107 是一个可以准确反映世界绝大多数国家出生性别比的标准范围，这是在不受任何人为因素干扰情况下的生物学意义上的变动范围。

在影响出生性别比指标的生物学因素方面：Bernstein（1958）研究了人的生育行为与出生性别比的关系，将婚后 15 个月作为生育界限分成两组进行观察，15 个月内生育男孩的概率显著高于 15 个月之后；James（1971）提出了“受孕时间假说”，认为人类受精卵的性别比取决于妇女受孕时所处的月经周期时间段，在前半段受孕的，其生育男孩的概率较高；Guerrero（1974）基于“受孕时间假说”进行了实证研究，认为出生性别比与排卵期阴道和子宫颈内的 pH 有关，在 pH 较高的碱性环境下受孕更倾向于生育男孩；Harlap（1979）从受孕时间的角度研究了 3 658 名犹太妇女的生育行为和出生性别比的关系，其观点和所得结论与 James 和 Guerrero 基本相同。Whiting（1993）对肯尼亚的 7 个社区进行了研究，发现在一夫多妻制度下的出生性别比为 88，一夫一妻制的为 114，其认为出生性别比与夫妻性生活频率有关，婚姻制度影响妇女的受孕机会和受孕时间；Underwood（1993）和 Brewis（1993）也得出了出生性别比与性生活频率呈正相关关系的结论；但是，Mulder（1994）研究了一组与 Whiting（1993）相似的人群，无法证实上述关系的存在。James 和 Rostron（1985）认为出生性别比随胎次的提高和父母年龄的增大而降低；Chahnazarian（1988）研究了美国、英国等国家的相关统计数据和资料，也证明了上述结论，即出生性别比与父母的年龄和生育胎次均呈负相关关系。

由此可见：在没有人为因素强力干扰的情况下，出生性别比将只受生物学因素的影响，世界大多数国家的基础数据能够满足统计样本需求，较好地反映了统计指标特征，尽管出生性别比会有小幅波动，但基本保持在 103~107 的区间范围内。世界各国的出生统计数据显示，长时期以来，出生性别比基本维持在 105 左右窄幅波动，国际公认的正常变动范围为 103~107（Shaw，1989；Feitosa and Krieger，1993）。在影响出生性别比的因素中，现代医学技术下的产前性别鉴定具有精确得知胎儿性别的能力，而在孕前和孕中能确定胎儿性别的其他手段和途径（如受孕时间、中医把脉、pH 等）只能是模糊的、非精准的，其鉴定准确度较低，且并未得到科学确认和实践证明。

第二节 出生性别比偏高性质

对于中国出生性别比是否存在真实偏高问题，学术界曾经历了较长时间的争论。一种观点认为，出生性别比偏高不仅仅是局部问题，而是在全国广泛存在的人口现象，并且存在着农村高于城市、高胎次高于低胎次、头胎是女孩的二孩次性别比高于头胎是男孩的二孩次性别比等特点（或特征），社会中存在着较为集中的性别选择性生育行为（王元璋，1985；刘爽，1988）。另一种观点认为，出生性别比偏高主要是女婴的漏报、瞒报和错报造成的，也就是说，我国的出生性别比偏高是一种假象，由于被统计漏报、瞒报的女婴事实上已经存活在世，中国并不存在真正意义上的出生性别比偏高问题（徐毅和郭维明，1991）。自 20 世纪 90 年代中后期开始，学术界关于我国出生性别比问题的看法已经趋于一致，基本认同了我国出生性别比偏高问题是一个客观事实。

根据 1982 年全国人口普查、1988 年中国 2‰人口生育节育抽样调查、1990 年全国人口普查和 1990~2006 年全国人口变动抽样调查结果，可以估计得到中国 1970~2005 年以来的出生性别比变动趋势，1980 年以前，出生性别比处于正常值范围内；1980 年之后，始终处于上限值 107 上方，1990 年开始高于 110，并保持稳步升高的态势，如图 2.1 所示（王广州和傅崇辉，2009）。另外，根据相关数据，农村和城市人口均呈现出生性别比逐年攀升的趋势，仅仅漏报女婴不足以解释出生性别比的长时期、大范围的偏高现象，除了出生漏报因素之外，必然存在着人为干预生育行为。B 超机的临床应用和普及情况与出生性别比升高所呈现的同步性和正相关性，也为我们得出上述判断提供了佐证。

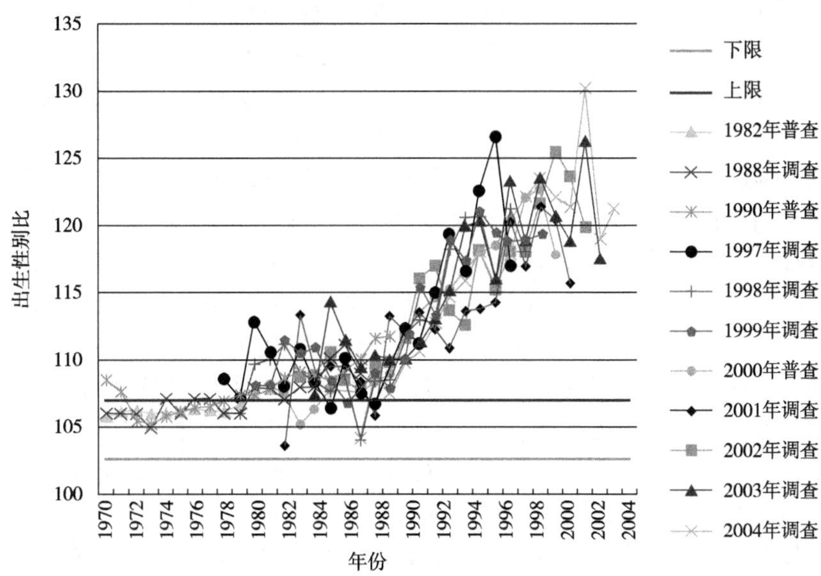

图 2.1　1970~2005 年以来中国出生性别比变动趋势

在认同出生性别比真性偏高的情况下，现有研究对我国出生性别比偏高程度的认识仍然存在较大差异。曾毅等（1993）通过逆向存活法估计了1990年全国人口普查中的出生漏报，发现女婴漏报率高达5.94%，而男婴漏报率只有2.26%，通过将这些漏报率对出生性别比进行调整，结果表明：1989年全年和1990年上半年合计的出生性别比由115.4下降到111.4，降低了4个百分点，也就是说，偏高部分中仅仅有51.3%是真实偏高，其余的48.7%是由漏报造成的虚高。陈卫和翟振武（2007）利用教育系统内小学生在校人数所反映的低年龄人口性别比，来推算出生性别比，重新估计了2000年及20世纪90年代的出生性别比，结果表明：我国出生性别比的偏高部分中，至少有50%是由女婴漏报所致，在1995年1%人口抽样调查资料中，出生性别比偏高部分的52%~63%来自于女婴漏报，在2000年全国人口普查中，女婴漏报所占比例高达68%~73%。同样是基于教育统计资料，徐岚和崔红艳（2008）对我国出生性别比偏高的实际状况进行了研究和分析，并得出结论：1996~2000年出生性别比偏高部分中，有23.97%是女婴漏报所致，其余的76.03%是人为性别选择造成的；如果仅按2000年全国人口普查统计的出生性别比计算，女婴漏报因素占18.15%，选择性人工流产占81.85%。两项研究所得结论不尽一致的原因是，前者认为分年龄性别的死亡率对性别比的影响非常小，从而在利用教育数据回推出生性别比时没有考虑死亡因素；而后者在利用小学统计数据回推相应年份的出生人数和出生性别比时考虑了死亡因素的影响。

尽管在具体数值上有些分歧，但是，上述研究方法为进一步研究出生性别比偏高问题开拓了思路。通过对其技术路径进行考察分析，发现其在研究基础和假设方面存在值得商榷之处，主要表现如下：教育统计资料中的人口统计信息是否完备，以及就学年龄是否与实际年龄相符都是一个现实存在的问题，其统计数据的质量是否肯定高于抽样调查数据或人口普查数据呢？退一步讲，即便教育数据是完整、准确、可靠的，但是在推算出生性别比时都绕不开从出生到教育统计时点的年龄别死亡率这个指标，社会现实中是否也存在婴幼儿的死亡漏报呢？既然对人口普查和相关抽样调查资料如此质疑，又有什么理由过度相信其中的死亡率指标的准确性呢？黄荣清（2005）根据第四次全国人口普查和第五次全国人口普查中的死亡人口和相关资料，估计了20世纪90年代中国人口的实际死亡水平，表明确实存在着死亡漏报的情况。其实，从生活实践感受也可得到验证，出生统计数据可能比死亡数据更准确一些，在调查人口死亡情况时，往往会触及人们尚未抚平的心理创伤或者其他一些不愿意向别人透露的私密信息，所以很难得到被调查者的积极配合。因此，人口死亡数据的准确性可能会低于对出生数据的统计，以人口死亡率为依据推算所得结果的准确性将因此而大打折扣，此时，研究女婴漏报因素占出生性别比偏高的比例时，应谨慎对待所得出的结论。

在缺乏足够证据或可行方法修正的情况下，将现有的普查数据作为研究基础是一个较优选择，其数据的取得比较直接，避免了回推计算的过程误差，也可以确保研究设计的科学性、过程的稳定性和结论的可比性。正如陈胜利等（2008）研究所指出的，人口普查数据第一手资料中的分性别数据资料没有受到任何因素的干扰，其数据质量是可靠的，记录了我国出生性别比升高的真实轨迹，其上升趋势是真实存在的。当然，对出生人口数据的准确程度也不能过于乐观，根据笔者对基层实地调查了解，社会中的确存在着出于各种原因而在统计过程中故意漏报、瞒报出生人口的现象，漏报的出生人口既有男婴也有女婴，情况不尽相同。

由此可见，在对是否真实偏高的认识上，我国学术界曾经历了一个从论争到统一的过程，自2000年开始，对出生性别比的研究进入从存疑到求解的新阶段（杨云彦等，2006）。现有的文献主要关注出生性别比偏高的现象、原因、后果，并对女性缺失、女性生命权和生存权问题进行了研究，部分文献对导致出生性别比升高的因素进行了实证研究，但是，由于中国地域差异明显、经济发展不平衡、风俗习惯差异较大，有必要进一步深入研究出生性别比偏高和升高问题。出生性别比偏高是多因素共同作用的结果，根深蒂固的男孩偏好是产生出生性别比偏高现象的根本原因，性别选择性流引产女胎、漏报瞒报出生女婴以及溺弃女婴是导致出生性别比升高的直接原因，人口生育政策等社会经济因素对出生性别比偏高起着一定的促进作用，在开展出生性别比偏高问题研究时，有必要从出生性别比概念入手进一步拓展思维。分析认为，男孩偏好是出生性别比偏高的必要条件，产前性别鉴定和流引产技术是出生性别比偏高的充分条件，这两个条件所促成的性别选择性生育行为是出生性别比偏高的充分必要条件。人们的性别选择行为受多种因素的共同作用和影响，传统的“重男轻女”观念是其文化基础，儒家文化所赋予的“从父制”和“从夫居”的传统已经传承了两千多年，有着较强的社会基础；自20世纪70年代初开始“晚、稀、少”生育政策，并逐渐紧缩到1980年开始提倡的“一对夫妇只生一个孩子”是其生育政策基础，这限制了家庭的生育数量，失去了靠自然多生达到生育男孩的机会；农村以“包产”及“包干”为主导的农业经济体系，以及城镇以具有强烈家族经济特征的乡镇企业、私有经济和民营经济的大发展是其社会经济基础，由此彰显男孩的劳动力供给和家族财富传承功能，再加上与之相对应的继承法等法规、社会政策不健全，经济发展非但没有消除人们的男孩偏好，反而强化了这种偏好；B超检查、流引产手术等现代医疗技术的广泛普及是其技术基础，为非法的胎儿性别选择提供了安全便捷的保障，这些要素的组合共同促成了我国出生性别比偏高且持续升高的现实（原新，2008）。这就需要在建立系统的理论模型和研究框架的基础上，研究社会经济文化因素对各地出生性别比的影响，把握特征、发现规律、寻求对策，确保综合治理工作有的放矢，取得实效。

第三节 出生性别比统计与测度

在当前的统计技术和统计制度条件下，大量研究所依据的出生人口数据并不是严格意义上的出生时刻的活产男婴数和活产女婴数，其仅仅是统计得出的时期出生人口数据，统计滞后、遗漏或错登现象是不可避免的，这也就决定了统计数据会有一些偏差。尽管不能得到准确的出生性别比，但是，统计意义上的出生性别比与真实值之间已经十分接近。实际上，统计得出的数据至少可以被看做抽样数据，按照统计学大数定律，当抽样样本数量足够大时，统计得出的出生性别比基本接近于真实值，在正常情况下，其应该保持在103~107。

一、最小样本量确定

二项分布是一种具有广泛用途的离散型随机变量的概率分布，主要用来表达一个事件成功和失败发生情况的概率。而我们可以将出生人口性别比分析问题看做生育男孩或女孩的概率，因此，在出生人口性别比分析中，二项分布概率模型是最适合的模型之一。可以用 n 次方的二项展开式来表达在 n 次二项试验中成功事件出现的不同次数（$X=0, 1, \cdots$）的概率分布。

$$P_{(X)} = C_n^X \cdot p^X \cdot q^{n-X}$$
$$= \frac{n!}{X!(n-X)!} p^X \cdot q^{n-X}$$

该二项分布的平均数和标准差分别为 $\mu = np$ 和 $\sigma = \sqrt{npq}$ 。其中，n 为出生总人口数；p 为生育男孩的概率；q 为生育女孩的概率。

对于一个出生人口样本，其出生性别比为 SRB_S ，欲使其在显著性水平（$\alpha = 0.05$）下高出正常范围上限107，必须满足以下关系式：

$$\frac{\text{生育男孩实际数} - \text{生育男孩数学期望}}{\text{标准差}} \geqslant 1.65$$

可以表示为 $\dfrac{n \times \mathrm{SRB}_S / (\mathrm{SRB}_S + 100) - n \times 107 / (107 + 100)}{\sqrt{n \times 107 \times 100 / (107 + 100)^2}} \geqslant 1.65$

将之化简得 $n \geqslant 1.65^2 \times 107 \times 100 / \left[207 \times \mathrm{SRB}_S / (\mathrm{SRB}_S + 100) - 107\right]^2$ ，此即为所需的最低样本量。一般认为，只有当所选取的出生人口样本量不低于3 000时，统计出生性别比才能近似地反映真实出生性别比（乔晓春，2006）。从这个意义上讲，一个人口规模较小的区域或单位，仅仅用出生性别比指标来考评计划生育性别管理工作及其成效是不科学的，也是不恰当的。

二、小样本下的正常概率

如前所述，出生性别比并不是一成不变的，一般会围绕中间值上下波动，在大样本情况下的波动范围为 103~107，从统计学意义上讲，凡是处在该区间内的出生性别比均可视为正常。但在实际监测评估中，经常会遇到某区域人口出生量较小的情况，此时将无法应用上述标准判断出生性别比是否正常，这就需要给出小样本下的正常波动范围，而对小样本条件下出生性别比及其变动特征进行正确判断，正是科学研判出生性别比是否偏高及其偏高程度的重要基础，也是评估出生性别比治理效果的重要依据。

本章在认真分析男孩出生概率基础上，特别设计和编制小样本人口出生性别比正常概率表。根据二项分布概率模型 $P_{(X)} = C_n^X \cdot p^X \cdot q^{n-X}$ ，以正常范围上限 107 为标准，分别计算不同出生人口规模下不同出生男孩数所对应的出生性别比正常的可能性，并将计算结果整理成表，以方便阅读、理解和应用。当期总体出生人口数可以 20、50、100 为间距分别在 100~3 000 选取，以下仅列出出生规模为 500 和 1 000 时的情况（表 2.1 和表 2.2）；奇数列表示该出生规模区域或人群中的出生男孩数，起始值为出生男女比为 1.08 时的男孩数，最大值为概率开始降为 0.00%时的男孩数；偶数列表示正常概率值，反映出生性别比处于正常值范围的可能性。

表 2.1　小样本（出生规模=500）人口出生性别比正常概率表

出生男孩/人	概率/%	出生男孩/人	概率/%	出生男孩/人	概率/%	出生男孩/人	概率/%
260	42.76	271	12.14	282	1.56	293	0.08
261	39.28	272	10.43	283	1.24	294	0.06
262	35.88	273	8.90	284	0.98	295	0.04
263	32.60	274	7.54	285	0.77	296	0.03
264	29.44	275	6.34	286	0.60	297	0.02
265	26.43	276	5.30	287	0.46	298	0.02
266	23.58	277	4.40	288	0.35	299	0.01
267	20.92	278	3.63	289	0.27	300	0.01
268	18.43	279	2.97	290	0.20	301	0.01
269	16.14	280	2.41	291	0.15	302	0.00
270	14.05	281	1.95	292	0.11		

表 2.2 小样本（出生规模=1 000）人口出生性别比正常概率表

出生男孩/人	概率/%	出生男孩/人	概率/%	出生男孩/人	概率/%	出生男孩/人	概率/%
519	43.50	534	13.28	549	1.95	564	0.13
520	41.02	535	11.97	550	1.67	565	0.10
521	38.58	536	10.75	551	1.42	566	0.08
522	36.18	537	9.62	552	1.21	567	0.07
523	33.84	538	8.58	553	1.02	568	0.05
524	31.56	539	7.63	554	0.86	569	0.04
525	29.34	540	6.77	555	0.72	570	0.03
526	27.20	541	5.97	556	0.61	571	0.03
527	25.14	542	5.26	557	0.51	572	0.02
528	23.17	543	4.61	558	0.42	573	0.02
529	21.28	544	4.03	559	0.35	574	0.01
530	19.49	545	3.51	560	0.29	575	0.01
531	17.79	546	3.05	561	0.24	576	0.01
532	16.19	547	2.64	562	0.19	577	0.01
533	14.69	548	2.27	563	0.16	578	0.00

在设计上，表 2.1 和表 2.2 所针对的问题是，在综合治理出生性别比偏高问题时，不可避免地存在层层考核评估问题，对于一些出生人口规模较小的区域，无法按照大数定律下的 103~107 标准去衡量，以此为标准进行判断，不仅不科学也不客观，此时，只能寄希望于小样本下的出生性别比标准。另外，关于出生性别比正常值标准问题，还需注意的是，一些地方政府或部门片面地认为出生性别比指标越低越好，在出生性别比治理考核中存在盲目“比低”现象，在实地调查中曾发现某乡镇因为出生性别比为 104 但高于同区县其他乡镇，而在人口计划生育年度考核评分中受影响的情况，这不仅不利于出生性别比偏高问题的解决，还可能变相刺激所辖区域及相关部门的统计数据造假行为。

根据大数定律，需要应用足够大的样本量来计算出生性别比，这样，才能保证计算所得的出生性别比稳定可靠。为了能够迅速了解某区域或人群出生性别比正常概率，正确判断小样本条件下出生性别比及其变动特征，监测评估微观小区域综合治理出生性别比偏高问题的效果，以及科学制定促使出生性别比恢复正常的政策措施，努力克服出生规模对正确研判出生性别比正常与否的限制。在实际使用中，首先，需要确知所分析区域或人群的出生人口规模和出生男孩数；其次，在目录中查找与出生人口规模相同（或接近）数字所对应的页码，在该页中的奇数列找到出生男孩数，其对应的偶数列中的百分数，即为区域或人群出生性别比的正常概率。需说明的是，限于篇幅，本书没能给出全部出生人口规模 500~3 000 人所对应的所有数据，表 2.1 和表 2.2 是包含部分数据的样表。

第四节　不同口径数据评价分析

在数据来源上，出生性别比主要包括四个口径：一是统计数据，每十年一次的人口普查数据、每十年一次的 1%人口抽样调查数据、每年一次的 1‰人口变动调查数据；二是户籍数据，每年新出生人口户口登记数据；三是卫生数据，每年住院分娩数据；四是人口系统数据，全员人口信息系统数据。通过对 2000 年以来的出生性别比数据进行分析比对，发现各口径间的出生性别比数据存在较大差异，以哪种口径为基准，尚无定论，以下对不同口径数据进行评价分析。

一、统计口径出生性别比是法定标准数据

统计口径数据主要来源于每十年一次的人口普查、1%人口抽样调查，以及统计局年度 1‰人口变动调查，这些数据比较丰富，而且统计口径前后基本一致，便于对出生性别比时间序列数据进行跟踪研究。但其也存在着一些不足之处，主要表现在三个方面：一是在统计方法上，公安户籍、人口计生、卫生等部门采取的是普查法，而统计部门采取的是抽样调查法，即便人口普查中的出生性别比依然出自于抽样调查法，其所依照的是长表数据；二是提供的出生性别比数据太过宏观，无法体现不同状态下的出生性别比变动情况，难以进行更为深入的数据信息挖掘；三是有些统计数据没有及时公开，造成数据资源浪费，同时也不符合《中华人民共和国统计法》第二十六条规定：“县级以上人民政府统计机构和有关部门统计调查取得的统计资料，除依法应当保密的外，应当及时公开，供社会公众查询。”

二、公安户籍口径出生人口数据有所失真

公安部门依据新生儿申报户口登记信息来统计和提供年度出生人口数据，而新生儿申报户口具有一定滞后性，存在着迟报、补报、漏报现象。调查发现，其

出生数据存在两个方面问题：一是许多地方公安户籍申报中，当年按时申报入户的当年新出生人口只有一半左右，其余的则在未来的若干年中陆续申报入户①；二是尽管《中华人民共和国户口登记条例》规定，在婴儿出生后一个月内，由户主、亲属、抚养人或者邻居向婴儿常住地户口登记机关申报出生登记，但是，其实际执行力度较弱，有的甚至久拖不报达半年以上，管理手段缺乏给有瞒报、漏报出生女婴的家庭以可乘之机，使得按户籍信息所统计出来的年度出生性别比的准确性受到一定影响，其统计结果往往失真。

三、卫生口径出生人口数据相对准确

卫生部门数据来源于妇幼卫生保健年度统计和监测系统，通过出生医学证明来逐胎登记、记录和统计出生人口。目前，全国住院分娩率达到了90%以上，少数偏僻乡村的接生工作由家庭接生员完成，接生员负责做好接生登记，并留有一个底联，凭此可以到乡镇卫生院换取出生医学证明。也就是说，卫生部门基本统计了当年出生的全部人口，其中也包括计划外生育人口。在数据质量上，由于妇幼保健和医疗卫生机构的工作业绩与出生婴儿的性别不挂钩，也没有与出生性别比相关的工作考核指标，其在登记过程中没有必要弄虚作假。另外，国家卫生和计划生育委员会《医疗机构病历管理规定》第十四条，“医疗机构应当严格病历管理，任何人不得随意涂改病历，严禁伪造、隐匿、销毁、抢夺、窃取病历”，保证了产妇住院分娩病历所记录出生婴儿性别和健康状况的真实性。所以，医疗机构的出生人口统计报表尚未被人为操纵，不存在瞒报或造假，其统计数据相对准确、可靠。但是，我们也注意到，对于流动人口数量大的地区，卫生部门的统计数据尚不能反映本地户籍人口出生性别比的实际状况。

四、全员人口系统统计结果较真实值偏低

出生性别比原本是一个普通的人口统计指标，用来衡量出生人口的性别结构。多年来，尤其是在出生性别比长期持续偏高的社会背景下，出生性别比指标受到了越来越多的关注，各级政府将出生性别比是否偏高及其偏高程度作为衡量领导和部门工作业绩考核的重要指标，如“一票否决”“关笼子”等惩戒考核管理制度。一方面，这表明了政府对人口问题的重视和关心，有力推动高层倡导可以促进人口数量和人口结构的和谐发展；另一方面，将出生性别比偏高程度作为党政线、部门线、计生线的政绩业绩考核指标，现有管理体制决定的“上有政策、下有对

① 数据源自在2009年部分省份综合治理出生人口性别比偏高问题工作调研座谈会上公安部门发言的会议记录。

策”不会在短时期内消除，下级政府具有在统计指标上做文章的积极性，寻求考核过关，有的甚至与群众联合起来造假，强指标压出假数据，客观上造成出生性别比指标人为失真。

现将 2006~2008 年江苏省分地市三部门出生性别比数据进行比较，如表 2.3 和图 2.2 所示。经过与其他省份相关数据的比对分析，发现江苏省出生性别比所表现出的特点并不是个别现象，其在全国范围内具有一定的代表性。受新生儿户口登记迟报、漏报的影响，公安部门对出生性别比的统计数据不是十分准确；受工作考核指标的影响，人口计生部门的统计数据比真实值偏低；卫生部门统计数据相对真实准确，但会受到流动人口异地分娩因素的干扰，需要根据产妇户籍所在地信息做进一步分解，可以以此为基础开展相关研究。但是，医疗机构住院分娩数据不是法定必须公开数据，难以得到全国层面的分性别出生人口数据，在研究出生性别比偏高问题时，需要参考多部门数据进行综合分析和统筹考量，应用有限的出生人口数据来探寻出生性别比变动规律，提出具有针对性的政策建议，促使出生性别比偏高问题得以根本解决。

表 2.3 2006~2008 年江苏省三部门出生性别比数据表

地区	卫生部门			公安部门			计生部门		
	2006 年	2007 年	2008 年	2006 年	2007 年	2008 年	2006 年	2007 年	2008 年
江苏省	117.53	117.04	116.77	118.23	117.08	115.45	110.20	110.27	109.54
南京	109.32	112.30	111.27	106.71	108.14	108.73	110.25	111.85	109.83
无锡	107.82	113.44	113.31	104.84	105.14	105.75	108.06	107.47	107.90
徐州	125.48	120.74	122.77	134.65	125.39	121.40	117.94	114.84	110.82
常州	110.18	111.01	112.58	106.04	105.38	107.22	106.68	106.33	106.64
苏州	113.45	115.12	113.74	102.05	102.51	104.08	106.22	108.45	106.62
南通	110.13	107.92	109.73	103.65	103.55	104.72	105.41	104.28	105.32
连云港	120.13	118.57	114.12	127.97	119.08	121.23	112.06	111.17	112.29
淮安	118.74	117.84	118.51	117.68	121.46	115.41	113.36	110.81	110.83
盐城	126.78	125.10	119.54	124.19	124.48	114.60	108.26	111.13	109.72
扬州	114.28	113.83	115.19	114.96	110.22	109.99	110.80	113.58	111.05
镇江	106.72	109.77	112.94	106.36	104.08	106.22	107.03	107.62	111.00
泰州	117.35	127.96	121.46	122.43	129.44	132.67	108.11	107.58	107.49
宿迁	131.40	116.33	119.17	117.11	118.82	122.83	111.57	111.76	112.71

资料来源：江苏省人口和计划生育委员会工作汇报材料（内部资料），2009 年

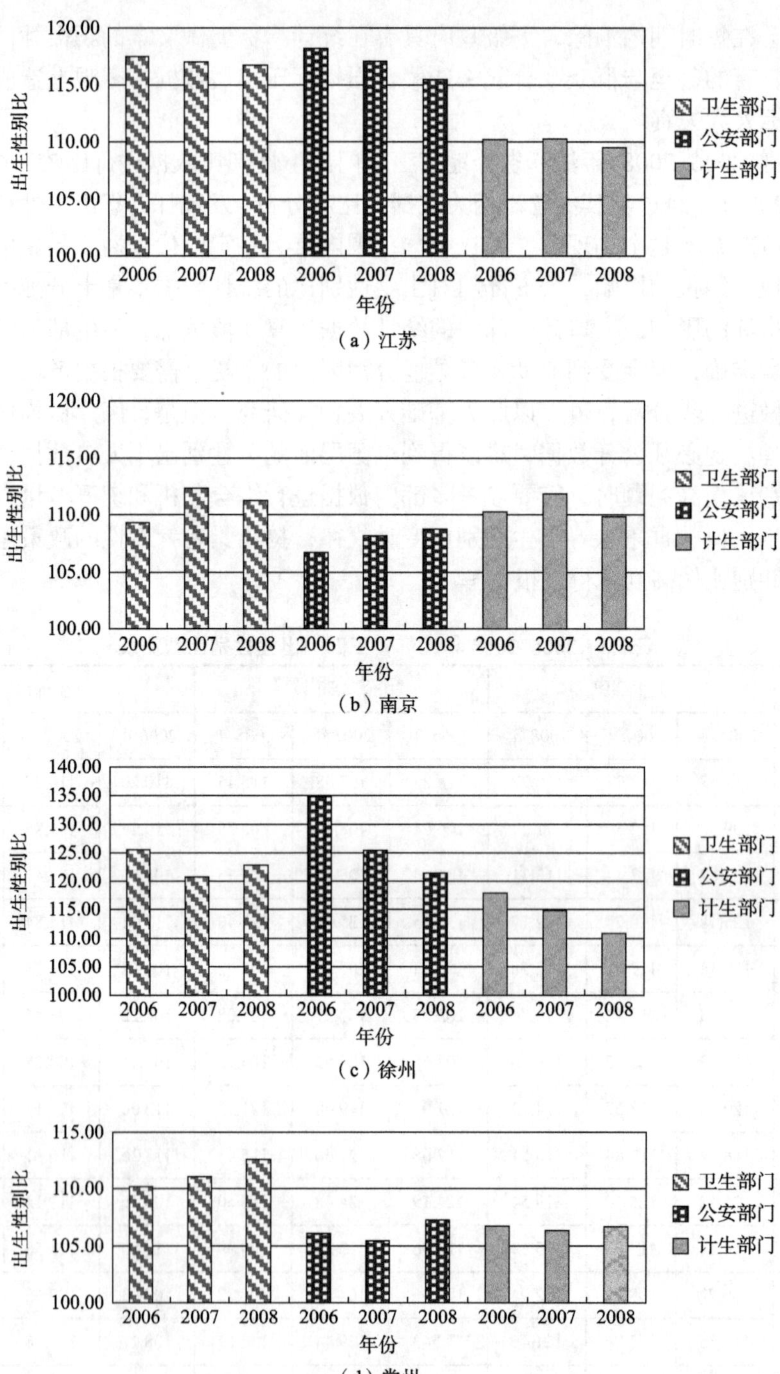

（a）江苏

（b）南京

（c）徐州

（d）常州

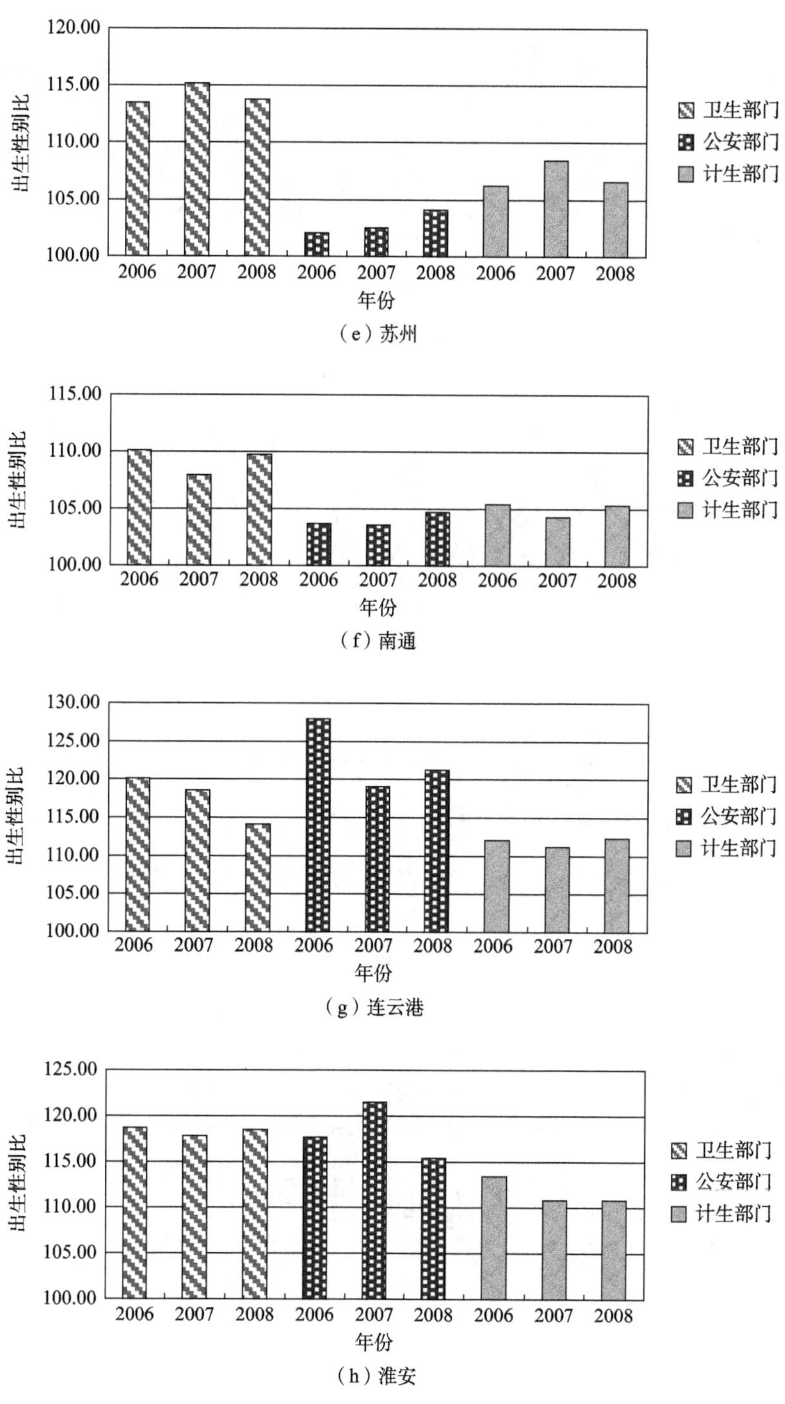

（e）苏州

（f）南通

（g）连云港

（h）淮安

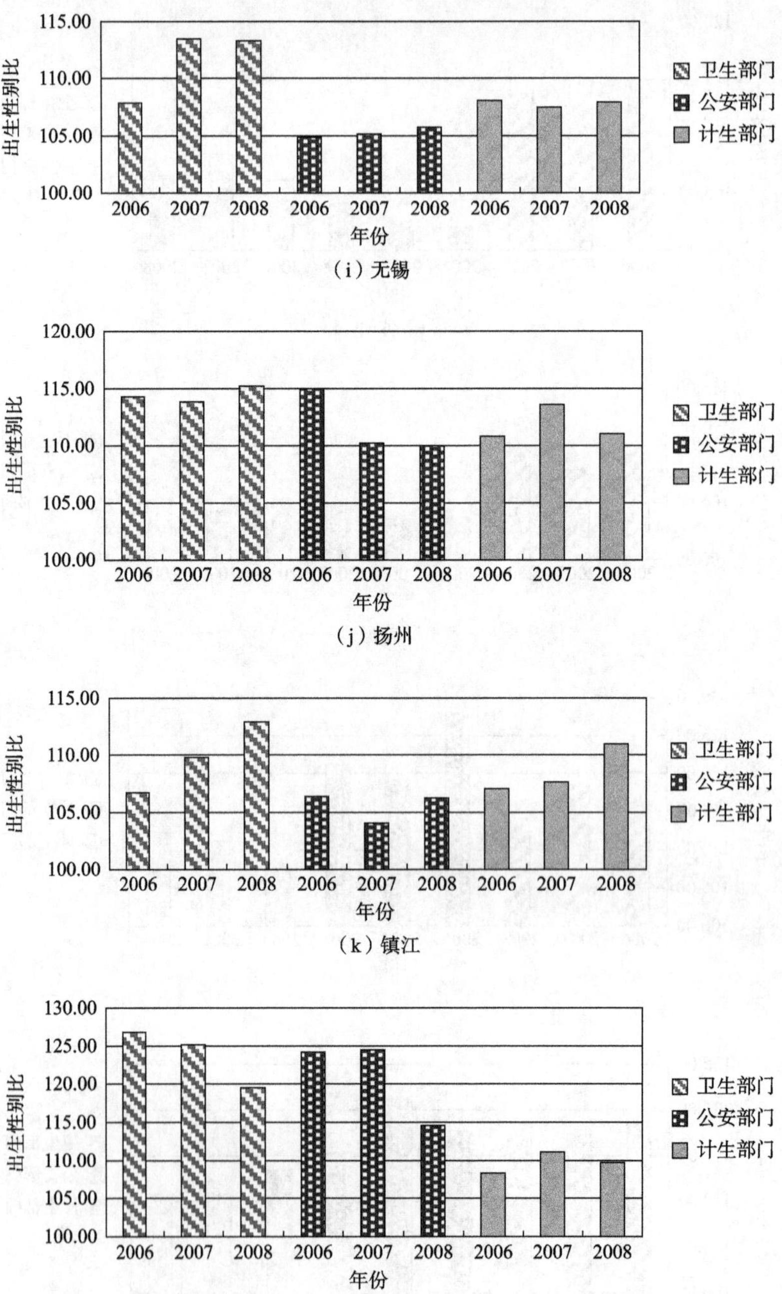

（i）无锡

（j）扬州

（k）镇江

（l）盐城

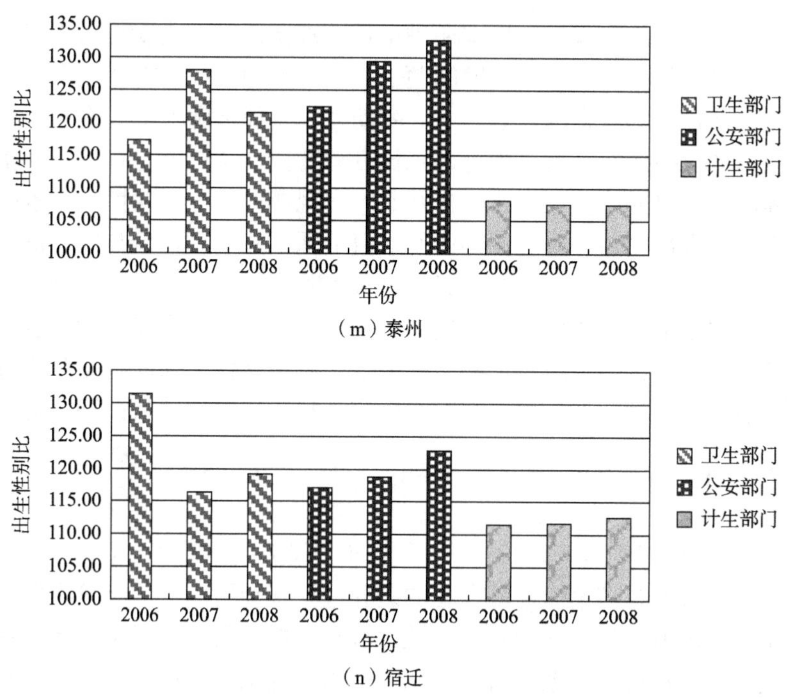

（m）泰州

（n）宿迁

图 2.2　2006~2008 年江苏省分地市三种统计来源的出生性别比

另外，人口研究中经常用到教育部门提供的人口数据，教育口径数据是回推计算的结果。通过教育部门入学人数来推断以前年度出生性别比，主要是基于以下假设：一是低年龄组人口存在女孩瞒报、漏报现象，真实出生性别比低于调查数据；二是随着漏报女孩（或女婴）逐渐长大，敏感时期已经过去，这些在婴儿时期和幼年时期暂时在统计数据中“失踪”的女孩重新显示到统计序列中；三是同一出生队列出生性别比是一样的，忽略死亡因素和迁移因素对出生性别比的影响；四是教育数据计算的出生性别比与户籍出生性别比数据（或其他调查数据）之间具有稳定的相关关系。尽管回推计算结果能够在很大程度上避免女婴瞒报、漏报对出生性别比指标的干扰，但是，其客观存在的计算误差亦不容忽视，在某些年份甚至会大于统计误差。

第五节　孩次递进出生性别比国际数据考察

出生性别比是对整个人群出生数据进行统计计算的结果，如果将该人群按照某种特征进行细分类，部分人口的出生性别比上升被其他部分的出生性别比下降所抵消时，虽然总体出生性别比仍处于正常值范围内，但其可能已经从内部发生偏离。如果能够提前发现孩次性别递进生育性别比偏离，也就相当于发现了出生性别比将会发生偏离的迹象。关键问题是，在无人为干扰的自然状态下，孩次性别递进生育性别比的正常值是多少？其变动特征是什么呢？本节将利用多个国家的生育数据分析孩次性别递进生育性别比变动特征，从妇女生育行为和生育状态变化过程出发，研究出生性别比变化及其内在规律，确定孩次性别递进生育状态空间中不同孩次性别递进生育性别比的取值范围，并对理论值与经验值进行统计检验，以此来深入研究出生性别比变动的内在规律。

在研究过程中，主要分为两步进行：一是构建孩次性别递进状态空间。应用杨书章和王广州（2006）所提供的研究框架，对妇女生育孩次状态和生育性别状态进行描述，用以衡量妇女生育孩次性别递进状况。时期孩次性别递进生育性别比用三角阵 PSR（t）表示，其元素为 $\mathrm{PSR}_{m,f}(t)$，$\mathrm{PSR}_{m,f}(t)=\dfrac{B_{m,f}^{(1)}}{B_{m,f}^{(2)}(t)}\times 100$，其中，$B_{m,f}^{(1)}(t)$、$B_{m,f}^{(2)}(t)$ 分别为 t 年（m，f）类妇女生育下一孩中的男、女孩数。

二是对经验值与理论值之间存在的差异进行统计检验。关于孩次性别递进生育性别比的理论值，目前文献较少涉及。现有资料主要研究了出生胎次和父母年龄与出生人口性别比的关系，有学者认为，出生性别比与胎次是一种负相关的关系，但父母年龄对出生性别比没有表现出显著的影响；也有的研究结果表明，父母年龄与出生性别比有一种正相关的关系。鉴于此，暂且将各孩次性别递进生育性别比按照 103~107 为标准进行研究。由于不同国家年度出生人口数差距较大，且随着胎次的增加，出生人数快速减少，但出生性别比是在大数定律作用下的统计值，出生规模减小会使出生性别比的统计标准误扩大。为了克服这一缺憾，同时也为了增强数据可比性，特别对数据进行统计显著性检验（王广州等，2013）。我们知道，出生男孩数和女孩数是计数数据，严格来说，这在统计上属于离散数据而非连续数据，因此，应用 χ^2 检验法，分别取其上、下限值 103 和 107，对孩次性别递进生育男女孩的实际频数和理论频数进行差异性检验，得出每组数据的 χ^2 值和 p 值，以此来研究孩次性别递进生育过程中的出生性别比变动规律。

为了确保数据来源多样性、基础数据可靠性和分析结果有效性，本书的研究尽可能收集世界各大洲具有代表性国家的原始数据，本次收集的数据主要来源于美国、巴西、法国、埃及和墨西哥五个国家，其中包括：美国的 1970 年、1990 年和 2000 年人口普查原始数据，巴西的 1960 年、1970 年、1980 年、1991 年和 2000 年人口普查原始数据，法国的 1960 年、1966 年、1973 年、1980 年、1988 年和 1997 年人口普查原始数据，埃及的 1996 年人口普查原始数据，以及墨西哥的 1990 年、2000 年和 2005 年人口普查原始数据。为了充分利用人口普查原始数据信息，对其中的出生数据进行重新归类统计，主要是对生育历史采用母子匹配的方法进行重建，考虑到子女离家可能带来的母子匹配偏差，因此只对普查前两年及普查年进行匹配，由此共获得美国 9 个年度（1968~1970 年、1988~1990 年、1998~2000 年）、巴西 15 个年度（1958~1960 年、1968~1970 年、1978~1980 年、1989~1991 年、1998~2000 年）、法国 6 个年度（1960 年、1966 年、1973 年、1980 年、1988 年、1997 年）、埃及 3 个年度（1994~1996 年）及墨西哥 9 个年度（1988~1990 年、1998~2000 年、2003~2005 年）的人口普查数据。

通过分析各国不同时期孩次性别递进生育性别比变动情况，总结提炼孩次性别递进性别比的主要变动特征，可以发现了一些有意思的现象，主要体现在以下四个方面。

一是总体出生性别比和初胎次生育性别比基本处于 103~107。首先，对于总体出生性别比来说，除巴西有 8 个和墨西哥有 3 个年份出生性别比略低于 103 以外，美国、巴西、法国、埃及和墨西哥历年出生性别比基本处于 103~107 范围内，如表 2.4 所示。其次，对于初胎次出生性别比来说，除了埃及有三个年份初胎次出生性别比超出正常值范围外（分别为 108.07、109.27 和 107.70），其余全部处于正常值范围内。而初胎次生育情况对总体出生性别比的贡献率较高，是总体出生性别比保持在正常范围内的决定性力量。

表 2.4　各国分年度总体出生性别比

国家	年份	出生性别比	国家	年份	出生性别比	国家	年份	出生性别比
美国	1968	103.71	巴西	1970	101.98	法国	1988	106.23
美国	1969	103.40	巴西	1978	102.45	法国	1997	106.63
美国	1970	104.27	巴西	1979	102.69	埃及	1994	104.59
美国	1988	104.34	巴西	1980	101.99	埃及	1995	104.87
美国	1989	104.17	巴西	1989	102.93	埃及	1996	106.95
美国	1990	105.62	巴西	1990	103.12	墨西哥	1988	103.82
美国	1998	104.25	巴西	1991	103.26	墨西哥	1989	102.52
美国	1999	104.25	巴西	1998	102.74	墨西哥	1990	101.16
美国	2000	104.06	巴西	1999	103.46	墨西哥	1998	103.04
巴西	1958	104.20	巴西	2000	103.04	墨西哥	1999	103.61
巴西	1959	103.71	法国	1960	104.92	墨西哥	2000	103.46
巴西	1960	102.98	法国	1966	105.04	墨西哥	2003	101.98
巴西	1968	102.19	法国	1973	104.80	墨西哥	2004	103.51
巴西	1969	103.39	法国	1980	105.45	墨西哥	2005	104.34

二是国内外纯女户孩次递进生育性别比存在差异。美国、巴西、法国、埃及和墨西哥纯女户孩次递进生育性别比基本处于 107 之下，且其高出 107 的部分主要集中在 PSR_{03}、PSR_{04}之中；与之形成鲜明对照的是，中国各年度纯女户孩次递进生育性别比均高于 107。为了排除样本量规模偏小对观察结果的影响，对高于 107 的数据进行统计检验，判断其是否显著偏离 103~107 区间，结果表明：在 5%显著性水平下，美国、巴西、法国、埃及和墨西哥纯女户孩次递进生育性别比偏离 103~107 区间不具有统计显著性，而中国的纯女户孩次递进生育性别比偏高具有统计显著性，如表 2.5 所示。另外，美国、巴西、法国、埃及和墨西哥数据中的 PSR_{01} 基本处于 101~106，除上述高于 107 的数据外，PSR_{02}、PSR_{03} 和 PSR_{04} 的其余数据一般会稍低于 PSR_{01}，但均保持在 90 以上，经检验，其偏离 103~107 区间不具有统计显著性。值得特别指出的是，在美国 9 个年度纯女户孩次递进生育性别比中，有 83%的数据位于 103 以下（其中，又有三分之一的数据具有统计显著性），美国 PSR_{02}、PSR_{03} 和 PSR_{04} 基本位于 90~100（表 2.6）。

表 2.5　纯女户孩次递进生育性别比偏高数据统计检验情况

孩次递进指标	性别比	χ^2 值	p 值	孩次递进指标	性别比	χ^2 值	p 值
美国 1989 年，PSR_{04}	108.42	（0.091 0，0.010 1）	（0.763，0.920）	埃及 1995 年，PSR_{02}	109.29	（0.327 5，2.578 1）	（0.108，0.567）
巴西 1978 年，PSR_{03}	109.36	（0.113 4，0.765 8）	（0.382，0.764）	埃及 1995 年，PSR_{04}	111.86	（0.220 0，0.793 5）	（0.373，0.639）
巴西 1979 年，PSR_{04}	109.25	（0.030 7，0.275 7）	（0.600，0.861）	埃及 1996 年，PSR_{01}	107.99	（0.066 2，1.507 2）	（0.220，0.803）
巴西 1989 年，PSR_{04}	109.77	（0.033 6，0.301 9）	（0.583，0.851）	埃及 1996 年，PSR_{03}	120.95	（1.652 4，2.773 7）	（0.096，0.199）
巴西 1990 年，PSR_{02}	109.69	（0.467 2，3.041 9）	（0.081，0.494）	墨西哥 2003 年，PSR_{04}	112.44	（0.451 0，0.112 9）	（0.502，0.737）
巴西 1991 年，PSR_{03}	114.56	（0.944 2，2.329 5）	（0.127，0.331）	墨西哥 2004 年，PSR_{04}	109.09	（0.017 4，0.213 2）	（0.644，0.895）
巴西 1999 年，PSR_{04}	117.42	（0.420 0，0.875 3）	（0.349，0.517）	中国 1982 年，PSR_{01}	113.46	（6.890 5，18.767 9）	（0.000，0.009）
法国 1973 年，PSR_{04}	132.43	（0.585 3，0.585 3）	（0.444，0.444）	中国 1982 年，PSR_{02}	134.70	（34.966 0，47.603 1）	（0.000，0.000）
法国 1988 年，PSR_{04}	121.74	（0.157 4，0.157 4）	（0.692，0.692）	中国 1982 年，PSR_{03}	154.38	（27.864 5，33.961 7）	（0.000，0.000）
埃及 1994 年，PSR_{03}	111.91	（1.328 5，3.336 1）	（0.068，0.249）	中国 1982 年，PSR_{04}	144.33	（5.229 3，6.481 4）	（0.011，0.022）

表 2.6　美国纯女户孩次递进生育性别比

年份	PSR_{01}	PSR_{02}	PSR_{03}	PSR_{04}
1968	99.62	94.68	90.37	79.79
1969	100.66	95.50	88.17	85.75
1970	101.84	96.49	82.39	65.30
1988	103.47	97.87	98.32	89.80
1989	103.26	96.35	91.85	108.42
1990	102.64	101.11	91.41	88.46
1998	102.94	93.63	94.13	93.81
1999	100.67	99.09	96.93	97.78
2000	104.11	93.65	88.06	90.91

三是国家间纯男户孩次递进生育性别比分布特征不同。各国在 PSR_{10} 上面，基本处于正常值范围，尽管有 30%高于 107（处于 107~115），但其超出 103~107 范围不具有统计显著性，PSR_{20}、PSR_{30} 和 PSR_{40} 的变化较为复杂，须进一步分国家进行讨论。美国的 36 个数据中有 2 个低于 100，7 个处于 103~107，26 个在 107 以上，分别占 6%、22%和 72%，其中有 4 个高于 107 者具有统计显著性，1968 年的 PSR_{40} 最高，达到了 136.68，如表 2.7 所示。法国的 24 个数据中有 4 个低于 100，6 个处于 103~107，14 个在 107 以上，分别占 25%、17%和 58%，最高的 1988 年 PSR_{40} 达到了 146.67，所有数据在统计上均未显著超出 103~107 范围。与美国和法国数据分布特征不同，巴西的 60 个数据中有 30 个低于 103，22 个处于 103~107，8 个高于 107，分别占 50%、37%和 13%，最高时仅为 113.36，低于 102 者均处于 90 以上，所有数据在统计上均未显著超出 103~107 范围。埃及的情况与巴西类似，低于 103 者占比最高，其 12 个数据中有 7 个低于 102，4 个处于 103~107，1 个高于 107，分别占 58%、34%和 8%，最高时为 107.35，最低达到 87.66，所有数据在统计上均未显著超出 103~107 范围。在六个国家中，墨西哥的正常值占比最高，36 个数据中有 2 个低于 102，23 个处于 103~107，11 个高于 107，分别占 5%、64%和 31%，最高时为 120.00，低于 103 者分别为 101.52 和 97.92，所有数据在统计上均未显著超出 103~107 范围。中国除 PSR_{10} 处于正常值范围外，PSR_{20}、PSR_{30} 和 PSR_{40} 均低于 100，在统计上未显著超出 103~107 范围。综上所述，美国和法国的纯男户孩次递进生育性别比中，超出 107 者占一半以上；巴西、埃及和中国的纯男户孩次递进生育性别比中，低于 102 者占一半或一半以上；墨西哥则以处于 103~107 为主，高出 107 者次之，低于 103 者最少。

表 2.7　美国纯男户孩次递进生育性别比情况

年份	PSR_{10}	PSR_{20}	PSR_{30}	PSR_{40}
1968	104.33	107.45 （0.167，0.890）	117.19 （0.019，0.097）	136.68 （0.006，0.017）
1969	106.72	109.04 （0.067，0.545）	119.86 （0.007，0.042）	123.40 （0.085，0.174）
1970	108.39 （0.003，0.455）	112.19 （0.005，0.120）	120.00 （0.007，0.041）	135.46 （0.009，0.024）
1988	104.98	110.97 （0.039，0.314）	112.81 （0.289，0.524）	89.29 （0.432，0.501）
1989	102.59	110.77 （0.037，0.327）	110.00 （0.417，0.746）	125.00 （0.299，0.395）
1990	106.27	105.25	112.15 （0.342，0.619）	104.71
1998	108.14 （0.006，0.545）	110.23 （0.060，0.409）	125.68 （0.020，0.064）	91.30 （0.456，0.594）
1999	107.07 （0.027，0.972）	107.42 （0.244，0.914）	115.64 （0.162，0.344）	128.13 （0.250，0.338）
2000	108.81 （0.002，0.339）	106.01	116.06 （0.150，0.323）	127.72 （0.262，0.350）

注：括号内数字是对超出 102~107 范围的性别比数据的卡方检验 p 值

四是国内外儿女双全户孩次递进生育性别比存在差别。简单地从数值来看，儿女双全户孩次递进生育性别比的 387 个数据中，有 216 个超出 103~107 范围，其中，144 个在 103 以下，72 个高于 107，但卡方检验结果表明，所有数据在统计上未显著超出正常值范围。美国、巴西、法国、埃及和墨西哥 5 个国家儿女双全户孩次递进生育性别比低于 103、处于 103~107、高于 107 的数量分别为 141、171 和 66 个，其占比分别为 37%、45%和 18%，其中，墨西哥儿女双全户孩次递进生育性别比处于 103~107 范围的比例最高，达到 57%。与美国、巴西、法国、埃及和墨西哥 5 个国家形成对照的是，中国 1982 年普查资料显示，在其 9 个数据中有 6 个高于 107，其余 3 个低于 103，没有数据处于 103~107，如表 2.8 所示。

表 2.8　各国儿女双全户孩次递进生育性别比分布情况

国家	总量	<103	103~107	>107
美国	81	28	35	18
巴西	135	56	66	13
法国	54	23	13	18
埃及	27	7	11	9
墨西哥	81	27	46	8
中国	9	3	0	6
合计	387	144	171	72

综上所述，美国、巴西、法国、埃及和墨西哥纯女户孩次递进生育性别比中，仅有 11%的数据高出 107，处于 102~107 的为 34%，大多数位于 102 以下，其占比达到了 55%。美国数据在这方面所表现的特点最为明显，在全部 36 个数据中，仅有 1 个高出 107，有 5 个处于 102~107（全部属于 PSR_{01}），其余 30 个低于 102，占比达到 83%，这其中，又有三分之一的数据具有统计显著性，其 PSR_{02}、PSR_{03} 和 PSR_{04} 基本位于 90~100。这种现象的发生是由于纯女户严重偏好女孩而选择性生育女孩，还是这类妇女更易于生育女孩呢？我们认为后者更合理一些，可能的解释是，人们生育孩子性别受到个体生理和环境因素影响，过往仅仅（或多次）生育女孩，说明其生理和工作生活环境适宜于生育女孩，从而表现为生育女孩的自增强性。根据大多数数据低于 102 的实际情况，我们有理由相信纯女户的孩次递进生育性别比的正常值范围可能会比通常所认为的 102~107 略低一些，大致处于 96~104 范围内。在纯男户孩次递进生育性别比中，美国、巴西、法国、埃及和墨西哥数据分布在低于 102、102~107、高于 107 三个区间的比例分别为 27%、37%和 36%，大体处于持平状态。美国和法国有一半以上的数据高于 107，尤其是美国，在全部 36 个数据中，仅有 2 个低于 102，有 8 个处于 102~107（其中，5 个属于 PSR_{10}），其余 26 个处于 107 上方（其中有 4 个数据具有统计显著性），占比达到 72%，其 PSR_{02}、PSR_{03} 和 PSR_{04} 基本位于 110~120。按照与分析纯女户孩次递进生育性别比同样的思路，在无人为干扰的情况下，纯男户孩次递进生育性别比的正常值范围可能比 102~107 略高一些。

中国数据与美国、巴西、法国、埃及和墨西哥所表现的情况完全相反。王广州和傅崇辉（2009）根据孩次性别状态对妇女进行分类，并分析了中国 1990 年以来的人口生育数据，发现纯女户孩次性别递进生育性别比严重偏高，达到 150 以上，同时，纯男户孩次性别递进生育性别比偏低，最低至 50 左右。中国纯女户孩次递进生育性别比全部高于 107，并具有统计显著性，而美国、巴西、法国、埃及和墨西哥纯女户孩次递进生育性别比在 102~107 基础上整体较低。如果将美国、巴西、法国、埃及和墨西哥数据作为自然状态下的正常值的话，这最少可以说明两点，一是中国纯女户在孩次递进生育过程中存在男孩偏好，二是中国纯女户孩次递进生育性别比偏高程度可能比我们过去所认为的更为严重。中国纯男户孩次递进生育性别比 PSR_{20}、PSR_{30} 和 PSR_{40} 低于 96，而美国、巴西、法国、埃及和墨西哥纯女户孩次递进生育性别比比 102~107 范围略高，如果将美国、巴西、法国、埃及和墨西哥数据视为无人为干扰的正常值的话，那么，中国纯男户孩次递进生育性别比相对偏低了，在孩次递进过程中，是儿女双全偏好决定的中国生育男孩的育龄妇女更倾向于选择性生育女孩，还是有其他原因？这有待于进一步研究。

第六节　本章小结

为了能够定量研究出生性别比升高原因以及与之相对应的社会经济现实问题，本章对出生性别比指标进行全面分析。一是确定出生性别比正常值范围，大量文献和数据资料表明，在无人干扰的情况下，出生性别比处于 103~107，这是我们定性分析和定量研究出生性别比相关问题的基础。二是阐释出生性别比真性偏高和假性偏高问题，如果因为统计漏报、瞒报的女婴而使得出生性别比偏高，此时出生女婴事实上已经存活在世，此谓假性偏高，关于我国出生性别比是否真的偏高问题，人口学术界经历了长达十年的争论，目前看法已经趋于一致，基本认同了我国出生性别比偏高问题是一个客观事实。三是关于出生性别比统计最小样本量，只有当所选取的出生人口样本量不低于 3 000 时，其出生性别比才能近似地反映出生性别比真实值，提出统计显著性条件，其对于正确认识出生性别比指标有着重大意义，也在一定程度上避免部分出生人口数量较少基层政府错误使用出生性别比指标的情况发生，同时还给出了小样本下的出生性别比变动范围和正常概率。四是对不同口径出生性别比数据进行评估分析，统计口径数据比较丰富但太过宏观，户籍口径数据比较真实但存在一定滞后，卫生口径数据比较准确但受流动性跨区域生育影响，全员人口系统数据系统性偏低且存在失真可能，教育口径数据可用于间接估计但误差较大。五是对国外多个国家出生人口数据进行分析，考察期孩次递进生育性别比变动情况，纯男户的出生性别比普遍高出 103~107 范围，而纯女户的出生性别比低于 103，纯男户可能更倾向于下次生育男孩，纯女户可能更倾向于下次生育女孩，由此可见，对于一孩是女孩的育龄妇女，其二孩次递进生育性别比应该相对更低一些，从而更加说明我国人口生育过程确实经历了人为性别干扰。

第三章 出生性别比变动特征分析

出生性别比是基于大数定律的统计指标。在时间空间上，出生性别比变动趋势呈现出较强规律性，从这个意义上讲，准确把握出生性别比变动特征对于深入分析出生性别比偏高问题形成原因有着较强的参考价值，同时，也对提出治理出生性别比偏高问题的有效路径有着一定的指导意义。

第一节 时间分布特征

一些研究文献利用回顾性生育调查资料，从不同角度较为系统地分析了 1980 年以前的我国出生性别比水平及其变化情况，它们一致认为我国出生性别比基本上保持在正常值范围内。曾毅等（1993）根据国家计划生育委员会组织的 1988 年千分之二生育节育调查资料进行了研究，认为我国 20 世纪六七十年代的出生性别比总体趋势平稳，处于正常值范围内。马瀛通等（1998）也认为 70 年代中国的出生性别比始终稳定在 106 左右，平均为 106.31，与无男孩偏好或偏好较弱国家（或地区）的出生性别比没有明显差异。

1982 年以来，全国出生性别比开始迅速、持续地升高。分析 1982 年、1990 年和 2000 年三次全国人口普查以及 2005 年全国 1%人口抽样调查数据发现，1982 年人口普查时，我国有 17 个省份的出生性别比是正常的，10 个省份在 107~110，3 个省份的出生性别比在 110~120；1990 年人口普查时，出生性别比偏高的区域范围迅速扩大，正常的仅有 6 个省份，107~110 的有 7 个，110~120 的达到了 17 个，暂无 120 以上的省份；2000 年人口普查时，出生性别比偏高的程度继续加深，正常的还剩 4 个省份，107~110 的有 4 个，110~120 的达到了 12 个，120 以上的有 11 个省份，其中有 5 个省份超过了 130；2005 年 1%人口抽样调查时，出生性别比上升速度趋缓，个别省份出现了下降迹象，但省际差异进一步扩大，出生性别比正常的仅剩 1 个省份，107~110 的有 3 个，110~120 的达到了 16 个，120 以上的仍然有 11 个省份，其中，安徽、江西和陕西位列三甲，其出生性别比稳居 130 以上（表 3.1）。

表 3.1　1982~2005 年中国出生性别比的变化情况

出生性别比	1982 年	1990 年	2000 年	2005 年
≥130 “严重偏高”	—	—	安徽、江西、河南、广东、海南 （22.81%）	安徽、江西、陕西 （11.03%）
120~130 “高度偏高”	—	—	江苏、福建、湖北、湖南、广西、陕西 （24.88%）	上海、江苏、福建、河南、湖北、湖南、海南、贵州（30.21%）
110~120 “中度偏高”	安徽、广东、广西 （14.48%）	天津、河北、辽宁、江苏、浙江、安徽、福建、江西、山东、河南、湖南、广东、广西、海南、四川、陕西、甘肃 （74.87%）	北京、天津、河北、山西、辽宁、上海、浙江、山东、重庆、四川、云南、甘肃 （40.00%）	北京、天津、河北、山西、内蒙古、黑龙江、浙江、山东、广东、广西、重庆、四川、云南、甘肃、青海、宁夏 （51.57%）
107~110 “轻度偏高”	河北、山西、吉林、陕西、江苏、浙江、山东、河南、四川 （47.60%）	北京、山西、内蒙古、吉林、黑龙江、湖北、云南 （18.74%）	内蒙古、吉林、黑龙江、宁夏 （7.39%）	辽宁、吉林、新疆 （6.97%）
≤107 “正常范围”	北京、天津、内蒙古、辽宁、黑龙江、上海、福建、江西、湖北、湖南、贵州、云南、西藏、甘肃、青海、宁夏、新疆（37.92%）	上海、贵州、西藏、青海、宁夏、新疆 （6.39%）	贵州、西藏、青海、新疆 （4.92%）	西藏 （0.22%）

注：① 1988 年成立海南省，之前包括在广东省；1997 年成立重庆市，之前包括在四川省。② 括号内的数字为这些省份人口占当年全国总人口的百分比

资料来源：1982 年、1990 年、2000 年全国人口普查资料，2005 年全国 1%人口抽样调查资料

从出生性别比偏高区域所覆盖人口比重来看，1982 年出生性别比处于正常范围内的人口占全国人口的 37.92%，47.60%的人口处于轻度偏高区域；到 1990 年，处于正常范围的只剩下 6.39%，中度偏高区域的人口占比达到了 74.87%；到 2000 年和 2005 年，分别有 95.08%和 99.78%的人口处于出生性别比偏高区域，其中有 40%以上的人口处于高度（或严重）偏高区域；2010 年，全国出生性别比有所下降，降至 117.94，但值得注意的是，出生性别比原本较低的部分省份却出现了上升，如辽宁、吉林两省处于 107~110，但 2010 年全国人口普查数据显示，其出生性别比均上升到 110 以上。

从演变进程来看，20 世纪 60~80 年代，尤其是 70 年代，我国出生性别比围绕 106 窄幅波动，处于正常值范围内；进入 80 年代以后，全国出生性别比呈现总体偏高的态势，且持续升高，1982 年为 108.47，1990 年为 111.14，2000 年为 116.86，2005 年为 118.59，在这 20 多年的时间里，全国出生性别比升高了 10.12 个百分点。

随着时间的推移，出生性别比升高的范围仍在逐步扩大，到2005年，除西藏外的全国其余省份均处于出生性别比偏高状态之中，有三分之一以上的省份甚至达到了120以上，并表现出明显的阶段性特征：80年代为缓慢上升阶段，省际差异较小；90年代快速上升，省际差异扩大；2000年以来上升趋势减缓，个别省份出现下降迹象，但省际差异进一步扩大。

第二节　空间分布特征

出生性别比不仅在时间分布上表现出明显的阶段性特征，其在空间分布上的变动特征也十分明显，这为进一步研究和分析出生性别比偏高升高的影响因素提供了重要线索。由于我国地域辽阔，地区间的社会、经济、文化差异较大，人们的生产生活习俗千差万别，出生性别比偏高的程度也不尽一致，总的来看，出生性别比在区域空间上的分布特征主要表现为如下五个方面。

一、出生性别比偏高具有全国普遍性

依据全国及各省（自治区、直辖市）第五次人口普查数据，将每个地市级行政区域作为一个分析单元，通过对全国344个地市出生性别比数据进行分析，发现出生性别比偏高地区的地域范围较大、覆盖人口众多，出生性别比偏高问题在全国具有普遍性，除60个地、市出生性别比在107以下外，其余地、市的出生性别比均偏高，覆盖人口达到86.54%。其中，有108个地、市的出生性别比在120以上，鄂州、黄冈、茂名、亳州和阳江的出生性别比甚至达到了150以上。出生性别比偏高的区域主要集中在东南部人口稠密地区，受人口数量和出生性别比的双重作用，这些地区对全国出生性别比偏高的影响较大。

二、全国出生性别比偏高问题集中在11省区

根据各省（自治区、直辖市）对全国出生性别比升高影响程度的分析，排在前11位的省区为安徽、河南、江西、湖南、江苏、广东、河北、湖北、贵州、广西和陕西，这11个省区（以下简称11省区）多为人口大省和出生人口大省。2005年，11省区总人口达到6.75亿，占全国总人口的51.61%，其中河南等7省人口总量排在全国前10位；11省区出生人口数量占全国出生人口的53.94%，高于总人口所占比重，其中男孩出生人数占全国男孩出生人数的55.00%，高于其出生人

口在全国出生人口中的占比。11 省区的出生性别比平均值为 125.87，高出全国平均值（120.49）5.38 个百分点，其中，江西、安徽、陕西、湖北、湖南、贵州、江苏、河南 8 个省的出生性别比排在全国前 10 位。由于出生人口众多以及出生性别比严重偏高，11 省区成为推升全国出生性别比偏高的动力源。按 2005 年人口抽样调查资料计算，11 省区合计对全国出生性别比偏高的“贡献率”达到了 73.60%，其中安徽和河南的“贡献率”分别高达 9.45%和 9.26%，最低的陕西也超过了 4%（蔡菲，2007），如表 3.2 所示，国家人口和计划生育委员会已将这 11 省区作为全国综合治理出生性别比偏高问题工作的重点区域。

表 3.2　2005 年 11 省区人口数量、出生性别比及其对全国的影响

省区	人口数量及位次		出生性别比及位次		对出生性别比偏高的贡献率及位次	
	人口/万人	位次	出生性别比	位次	贡献率/%	位次
安徽	6 120	8	132.22	2	9.45	1
河南	9 380	1	125.75	9	9.26	2
江西	4 311	13	137.30	1	8.21	3
湖南	6 326	7	127.79	5	7.32	4
江苏	7 475	5	126.50	7	7.10	5
广东	9 194	3	119.94	12	6.66	6
河北	6 851	6	119.43	15	6.19	7
湖北	5 710	9	127.96	4	5.63	8
贵州	3 730	16	127.79	5	5.31	9
广西	4 660	11	119.80	14	4.43	10
陕西	3 720	17	132.10	3	4.04	11
合计	67 477	—	—	—	73.60	—

注：贡献率=（本地年度出生男性人口数−本地年度出生女性人口数×1.07）÷（全国年度出生男性人口数−全国年度出生女性人口数×1.07）×100%

资料来源：2005 年全国 1%人口抽样调查资料

三、出生性别比偏高的区域差异明显

出生性别比偏高的地区主要分布在东、中部社会经济较发达地带，这些地区人口比较稠密，同时其生育政策相对也比较严厉；虽然西北、西南部经济相对不太发达地区的出生性别比也高出正常范围，但偏高程度相对较小，这与人口分布的腾冲−爱辉线基本吻合。将 344 个地市的 2000 年出生性别比按东、中、西部聚类比较，东部地区的出生性别比开始偏高时间早于西部地区，同时，其偏高程度也比西部地区更为严重一些，总体上表现为西部、中部、东部渐次升高的态势。从南北方向进行比较，出生性别比的地理分布以黄河为界，黄河以北地区的出生性别比低于全国平均水平 116.86，而黄河以南地区的出生性别比高于全国平均水平。

四、出生性别比偏高地区从沿海逐步向内地扩展

与第三次、第四次全国人口普查进行比较，出生性别比偏高的范围从沿海发达地区逐渐向中西部地区蔓延，这可能与 B 超等性别鉴定技术的普及使用有关。随着经济相对发达地区人均收入迅速提高，其医疗条件也相应得到改善，医疗机构先行引进和使用先进医疗技术和诊疗设备，以此来提高医疗水平和服务质量，但是，这也正好满足了具有强烈性别偏好者的胎儿性别选择需求。其后，随着中西部地区社会经济得到发展，这些先进的医疗技术和设备也逐渐得到应用和普及，群众也具有了胎儿性别鉴定技术的经济支付能力，于是，出生性别比偏高范围逐步从沿海发达地区向中、西部地区扩展和延伸。

从地域分布上来看，出生性别比偏高问题作为一种人口现象，主要发生在亚洲国家，同时，也在亚裔集中居住区中存在；从开始出现偏高现象的时间上来看，亚洲国家出生性别比渐次出现了三个波段的上升，第一波升高开始于 1980 年，主要发生在中国大陆的华中和华南地区、中国台湾、印度西北部各邦和韩国；第二波升高开始于 1990 年，主要发生在南高加索国家（阿塞拜疆、亚美尼亚、格鲁吉亚）、印度西部各邦以及中国的华中、华南、华东的其他省（自治区、直辖市）；第三波升高开始于 2000 年，逐渐向全国蔓延。

从世界范围的出生性别比偏高问题传播趋势上看，20 世纪 80 年代以来，从东亚到南亚国家再到南高加索地区，出生性别比渐次偏高。Park 和 Cho（1995）考察了中国大陆、中国台湾和韩国的 0~4 岁儿童的性别比，认为这三个国家或地区的出生性别比都是从 80 年代开始偏高的；Das Gupta 和 Bhat（1997）研究了印度 1981 年和 1991 年两次人口普查数据，其出生性别比也是自 80 年代开始偏高，北部地区的偏高情况更为严重；Christophe（2009）分析了亚洲国家的出生性别比失调问题，指出阿塞拜疆、亚美尼亚、格鲁吉亚等南高加索国家出现偏高问题的时间起始于 90 年代；越南的出生性别比偏高问题的出现要稍迟一些，Bélanger 等（2003）对越南的相关数据进行了分析，认为越南自 2000 年开始出现出生性别比偏高问题，并以湄公河三角洲、东南部和西北部地区为重点地区，从地理位置上看，越南的这些地区与中国贵州、云南等省份邻近，其出生性别比开始偏高的时间也较为一致；Dubuc 和 Coleman（2007）及 Douglas 和 Lena（2008）分别分析了亚裔在英国和美国聚居区的情况，发现居住比较集中的亚裔人群也存在出生性别比偏高的现象。

第三节 社会经济特征

出生性别比变动不仅表现在时间空间上，育龄妇女所处生活环境、受教育程度、生育状态等也决定了出生性别比呈现一定规律的变动，可以将之统称为家庭和生育人群的社会经济特征。现从育龄人群的社会经济状态出发，分析出生性别比变动特征，分析其偏高升高状况所呈现的规律，其特征主要表现在以下五个方面。

一、在孩次分布上，出生性别比随孩次增加而上升

根据 1990 年全国人口普查、1995 年 1%人口抽样调查和 2000 年全国人口普查的分孩次出生性别比资料，一孩出生性别比基本正常，从二孩开始，严重偏高，二孩及多孩出生性别比随孩次的增加而呈现逐步上升的趋势，孩次越高，出生性别比的偏高程度越大。至 2005 年，一孩出生性别比达到了 108.41，超出了正常值范围，二孩出生性别比为 143.22，三孩及三孩以上出生性别比达到了 156.44，出生性别比依然保持着随孩次增加而上升的特点。总体来看，各孩次对出生性别比升高的贡献率差异较大，一孩的贡献率为 6.97%，二孩的贡献率为 77.04%，尽管三孩及三孩以上的年出生人口远远少于一孩，但其贡献率仍达到了 16%，是一孩贡献率的 2 倍多（蔡菲，2007）。这表明，在二孩及二孩以上孩次生育中，明显存在着性别选择行为。

二、在生育状态分布上，纯女户妇女的孩次性别递进生育性别比明显高于纯男户

从 2000 年普查数据来考察孩次性别递进生育性别比，出生性别比与已生育孩子性别结构呈现显著相关关系，已经生育“0 男 1 女”的妇女的递进生育性别比（PSR_{01}）为 209.45，已经生育“0 男 2 女”、“0 男 3 女”和“0 男 4 女”妇女的递进生育性别比均上升到了 300 以上，分别为 353.74、365.08 和 366.67；而与之形成鲜明对比的是，已经生育“1 男 0 女”、“2 男 0 女”、“3 男 0 女”和“4 男 0 女”的妇女递进生育性别比均在正常值范围之下，已经生育“2 男 0 女”妇女的生育性别比甚至降到了 68.16，如表 3.3 所示（王广州和傅崇辉，2009）。由此可见，纯女户的偏男生育选择行为非常明显，而纯男户却表现出偏女倾向，纯女户孩次递进生育性别比明显高于纯男户妇女孩次递进生育性别比，这也印证了人们对“儿女

双全”性别结构的偏好。

表 3.3 2000 年中国孩次性别递进生育性别比

PSR_{00}	PSR_{01}	PSR_{02}	PSR_{03}	PSR_{04}	105.59	209.45	353.74	365.08	366.67
PSR_{10}	PSR_{11}	PSR_{12}	PSR_{13}	PSR_{14}	88.45	130.82	169.72	166.67	75.00
PSR_{20}	PSR_{21}	PSR_{22}	PSR_{23}		68.16	97.06	90.48	125.00	
PSR_{30}	PSR_{31}	PSR_{32}			84.21	31.82	50.00		
PSR_{40}	PSR_{41}				100.00	75.00			

资料来源：王广州和傅崇辉（2009）

三、在受教育程度上，城乡妇女的生育性别比略有差异

小学以下文化程度妇女的出生性别比均超出了正常值范围，城市和镇人口出生性别比达到了 110 以上，高于乡村人口出生性别比，这可能是由经济收入方面的原因及其所处的经济环境决定的。具有小学文化程度的妇女，其生育性别比均在 120 以上，而且这在城市、镇和乡村人口中的差别不大。以初中受教育程度为起点，随文化程度的提高，人口的出生性别比逐渐下降，城镇人口出生性别比的降幅达到了 4 个百分点以上，而乡村人口自高中文化程度才开始出现 4%以上的降幅，如表 3.4 所示。这表明，提高妇女受教育程度对于降低出生性别比有着重要作用和积极意义。

表 3.4 2000 年中国城市、镇、乡村妇女不同受教育程度的生育性别比

受教育程度	文盲	小学	初中	高中	大学及以上
总体	109.74	123.61	121.19	114.76	109.27
城市	112.32	120.62	116.30	112.30	107.61
镇	116.28	125.66	120.71	116.59	112.58
乡村	109.29	123.67	122.58	117.51	112.99

资料来源：2000 年全国人口普查数据

四、在民族构成上，各民族出生性别比具有明显差异

首先，将少数民族出生性别比与汉族进行比较，从总体上来看，少数民族的出生性别比为 111.93，汉族的为 121.10，前者低于后者将近 10 个百分点；分孩次来看，少数民族各孩次的出生性别比均低于汉族，其中，少数民族的一孩出生性别比处于正常范围内，而汉族的却稍有偏高，在二孩及以上孩次上，出生性别比

的差距更为明显一些，少数民族的比汉族低了 30~50 个百分点，如表 3.5 所示。其次，在少数民族内部，由于各民族数量规模差别较大，有些民族的年出生人数比较少，本文选取了年出生人数在 3 000 以上的 12 个少数民族进行研究和分析，在所列 12 个少数民族中，只有维吾尔族和藏族人口的出生性别比处于正常水平，其余民族均高出了正常值范围，侗族最高达到了 126.72，除侗族、土家族、瑶族的出生性别比略高于汉族外，其余都显著低于汉族，如表 3.6 所示。与第四次全国人口普查相比，除满族和藏族出生性别比有所降低外，其他民族均有不同程度的上升，少数民族在 2000 年的出生性别比相当于汉族人口在 1990 年时的水平。

表 3.5　2000 年中国汉族与少数民族的出生性别比比较

孩次	汉族			少数民族		
	男性人数/人	女性人数/人	SRB/女=100	男性人数/人	女性人数/人	SRB/女=100
总体	567 061	468 248	121.10	77 547	69 280	111.93
一孩	374 450	348 241	107.53	41 554	40 126	103.56
二孩	161 297	102 223	157.79	24 601	20 140	122.15
三孩及以上	31 314	17 783	176.09	11 392	9 014	126.38

表 3.6　2000 年中国少数民族之间的出生性别比比较

民族	男性人数/人	女性人数/人	SRB/女=100	民族	男性人数/人	女性人数/人	SRB/女=100
壮族	10 390	8 653	120.07	满族	4 937	4 507	109.54
苗族	8 217	7 194	114.22	藏族	4 305	4 233	101.70
维吾尔族	7 716	7 371	104.68	蒙古族	3 307	3 012	109.79
彝族	7 677	6 861	111.89	布依族	2 956	2 674	110.55
回族	6 853	6 095	112.44	侗族	2 343	1 849	126.72
土家族	5 505	4 519	121.82	瑶族	1 729	1 420	121.76

注：为了满足出生性别比对样本量的最低要求，只列出了年出生人口数在 3 000 以上的民族

五、在城乡结构上，出生性别比呈现显著二元化

20 世纪 80~90 年代初期，出生性别比偏高问题主要集中在农村，但是，2000 年以来，城市人口的出生性别比也出现了持续升高的迹象，如表 3.7 所示。1990 年城市人口出生性别比为 108.9，镇人口为 112.1，乡村人口为 111.7；2005 年城市人口出生性别比为 115.2，镇人口为 119.9，乡村人口为 122.9，均有不同程度的升高。总体来看，历年的乡镇出生性别比均明显地高于城市。

表 3.7　1982~2005 年主要年份中国城乡出生性别比分布情况

年份	城市	镇	乡村
1982	106.9	107.7	107.7
1990	108.9	112.1	111.7
1995	111.9	115.6	117.8
2000	112.8	116.5	118.1
2005	115.2	119.9	122.9

资料来源：第三、四、五次全国人口普查资料，以及 1995 和 2005 年 1%人口抽样调查资料

第四节　本章小结

在时间空间上，出生性别比变动趋势呈现出较强规律性，准确把握出生性别比变动特征对于深入分析出生性别比偏高问题形成原因有着较强的参考价值，并对提出有效治理路径有着重要的指导意义。从时间分布来看 1982 年以来，全国出生性别比开始迅速、持续地升高，出生性别比偏高的程度逐渐加深，到 2010 年，有 95%的人口生活在出生性别比偏高区域，同时，出生性别比变动还呈现阶段性特征，20 世纪 90 年代为缓慢上升阶段，90 年代快速上升，2000 年开始上升趋势减缓而且个别省（自治区、直辖市）出现下降迹象，2010 年以来出生性别比总体下降但有个别省（自治区、直辖市）仍在上升。

在空间分布上的变动特征也十分明显，出生性别比偏高的区域主要集中在东南部人口稠密地区，受人口数量和出生性别比的双重作用，这些地区对全国出生性别比偏高的影响较大，东部地区的出生性别比开始偏高时间早于西部地区，其偏高程度也比西部地区更为严重，黄河以北地区的出生性别比低于全国平均水平，而黄河以南地区的出生性别比高于全国平均水平。将历次人口普查进行比较，出生性别比偏高的范围逐渐从沿海发达地区向中西部地区蔓延。从世界范围变动趋势上看，20 世纪 80 年代以来，出生性别比偏高问题从东亚传播到南亚国家再到南高加索地区，出生性别比呈现渐次偏高特点。

育龄妇女所处生活环境、受教育程度、生育状态等也决定了出生性别比变动呈现一定规律性，在孩次分布上，出生性别比随孩次增加而上升；在生育状态分布上，纯女户妇女的孩次性别递进生育性别比明显高于纯男户；在受教育程度上，城乡妇女的生育性别比略有差异；在民族构成上，各民族出生性别比具有明显差异；在城乡结构上，出生性别比呈现显著二元化，乡镇出生性别比明显高于城市。

第四章　出生性别比偏高的社会后果

中国出生性别比偏高问题已经持续了三十多年，其带来的社会后果逐渐显现，不仅表现在人口可持续发展方面，更严重影响了育龄妇女健康和社会经济生活正常运行，由此累积的问题更加繁冗、复杂。出生性别比偏高问题带来的后果主要表现在，产生女性缺失、造成婚姻拥挤、威胁社会安全以及侵害女孩生命权和生存权，出生性别比偏高问题以及由此产生的社会后果十分严重。本章从女胎缺失、男性婚姻挤压和妇女权益受到侵犯三个方面分别论述中国出生性别比偏高所带来的社会后果。

第一节　女胎缺失问题严重

20 世纪 80 年代初以来，全国出生性别比一直偏高且持续升高，研究一致认为，直接导致出生性别比统计数据偏高的因素无外乎两条：一是出生女婴漏报或瞒报，二是胎儿性别鉴定并选择性流引产女胎。前者造成出生性别比假性偏高，偏高的影响只反映在统计数据上，而对真实的出生性别比并没有实质影响；后者对出生性别比偏高的影响是真性的，导致出生性别比发生实质性升高。

一、文献回顾

Cai 和 Lavely（2003）根据 2000 年第五次全国人口普查数据，估计了 1980~2000 年出生队列在年普查时点的失踪女孩数量，大约有 1 280 万人，有 4.1%的女孩失踪，他们认为中国的女性缺失问题将会对未来人口发展产生深远影响；康建英等（2006）指出长期出生性别比偏高带来的直接后果是女性赤字；Coale 和 Banister（1994）研究了中国前 4 次人口普查的数据，估计了 1936~1985 年的出生队列人口在历次普查时点的失踪女性比例；姜全保等（2005）对整个 20 世纪中国失踪女性的数量和状况进行了研究，得出的失踪数量为 3 559 万人，失踪比率为 4.19%；Bhat（2002）较为系统地分析了印度产生“失踪女孩”问题的原因，并进行了实证研究，但没有对“失踪女孩”数量进行估算；Kulkarmi（2007）对印度 1986~2000 年出生队列的“失踪女孩”数量进行了估算，大约有 607 万人。

在具体影响程度的高低上，相关研究存在着一定分歧：曾毅等（1993）认为女婴漏报或瞒报对出生性别比偏高的影响程度为 43%~75%；高凌（1995）认为女婴漏报可以解释出生性别比偏高部分的 55.5%，性别选择性流引产可以解释另外的 44.5%；陈卫和翟振武（2007）认为出生性别比偏高部分的 70%左右是由女婴漏报造成的，真性偏高的部分仅占 30%。关于出生人口的漏报问题，国家计生委课题组（2000）研究发现 1990 年以来全国总体漏报的出生人口中，男性多于女性。尽管现有研究关于女婴漏报导致出生性别比偏高程度的见解不一，但是，大家普遍认同胎儿性别鉴定及人为流引产女胎是导致出生性别比偏高的一个直接原因（顾宝昌和罗伊，1996；乔晓春，2004；穆光宗等，2007）。

毋庸置疑，采用性别选择性流引产技术，留男流女，将必然造成大量女性赤字。那么，胎儿性别鉴定和选择性流引产女胎的规模到底有多大呢？事实上，在现有各类人口统计资料中，要想直接获得相应数据来回答这个问题几乎是不可能的。在一定的假设前提下，可以利用历次人口普查、人口抽样调查和每年的人口统计资料，间接估算 1980 ~ 2009 年因性别选择性生育而造成的女胎缺失数量。

二、间接估算方法

（一）假设前提

假设 4-1：中国统计年鉴公布的 1980 年以来的每年总人口数和出生率是真实可信的。

假设 4-2：1980 年以来的历次人口普查、人口抽样调查和各类大型调查，其所提供的出生性别比数据是准确的。

假设 4-3：不存在人为性别选择性流引产男婴的现象。

假设 4-4：把女婴漏报对出生性别比偏高的影响程度（degree）分为 6 个档次，即 0、10%、20%、30%、40%和 50%，目的是分析不同漏报水平下缺失的女胎数量。

（二）具体步骤

步骤一：计算应出生女婴数 EFB 。出生性别比的一般计算公式为

$$\mathrm{SRB} = \frac{\mathrm{MB}}{\mathrm{FB}} \times 100 \qquad (4.1)$$

其中，MB 和 FB 分别表示当年活产的男婴数和女婴数。

当出生性别比处于正常水平时，用 NSRB 、EMB 和 EFB 分别表示正常出生性

别比、应出生男婴数和应出生女婴数，则有

$$\text{NSRB}=\frac{\text{EMB}}{\text{EFB}}\times 100 \qquad (4.2)$$

因为假设性别选择性流引产男婴为零，则有 $\text{EMB}=\text{MB}$，代入式（4.2）中，可得应出生女婴数为

$$\text{EFB}=\frac{\text{MB}}{\text{NSRB}}\times 100 \qquad (4.3)$$

步骤二：计算性别选择性流引产的女胎数量（也即缺失女胎数）。

由概念含义可知，性别选择性流引产的女胎数为

$$\text{SSA}=\text{EFB}-\text{FB} \qquad (4.4)$$

将式（4.3）代入式（4.4）得

$$\text{SSA}=\frac{\text{MB}}{\text{NSRB}}\times 100-\text{FB}=\frac{100\text{MB}-\text{NSRB}\cdot\text{FB}}{\text{NSRB}} \qquad (4.5)$$

上式右端分子、分母同乘以 $\frac{\text{LB}}{\text{FB}}$（其中，LB 表示当年实际出生的总人口数），又因为

$$\text{LB}=\text{MB}+\text{FB}$$

整理得

$$\text{SSA}=\text{LB}\times\frac{\text{SRB}-\text{NSRB}}{\text{NSRB}}\times\frac{100}{100+\text{SRB}} \qquad (4.6)$$

由式（4.6）可知，性别选择性流引产女胎的数量取决于实际出生人口数 LB 以及实际出生性别比与正常出生性别比之间的差值（$\text{SRB}-\text{NSRB}$），当 LB、SRB 和 NSRB 均为已知时，即可估算得到性别选择性流引产女胎规模。由此可见，要想推算 1980~2015 年性别选择性流引产女胎的规模，必须具备每年的出生人口规模、出生性别比和出生性别比标准值三个基础数据。

三、基础数据获得

现有各种人口统计资料并不直接提供年度出生人口性别结构，但是，可以采用间接估计技术推算所需的数据。

一是每年出生人口数 LB。根据 1980~2009 年中国统计年鉴公布的年末总人口和出生率资料，采用出生率计算公式即可计算得到 1980~2009 年的每年出生人口数。

二是出生性别比 SRB。历次人口普查、人口抽样调查资料和其他大型调查资料直接提供了 1980~2009 年绝大部分年份的出生性别比数据，其余少数年份所缺失的数据采取线性内插或外推方法求得（原新，2007），如表 4.1 所示。

表 4.1　1980~2009 年我国年出生人口数及出生性别比

年份	总人口/万人	出生率/‰	出生人口/万人	出生性别比（女=100）
1980	98 705	18.21	1 787	107.0*
1981	100 072	20.91	2 078	107.1*
1982	101 590	22.28	2 247	107.2
1983	102 764	20.19	2 063	107.7
1984	103 876	19.90	2 056	108.3
1985	105 044	21.04	2 198	111.2
1986	106 529	22.43	2 373	112.1
1987	108 073	23.33	2 503	110.8
1988	109 614	22.37	2 435	111.1*
1989	111 191	21.58	2 382	111.3
1990	114 333	21.06	2 375	111.7
1991	115 823	19.68	2 265	112.4*
1992	117 171	18.24	2 125	113.0
1993	118 517	18.09	2 132	114.2*
1994	119 850	17.70	2 110	115.4*
1995	121 121	17.12	2 063	116.6
1996	122 389	16.98	2 067	113.0
1997	123 626	16.57	2 038	116.8
1998	124 810	15.64	1 943	113.0
1999	126 210	14.64	1 837	115.8
2000	126 743	14.03	1 774	116.9
2001	127 627	13.38	1 702	117.2*
2002	128 453	12.86	1 647	117.6*
2003	129 227	12.41	1 599	117.9*
2004	129 988	12.29	1 593	118.3*
2005	130 756	12.40	1 612	118.6
2006	131 448	12.09	1 585	119.3
2007	132 129	12.10	1 594	120.2
2008	132 802	12.14	1 608	120.5
2009	133 474	12.13	1 615	119.5

*表示数据为线性内插或外推数据

资料来源：国家统计局 1981～2008 年《中国统计年鉴》；2009 年《国民经济和社会发展统计公报》；第三、四、五次全国人口普查资料；1995 年、2005 年全国 1%人口抽样调查资料

三是出生性别比标准值 NSRB：正常的出生性别比值域为 103~107。一般情况下，采用 105 或 106 作为出生性别比的正常值，本书的研究选用 105 为标准进行

估算。

四、估算结果

为了更好地评估分析性别选择流引产所造成的缺失女胎问题，本章将充分考虑女婴漏报对出生性别比偏高的影响，并将女婴漏报率分别划分为 0、10%、20%、30%、40%和 50% 六个档级。

（一）无女婴出生漏报

在统计出生人口时，假设不存在出生女婴漏报或瞒报现象，以 105 作为出生性别比的标准值，那么，1980~2009 年的 29 年间因选择胎儿性别被流引产的女胎总量为 2 267.33 万，平均每年 78.18 万；1980 年最少，为 16.44 万；2008 年最多，为 108.04 万，与同期出生女孩总量相比，平均每活产 100 个女孩就有将近 15 个女胎的生命权被剥夺。

在动态趋势上，性别选择性流引产女胎的数量有逐渐增多的趋势（图 4.1），性别选择性流引产女胎规模从 20 世纪 80 年代的年均 45.31 万增至 90 年代的年均 84.89 万，2000~2009 年则达到了年均 96.53 万。在年出生人口规模总体减少的背景下，女胎缺失规模逐年扩大是性别选择性流引产女胎所致，这也使得出生性别比快速上升。

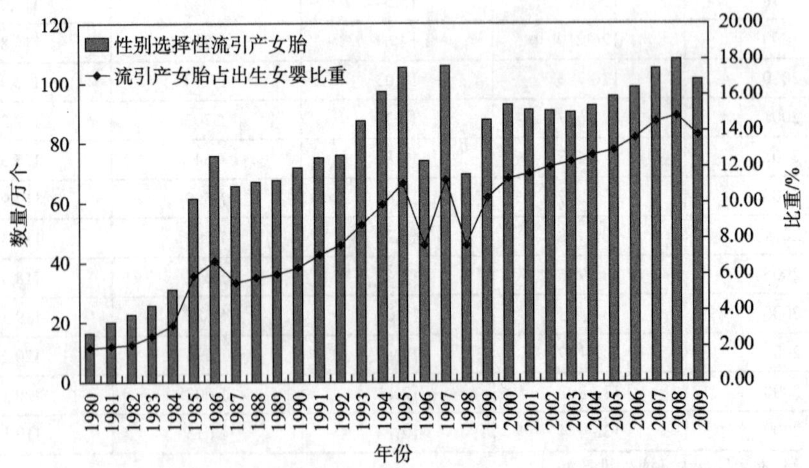

图 4.1　性别选择性流引产女胎数量及其占当年出生女婴比重

随着医学技术水平的提高，B 超等性别鉴定技术和流引产技术在全国范围内得到普及应用，女胎缺失规模也呈现出逐年增长的势头。分阶段进行考察，20 世纪八九十年代，年平均缺失女胎的数量从45.31万上升到84.89万，上涨了87.35%；20世纪90年代到21世纪初的2000年，年平均缺失量从84.89万增加到96.53万，其上升速度稍有放缓，但仍然增长了13.71%。需要说明的是，1997年以来，女胎缺失规模的年均增长放缓，并不意味着性别选择性流引产行为的减弱，这是在出生人口数逐年下降的背景下出现的，10年来，由于长时期处于低生育水平，年出生人口数减少了20.74%。如果应用相对变化量进行分析，将更能直观地说明女胎缺失的严峻形势，在上述三个年代里，缺失女胎占当年出生女婴的百分比出现了三次明显的上升过程，该比例从1980年的不足2%增加到2009年的13.8%，占比扩大了将近6倍。2009年，平均每出生100个女孩，相应地，就有将近14个女胎被产前性别选择掉，从而被剥夺生命权。

（二）存在女婴出生漏报

当存在女婴出生漏报时，漏报所导致的出生性别比偏高部分是假性的，这部分女婴已经存活在世，只是没有反映在统计中而已，其余部分是真性的，是性别选择性流引产女胎的结果。考虑女婴出生漏报对出生性别比偏高的影响，将女婴漏报率分10%、20%、30%、40%和50%五档计算，得到女胎缺失数量，如表4.2所示。

表4.2　不同女婴漏报率下的女胎缺失数量估算结果（单位：万人）

年份	10%	20%	30%	40%	50%
1980	14.81	13.16	11.52	9.87	8.23
1981	18.06	16.06	14.05	12.04	10.04
1982	20.45	18.18	15.90	13.63	11.36
1983	22.99	20.43	17.88	15.32	12.77
1984	27.92	24.82	21.71	18.61	15.51
1985	55.31	49.16	43.02	36.87	30.73
1986	68.09	60.52	52.96	45.39	37.83
1987	59.03	52.47	45.91	39.35	32.80
1988	60.31	53.61	46.91	40.21	33.51
1989	60.88	54.11	47.35	40.58	33.82
1990	64.43	57.27	50.11	42.95	35.80
1991	67.64	60.13	52.61	45.10	37.58
1992	68.41	60.81	53.21	45.61	38.01
1993	78.49	69.77	61.05	52.33	43.61

续表

年份	10%	20%	30%	40%	50%
1994	87.33	77.62	67.92	58.22	48.52
1995	94.70	84.18	73.65	63.13	52.61
1996	66.55	59.15	51.76	44.36	36.97
1997	95.08	84.51	73.95	63.38	52.82
1998	62.55	55.60	48.65	41.70	34.75
1999	78.80	70.05	61.29	52.54	43.78
2000	83.42	74.15	64.88	55.61	46.35
2001	81.95	72.84	63.74	54.63	45.53
2002	81.75	72.66	63.58	54.50	45.42
2003	81.14	72.13	63.11	54.10	45.08
2004	83.19	73.94	64.70	55.46	46.22
2005	85.96	76.41	66.86	57.31	47.76
2006	88.60	78.75	68.91	59.06	49.22
2007	94.43	83.94	73.44	62.95	52.46
2008	97.24	86.43	75.63	64.82	54.02
2009	91.15	81.02	70.90	60.77	50.64
总计	2 040.66	1 813.88	1 587.16	1 360.40	1 133.75

由表 4.2 可知，当女婴出生漏报对出生性别比偏高部分的影响程度为 10%时，2009 年，因性别选择性流引产而导致的女胎缺失规模为 91.15 万，1980~2009 年的女胎缺失规模合计为 2 040.66 万；当其影响程度为 30%时，2009 年和 1980~2009 年的女胎缺失规模分别为 70.90 万和 1 587.16 万；当其影响程度为 50%时，2009 年和 1980~2009 年的女胎缺失规模分别为 50.64 万和 1 133.75 万。当存在女婴出生漏报时，2009 年的缺失女胎规模为 50 万 ~ 92 万，1980~2009 年的缺失女胎规模处于 1 133 万 ~ 2 041 万范围内。从时间变动趋势来看，与无漏报情况基本相似，女胎缺失规模以及缺失女胎占当年出生女婴的比重均保持逐年上升的趋势。

由此可见，性别选择性流引产引致了大量女胎缺失，1980~2009 年，缺失女胎规模处于 1 133 万~2 267 万的范围内，正如马寅初（1998）所指出的，一个发育成熟的胎儿也有生命权，如此巨量的女胎缺失，可谓触目惊心，性别选择性流引产行为践踏了女胎的生命权，也使得数千万名育龄妇女身体遭受伤害。

关于中国“失踪女孩”问题，更多地表现在女胎缺失方面，而印度更多是出生后的女孩缺失造成的，为了更好地分析和认识出生性别比偏高带来的女胎缺失问题，有必要应用同样的研究方法估算印度“失踪女孩”情况。自 20 世纪 80 年代以来，两个国家都经历了显著的出生人口性别比持续偏高的过程，失踪女孩或女性缺失问题十分严重，但两个国家的“失踪”特点迥异。估算结果表明，中国的“失踪女孩”数量和女孩失踪率随年龄增长而递减，0~4 岁组“失踪女孩”数量最大，为 456.81 万人；其次是 5~9 岁组，为 431.65 万人；15~19 岁组的“失踪女孩”规模只有 58.44 万人；相应地，女孩失踪率也从 12.73%下降到 1.15%。而印度却恰恰相反，“失踪女孩”数量和女孩失踪率随年龄增长而递增，0~4 岁“失踪女孩”规模最小为 170.08 万人，女孩失踪率为 3.09%；两项指标在 15~19 岁组分别增至 639.99 万人和 12.15%。中印两国“失踪女孩”随年龄变化规律截然相反的事实表明了导致两国女孩失踪的原因存在差异。

一般认为，产生“失踪女孩”的原因主要包括以下三个方面：第一，出生前失踪，即胎儿性别鉴定和性别选择性人工流引产女胎。随着现代科学技术的进步，B 超、绒毛检测、羊水穿刺等技术均可有效鉴定胎儿的性别，使胎儿性别选择变得安全、便捷、廉价、可得，在那些有强烈男孩偏好文化和现实需求的国家，这些技术被非法使用，致使胎儿性别鉴定和人工终止妊娠选择胎儿性别的行为屡禁不止，大量女性胎儿尚未出生就被剥夺了生命权，产生大量女胎缺失，导致出生人口性别比偏高。第二，出生后失踪，包括溺杀、遗弃女孩等非法行为，以及女孩在营养、健康、医疗等方面受到歧视性对待，如女孩得不到充分的母乳喂养或提前断奶，缺乏必要的医疗和健康关怀等，这主要表现为女童异常的高死亡率以及女孩死亡率高于同龄男性。第三，女婴漏报和瞒报，这主要发生在中国，因为计划生育政策对家庭生育孩子数量的限制，为了多生育孩子或生育男孩，有意漏报和瞒报已经出生的女孩，这和前两类情况不同，这些女孩只是在人口统计系统中没有被反映出来，但是她们却存在于现实生活中，只会造成统计上的女孩失踪，是假性失踪。

中国“失踪女孩”数量随年龄增加而不断减少的变化规律，主要是出生人口性别比持续偏高和升高所致，是出生前胎儿性别选择和女婴漏报和瞒报的结果。自 20 世纪 80 年代中期以来，中国的年出生人口规模伴随总和生育率水平的持续下降而逐渐缩减。1985~1990 年年均出生人口数量达到 2 608 万人，之后不断减少，目前年均出生人口只有 1 805 万人。但是，年均出生人口女性“赤字”或者男性“盈余”（即年出生人口中的男性与女性之差）却因为出生人口性别比的持续攀升而不断增加，从 80 年代后半期年均女性赤字 144 万人扩大到目前的 166 万人，这是出生年份离现在越近，“失踪女孩”数量越多的主要原因。“失踪女孩”随年龄的变化特征与出生人口性别比偏高且逐年升高的趋势高度一致，说明：第一，出生人口性别比越高，出生人口的性别结构就越不平衡，出生人口中的“失踪女孩”问题也就越严重；第二，中国“失踪女孩”随年龄减小而不断增加的变化规律主要是受出生人口性别比的影响，而出生性别比升高的根本原因是出生前的性别选择。

印度“失踪女孩”随年龄增大而不断增多的规律，主要受性别死亡率差异的影响，是出生后男孩与女孩生存条件存在巨大差异的结果。印度“失踪女孩”数量也与其出生人数发生背离，所不同的是，印度的出生人口数在 20 世纪 90 年代中期以前不断增加，出生年份离现在越近，“失踪女孩”数越少。印度的出生人口性别比在 20 世纪 90 年代中期以前缓慢增长，之后围绕 112 窄幅波动，这说明印度“失踪女孩”随年龄增大而不断增多的规律受出生性别比升高的影响较弱，它主要是受男女性别死亡率差异的影响，是出生后男孩和女孩生存条件的巨大差异的结果。印度城市地区，特别是北部各邦，超声波测试和羊膜穿刺术等现代技术测试已经广泛应用于妊娠性别测试，而在印度农村地区，不论是高种姓还是低种姓家庭，人们主要是采用溺杀女婴的方式。另外，印度还有童婚习俗，一般主张女孩在 8~12 岁时结婚，尽管从 1929 年起，印度就通过了禁止童婚的法律，但实际执行力较弱，由于女性在孕育期的死亡概率较大，再加上初婚年龄和初育年龄较小，相应地增加了女性死亡风险。

第二节　男性婚姻挤压问题突出

20 世纪 80 年代初期以来，随着出生性别比持续偏高，大量的女胎被人为地性别选择掉，从而造成了严重的女婴缺失问题，这也给 20 年后的婚姻市场平衡埋下了隐患，从而必将导致男性婚姻挤压问题。婚姻挤压问题将引发并加重，如单身未婚者生理与心理健康、离婚与社会风气、童养媳与拐卖妇女、非婚生育和私生子、独身者养老和社会稳定等一系列问题（邓国胜，2003）。为了更具体地了解和把握我国当前和未来一段时期人口婚姻挤压形势，下面具体研究 2000~2050 年的婚姻挤压规模及其时空变动趋势。

一、理论基础

所谓婚姻挤压，是婚姻市场性别失衡的一种表现，是指可供选择的男性与可供选择的女性之间比例失调并导致部分男性或者部分女性不能按照传统的年龄偏好择偶的现象。婚姻市场理论认为，婚姻市场的供求是男女婚配关系的集合，它将受到出生性别比、死亡率性别差异、人口迁移流动、夫妇年龄差偏好、年龄结构变动等因素的影响。在进入婚龄期的人口性别比明显偏高的情况下，会出现男性婚姻挤压问题，但是，当人口年龄结构持续年轻化时，性别结构与年龄结构对婚姻市场的作用方向相反，可以通过调整结婚年龄或扩大夫妇年龄差来解决婚姻挤压问题。当人口年龄结构持续老化时，性别结构与年龄结构对婚姻市场的作用方向相同，男性婚姻挤压的程度将越来越严重，大量男性将不得不推迟结婚年龄、扩大夫妇年龄差，即便如此，也会有相当数量的男性终身不能找到婚配对象（郭志刚和邓国胜，1995）。

由此可见，性别结构和年龄结构是影响婚姻市场的最为直接的两大人口因素。当前，中国人口发展正好处于这两大因素的剧烈冲撞之下，性别结构和年龄结构特征突出地表现为如下两个方面：一是出生性别比持续偏高，性别结构失衡。1982 年全国人口普查时的出生性别比为 108.47，出生性别结构出现明显失衡；之后，出生性别比持续快速攀升，1990 年为 111.14；2000 年达到 116.86；2005 年升至 118.58；2009 年进一步攀升到 119.45。二是总和生育率持续低于替代率水平，年龄结构老化。我国人口生育率在经历了 20 世纪 70 年代迅速下降、80 年代的小幅波动后，90 年代以来的总和生育率保持在更替水平之下，1994 年以后，总和生育率基本稳定在 1.72~1.76，有的地区甚至降到了 1.0，低生育水平人口占总人口的比重由 80 年代末期的 33%上升到 1992 年的 82%，年龄结构持续老化。性别结构和年龄结构的双重作用，将使得女性赤字规模和赤字比率逐年上升（表 4.3 和图 4.2），中国人口长期处于较为严重的男性婚姻挤压之中。

表 4.3　中国生育水平、出生性别比和出生女婴赤字情况

时间段	总和生育率	出生性别比	年均出生人数/万人	年均出生女婴赤字/万人
1980~1985 年	2.61	108	2 189	86
1985~1990 年	2.63	111	2 604	140
1990~1995 年	2.01	114	2 228	148
1995~2000 年	1.80	117	1 970	158
2000~2005 年	1.77	118	1 801	151
2005~2010 年	1.77	120	1 805	166

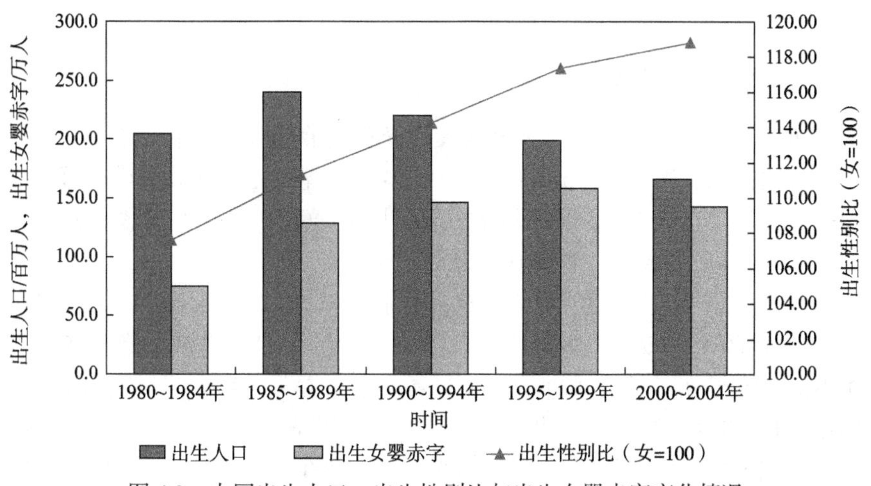

图 4.2　中国出生人口、出生性别比与出生女婴赤字变化情况

对于婚姻挤压规模的估算，现有研究文献主要采用了以下三种测度方法：一是同龄性别比法，假设男性或女性只与同龄的异性婚配，夫妇年龄差为 0，同龄男性与女性之间的数量差异被视为婚姻市场过剩人口，陈胜利等（2006）应用同龄性别比法测算了婚姻挤压规模，结果表明，在 2040 年前后，我国婚龄人口中的男性比女性将多出 2 000 万人左右。二是相对性别比法，假定男性与年龄相差几岁的女性婚配，两者数量上的差异被视为婚姻市场过剩人口，李树茁（1998）的研究认为，1970~1990 年的夫妇平均初婚年龄差为 1.7~2.7 岁。三是婚配性别比法，按照一定的婚配模式所确定的年龄差为标准，将某年龄组的男性与期望可结婚的女性进行匹配，其人数之间的差值即为婚姻市场过剩人口，郭志刚和邓国胜（2000）的研究表明，我国夫妇年龄差在夫小于妻 1 岁到夫大于妻 4 岁之间最为集中。

相比较而言，三种方法各有千秋。同龄性别比法简单明了，使用便捷，但与实际婚姻市场结构及婚配实际不完全符合，存在较大差别。相对性别比法能够较好地与婚姻市场相适应，但这仅仅反映了一个队列的婚配情况，没有考虑一个年龄组的婚姻匹配。婚配性别比法考虑了某个年龄组的男女匹配情况，但是，没有将初婚的法定年龄下限以及婚姻挤压累积效应影响计算在内。本章主要采用婚配性别比法，充分考虑初婚年龄的上限、下限以及婚姻挤压的历史累积效应。

二、估算方法与结果

首先，以 2000 年全国人口普查资料为基础，在一定的预测假设下，从出生性别比出发，分三个方案对 2009~2050 年的中国人口年龄性别结构进行预测；其次，充分考虑往年的婚姻挤压累积效应，构建数学模型；最后，计算得出各年份的婚姻挤压规模。

（一）未来人口预测

本章的预测以 2000 年第五次全国人口普查年龄别人口为基础人口，参考 2005 年 1%人口抽样调查数据和 2001~2008 年《国民经济和社会发展统计公报》相关数据，采用封闭人口预测模型进行预测，忽略国际迁移因素对人口数量和人口结构的影响。具体的人口预测，主要基于以下三个假设。

一是生育水平和生育模式假设。选择总和生育率（total fertility rate，TFR）为指标，在现行的人口政策尤其是生育政策下，中国人口再生产下降到替代水平以下，并稳定地处于低生育率水平，从生育意愿上来看，尽管有调查表明 20 世纪 90 年代中国妇女的生育数量意愿也已降到更替水平以下（于学军，2000），但仍明显高于政策要求的生育水平。王金营（2003）对 1990~2000 年的总和生育率进行重估，1994 年之后，总和生育率基本稳定在 1.72~1.76；王谦（2008）应用队列累计生育率分析了我国生育水平变动趋势，2005 年以来的总和生育率已经下降到了 1.7 以下。由于生育水平越低，婚姻挤压程度越严重。为了说明当前的出生性别比偏高给未来所造成婚姻挤压问题的严重程度，我们不选择 1.7 之下的某个值作为总和生育率，而保守地将总和生育率设定为 1.74。由于全国已经基本实现了晚育模式，即便是未来的生育政策有所松动，由于政策对晚婚晚育的年龄规定并没有放松，而且人们也已经习惯了晚婚晚育，因此，假设预测期内的生育模式保持现状不变。

二是死亡水平和死亡模式假设。预测中选择出生平均预期寿命为参数，2000 年的男、女性出生平均预期寿命分别为 69.63 岁和 73.33 岁。按照联合国平均出生预期寿命增长的经验步长法，推算未来平均出生预期寿命的变化，预测周期内的预期寿命的增长模式是先期略快，后期较慢。死亡模式采用 2000 年分性别、分年龄死亡模式，并根据联合国模型生命表进行适当调整。

三是出生性别比假设。本次预测重在考察不同出生性别比下的未来人口婚姻挤压状况，在预测中保持总和生育率不变，以出生性别比为主要考察量，并按此划分为极端高方案、最可能方案和极端低方案三种预测方案。其中，最可能方案所设定的出生性别比基本符合出生性别比变化的实际情况，而设定极端高方案和极端低方案的目的是便于比较不同出生性别比下的婚姻挤压规模及其挤压程度。极端高方案：2009~2050 年，出生性别比始终保持在 120 的水平。最可能方案：2009~2010 年，出生性别比为 120；2010~2030 年，逐渐降至 107；2021 年之后保持在 107 的水平。极端低方案：2009~2010 年，出生性别比为 120；2011 年之后保持在 107 的水平。通过在人口预测软件 Mortpak 上运行，得到分方案未来年龄别人口预测数据。

（二）数学模型

一般情况下，男性平均初婚年龄大于女性 2 岁左右是人们普遍的意愿选择（韦艳，2005）。根据第三、四、五次全国人口普查资料，男性在 35 岁（女性在 33 岁）以前基本上已经结婚，35 岁及以上男性的未婚率为 4%~6%，33 岁及以上女性未婚率不足 1%，所以，我们将男性的初婚年龄上限设定为 35 岁，女性的初婚年龄上限设定为 33 岁，并依据《中华人民共和国婚姻法》的规定，将初婚年龄下限设定为男性 22 岁、女性 20 岁。基于此，我们将男性的初婚年龄范围设为 22~35 岁，相应地，将女性的初婚年龄范围设定为 20~33 岁，22~35 岁年龄组的男性数量与 20~33 岁年龄组的女性数量之间的差值即为所求的婚姻挤压规模。

本书将 2000 年作为基期年份，尽管 2000 年之前存在较为严重的男性婚姻挤压，但是，为了便于计算和分析，假设 2000 年以前的婚姻挤压累积量为零，这并不影响分析结论的正确性。2000 年，婚姻挤压规模等于当年 22~35 岁的男性人口

总数与20~33岁女性人口总数的差值，用符号记为

$$D_{2000}=\sum_{i=22}^{35}M_{2000}^{i}-\sum_{i=20}^{33}F_{2000}^{i} \tag{4.7}$$

其中，D_{2000} 表示2000年的婚姻挤压规模；M_{2000}^{i} 表示2000年的第 i 岁男性人数；F_{2000}^{i} 表示2000年的第 i 岁女性人数。

根据人口学原理，2000年出生队列的35岁（或33岁）变为2001年时的36岁（或34岁）人口，2001年的36岁男性人口数与34岁女性人口数之差为（$M_{2000+1}^{35+1}-F_{2000+1}^{33+1}$），这是2000年婚姻挤压累积的结果，这些“多出”的人口将会有两条出路：一是在尚未超出初婚年龄上限时，与低年龄组人口展开婚姻竞争，竞争成功则走入婚姻殿堂，形成对低年龄组人口的婚姻挤压；二是被动地终身不结婚，形成事实上的单身，对低年龄组人口没有婚姻挤压作用。因此，如果考虑往年婚姻挤压累积效应，2001年婚姻挤压规模 D_{2001} 的下限是 $\sum_{i=22}^{35}M_{2001}^{i}-\sum_{i=20}^{33}F_{2001}^{i}$，上限是 $\sum_{i=22}^{35}M_{2000+1}^{i}-\sum_{i=20}^{33}F_{2000+1}^{i}+(M_{2000+1}^{35+1}-F_{2000+1}^{33+1})$，其余年份，依次类推。

一般情况下，考虑退出劳动力年龄前的人口，公元（2000+n）年的婚姻挤压规模 D_{2000+n} 的变动范围为

$$\left(\sum_{i=22}^{35}M_{2000+n}^{i}-\sum_{i=20}^{33}F_{2000+n}^{i}\right)\leqslant D_{2000+n}\leqslant\left(\sum_{i=22}^{35}M_{2000+n}^{i}-\sum_{i=20}^{33}F_{2000+n}^{i}\right.$$
$$\left.+\sum_{i=1}^{\min(n,24)}M_{2000+n}^{35+i}-\sum_{i=1}^{\min(n,24)}F_{2000+n}^{33+i}\right)$$

（三）估算结果

根据2000~2008年统计数据和2009~2050年人口预测数据，按照以上数学模型计算所得的主要年份婚姻挤压规模，如表4.4所示。

表4.4　2000~2050年中国婚姻挤压规模估算表（单位：万人）

年份	极端高方案		较可行方案		极端低方案	
	下限	上限	下限	上限	下限	上限
2000	1 337.77	1 337.77	1 337.77	1 337.77	1 337.77	1 337.77
2005	1 332.50	1 678.10	1 332.50	1 678.10	1 332.50	1 678.10
2010	1 166.72	2 181.29	1 166.72	2 181.29	1 166.72	2 181.29
2015	2 275.10	3 426.22	2057.16	3 462.90	2 290.06	3 440.13
2020	2 790.39	4 274.72	2 641.79	4 167.73	2 649.34	4 130.75

续表

年份	极端高方案		较可行方案		极端低方案	
	下限	上限	下限	上限	下限	上限
2025	2 315.56	4 317.49	2 289.05	4 305.11	2 203.96	4 198.66
2030	1 684.43	4 375.84	1 582.66	4 241.90	1 688.30	4 435.05
2035	1 890.08	4 847.47	1 687.47	4 664.92	1 510.43	4 432.40
2040	2 393.23	5 508.49	2 355.30	5 397.05	1 655.70	4 665.17
2045	2 472.79	5 719.54	1 885.78	4 862.65	1 260.09	4 485.92
2050	2 061.06	4 932.28	1 070.59	3 916.89	950.36	3 304.43

由表 4.4 可知，人口婚姻挤压主要表现为如下三个特征：一是 2010~2030 年，三种方案婚姻挤压规模的上下限数量差别不大。由于婚龄人口是 20 多年之前出生的人口，从出生到达到适婚年龄至少要有一个 20 年的滞后期，此期间的婚姻挤压是由 1990~2010 年（甚至是 1990 年之前）的出生人口结构决定的。2010 年，由于婚姻挤压而“多出”的男性人口为 1 100 万~2 200 万人；2020 年，“多出”的男性人口为 2 600 万~4 300 万人；2030 年，“多出”的男性人口为 1 500 万~4 500 万人。二是 2020~2040 年，没有婚配对象的青壮年男性人口众多。由于一夫一妻制度，离异婚并不影响单身人口数，丧偶婚的占比极低，所以，当超过初婚年龄上限的大龄未婚男性与再婚女性结婚时，基本上不影响总人口中的单身人口数量，2020~2040 年，没有婚配对象的青壮年男性最大规模将达到 4 000 万人以上。三是 2040 年以后，低生育水平依然持续，各方案婚姻挤压规模的上下限值均有所下降，但仍保持 1 000 万~4 000 万人的水平。

三、进一步分析

在估算结果基础上，为了更清晰、准确地把握未来婚姻挤压的变动趋势，我们拟从婚姻挤压规模的时间变动趋势以及可能的空间变动趋势来进行分析。

（一）时间变动趋势分析

2000~2050 年，婚姻挤压规模变动呈现出明显的时间阶段性和趋势持续性，如图 4.3 所示。根据最可能方案的估算结果，婚姻挤压规模变动分为三个阶段：一是快速上升期（2000~2020 年），上限值从 2000 年的 1 337 万人上升到 2020 年的 4 167 万人，年均增长 141 万人，年均增长率为 10.58%；其下限值从 2000 年的 1 337 万人上升到 2 641 万人，年均增长 65 万人，年均增长率为 4.87%。二是震荡波动期（2020~2040 年），上限值从 2020 年的 4 167 万人上升到 2040 年的 5 397 万人，年均上升 61 万人，年均上升幅度为 1.47%；其下限值从 2020 年的 2 641 万人下降到 2040 年的 2 355 万人，年均下降 14 万人，年均下降幅度为 0.54%。三是稳速下降期（2040~2050 年），上限值从 2040 年的 5 397 万人下降到 2050 年的 3 916 万人，年均减少 148 万人，年均下降幅度为 2.74%；其下限值从 2040 年的 2 355 万人下降到 2050 年的 1 070 万人，年均减少 128 万人，年均下降幅度为 5.45 %。极端高方案和极端低方案的婚姻挤压规模变动趋势与最可能方案基本相似，表现出较为明显的三阶段运行特征，只是在婚姻挤压规模上稍有差异，极端高方案上限值于 2045 年达到 5 719 万人的最大挤压规模。

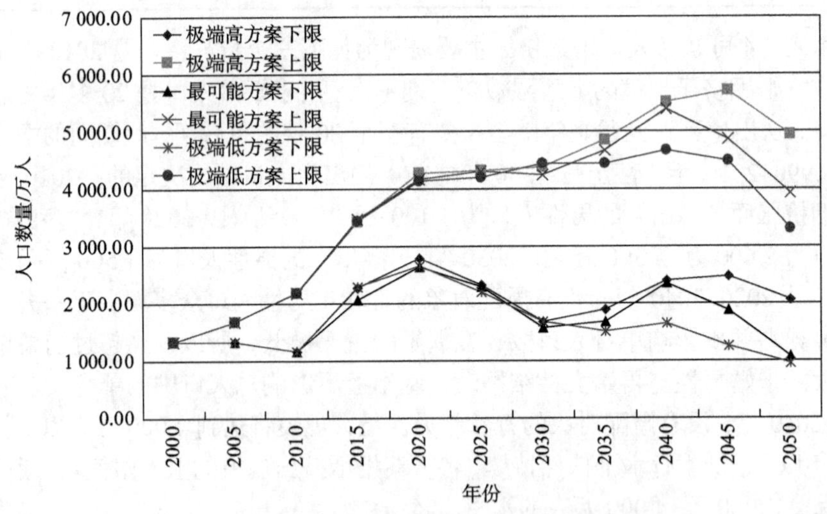

图 4.3　2000~2050 年中国婚姻挤压规模时间变动趋势

以上变动趋势表明：①在 2040 年之前，男性婚姻挤压的规模快速膨胀，其原因是婚姻市场受到以前年份高出生性别比和低生育率的双重影响，高出生性别比使 20 年后的婚龄男女比例严重失调，男性人口数量远远超过女性人口数量；低生育率使年龄结构呈现倒金字塔形状，出生人口减少导致的后续低年龄段人口越来越少，特别是长时期保持这种高出生性别比和低生育水平的状态，出生女性人口更少。事实上，如果按照 2020 年的上限值 4 274 万人向更低年龄段人口进行充分婚姻挤压，至少会使女孩初婚年龄提前到 15 岁，才能满足适婚男性寻求另一半的需求；如果按照下限值 2 790 万人进行挤压，也会使女孩的初婚年龄至少提前到 17 岁，因此，在如此严重的婚姻挤压形势下，不可能通过扩大男女初婚年龄差来有效解决婚姻挤压问题。②挤压规模上下限之间的差值较大，在 700 万~3 200 万人，这部分被婚姻挤压出来的男性人口是由历年超出初婚年龄上限人口累积而成的。一如前述，这些“多出”的男性人口有两条路径可供选择，一是继续参与婚姻竞争，如果在竞争中获胜，对低年龄组人口构成实际婚姻挤压；二是竞争失败或直接退出婚姻竞争，“多出”的男性人口将在总体人口中形成潜在的或事实上的无适龄婚配对象人口，被动地加入单身一族，庞大的被动单身群体将会给社会和谐发展带来严重影响，因此，历年婚姻挤压的累积效应不可忽视。③2040年以后，婚姻挤压规模在逐年缩减，但是，其与婚龄人口的比例却在逐年上升，从挤压规模上来看，男性婚姻挤压问题得到了一定程度的减弱，但事实上，由于生育率长期低于更替水平，每年的出生人口数量变得越来越少，相应地，婚龄人口规模也快速萎缩，但是，男性婚姻挤压规模占男性婚龄人口的比例保持在20%左右，如图4.4所示，在人口年龄结构倒金字塔形态不变的情况下，男性婚姻挤压程度将会进一步加重。

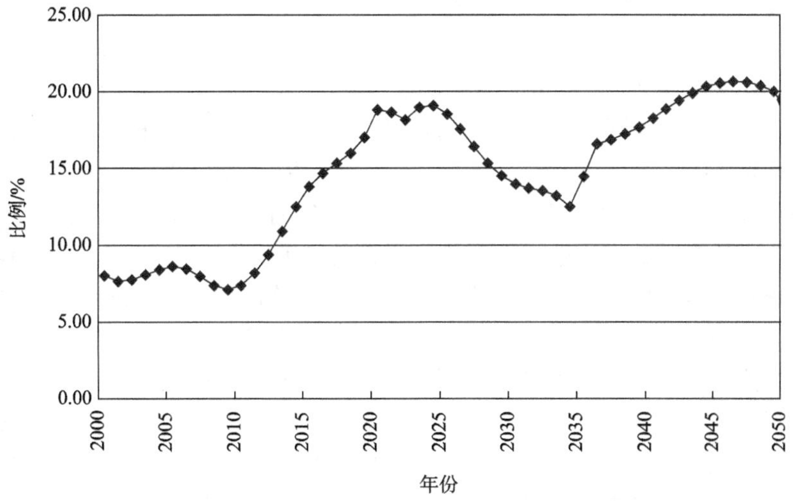

图4.4　2000~2050年婚姻挤压规模占男性适婚人口比例的变化情况

（二）空间变动趋势分析

在长期低生育率和持续偏高出生性别比的双重压力下，不能通过推迟婚龄或扩大年龄差来有效化解全局性婚姻挤压问题，但是，对于局部区域而言，地区间的人口迁移流动可以缓解以至消除某个区域的婚姻挤压，这是以其他地区更加严重的婚姻挤压为代价的。

地区间社会经济发展水平差异是引发人口迁移流动的根本原因，受推力、拉力作用，中国人口从中西部不发达地区源源不断地流向（或迁入）东部沿海发达地区，在人口迁移的决策过程中，男女在迁移的原因上有着很大区别，男性人口的迁移主要以经济活动为主，而女性中很大一部分则是以婚迁的方式进行（陈友华和乌尔里希，2000），婚迁女子沿着边远贫困农村和山区→农村→城镇→小城市→大城市的路径实现婚姻迁移。作为永久性或半永久性迁移的婚姻迁移，将导致中国人口年龄性别结构在地域空间上进行重新分配，从婚姻市场供求平衡的角度看，这种重新分配可以有效缓解发达地区的婚姻挤压压力，但同时也对不发达地区形成进一步的婚姻挤压，婚姻挤压程度沿着大城市→小城市→城镇→农村→边远贫困农村和山区的路径渐次加重，在大城市婚姻挤压得到缓解的情况下，边远贫困农村和山区的婚姻市场平衡被雪上加霜，“多出”的男性将会最终沉淀在边远贫困农村和山区。

“光棍村”的形成及其分布特征从一个侧面反映了女性婚姻迁移给不发达地区婚姻市场带来的负面影响。根据实地调研资料，吉林、贵州等省的部分地州大龄未婚现象比较普遍，以吉林延边州为例，截至 2007 年，全州 28 岁以上的未婚男青年共有 13 293 人，“光棍村”现象凸显，每村少则 10 人，多则 50 人，有的一家就有两三个大龄未婚青年。产生农村大龄男青年剩余的根本原因是经济的不发达，一是农村经济发展比较落后，家庭收入很低，与城市男青年相比，在经济上处于劣势位置；二是女青年进城打工，并千万百计地在城市找对象，她们再返回家乡的可能性很小，从而造成农村适龄未婚女青年快速大幅减少（许军和梁学敏，2007）。

在男性婚姻挤压的环境下，出于利益最大化的考虑，男性更倾向于提前结婚或早婚，以期在婚姻市场上发挥竞争优势、获得优质女性“资源”，处于竞争劣势的男子将被迫延后结婚或终身不婚。从妇女发展的角度来看，随着妇女受教育水平的提高，越来越多的女性接受了高等教育，拥有了丰富的文化知识，提高了参与社会的能力，这有利于女性沿着婚姻迁移路径向更高层次的社会领域流动。但是，由于受传统择偶观念以及男高女低婚姻模式的影响，女性择偶一般选择比自己条件更为优越（除相貌外）的男性，这将产生婚姻挤压中的素质挤压问题。在男性不能找到适龄婚配对象的同时，部分身高、教育程度、职业等条件都十分优越的女性却不能按传统规范成功择偶。从素质层面上看，婚姻挤压的最终结果是，女性单身剩余在高端，男性单身剩余在低端。

第三节　妇女权益受到侵犯

在一定意义上讲，出生性别比偏高是男女不平等地位的真实反映。联合国人口基金会与中华全国妇女联合会合作，于 2005 年 9 月开始对我国 30 个省（自治区、直辖市，不包括港澳台地区和西藏自治区）的省级生殖健康/计划生育项目管理者进行了社会性别意识调查，了解人们的社会性别认知情况、对将社会性别视角纳入项目管理与评估的看法，以及其对人口与发展领域社会性别平等状况的评价。当问及出生性别比偏高的主要危害有哪些时，77.3%的被调查者认为其危害是

"影响社会稳定"，有12.6%的人认为是"未来的男性找不到配偶"或"婚姻家庭问题增多"，只有9.7%认为是"侵犯女性生存权"。这反映了大部分生殖健康/计划生育项目管理者主要是为未来男性找不到配偶而担忧，而没有充分认识到女性的生命权正在被剥夺、生存权正在受侵害，就连为育龄妇女提供专业化服务的工作者都在潜意识中存在着"重男轻女"的传统观念，更何况社会普通大众（肖扬，2007）。其实，出生性别比偏高的原因是人们生育决策和生育行为中存在的"男孩偏好"，其根源则是社会性别不平等。两性地位的失衡和女性权利的缺乏，降低了妇女的社会经济效用预期，增强了人们的男孩偏好倾向，来自于社会和家庭的压力迫使怀孕妇女忍受着巨大精神压力和健康风险去接受性别选择性流引产手术。为了更为深入地分析妇女权益受到侵犯的情况，下面分直接侵害和间接侵害两个方面来进行阐述。

一、直接侵犯

受传统重男轻女观念的影响，歧视女孩现象在中国较为普遍，对女孩的歧视包括出生前歧视和出生后歧视，前者主要表现为性别选择性流引产，这将导致出生性别比升高；后者主要体现在家庭资源分配方面，如营养、疾病预防与治疗等，使女性婴幼儿面临生存劣势，更有甚者，还存在溺弃女婴等极端行为，这将导致女性婴幼儿死亡水平相对偏高。

（一）出生前歧视与妇女健康权/女胎生命权

在决定是否生育以及生育子女的数量和性别结构方面，妻子往往要以牺牲自身健康为代价来满足丈夫或家庭对子女性别选择的需要。前文已述及，人工流引产并不必然导致出生性别比升高，只有在进行产前性别鉴定并确知胎儿性别的情况下，通过性别选择性流引产女胎，才会导致出生性别比升高。例如，本章第一节所述，自1980年至今，至少有1 000万女胎被剥夺了生命权。

根据医学常识，只有在胎儿生长到14周以上时，才能通过超声波仪器检测出胎儿的性别，一般而言，妇女在怀孕、分娩（含引流产）期间的死亡风险远远高于平时，大月份引产更加大了孕妇面临的死亡风险。据妇幼卫生监测统计，2008年孕产妇死亡率为34.2/10万，其中，城市的为25.2/10万，农村的为41.3/10万（胡慈珍，2009），考虑到大多数性别选择性流引产手术在中小医院和非法地下诊所（甚至是在孕妇家里）进行，人员、设施、操作等不够规范，致使其死亡风险大大升高（慈勤英，2006），因此，2008年流引产的死亡率至少在34.2/10万以上。如果以2008年的出生人数1 600万人、出生性别比120.56来计算，那么有将近100万妇女接受性别选择性流引产手术，当年会有 340 多名妇女因性别选择性流引产而面临死亡风险。

由此可见，男孩偏好和性别选择性流引产增加了妇女生育胎次和人工流引产次数，让怀孕妇女在身体和精神上蒙受了巨大伤害，有的还可能要付出终身不孕甚至死亡的惨痛代价。

（二）出生后歧视与女性婴幼儿生存权

如果说偏高的出生性别比剥夺了女性胎儿的生命权，使其还没有出生就被扼杀的话，那么，偏高的女孩死亡水平使女性婴幼儿还没有成年就被剥夺了生存权，致使女性婴幼儿成为直接的受害者（马焱，2004）。女胎缺失的相关情况已在本章第一节进行了论述，下面重点分析女性婴幼儿生存权受到侵犯的问题。中国 0~3 岁女婴死亡率明显高于男婴，按照人口规律，正常的婴幼儿年龄段的死亡率构成中，1 岁以内男婴的死亡率是最高的，然而，在中国，不管是在城市，还是在镇和乡村，都表现为女婴死亡率高于男婴。根据第五次全国人口普查数据，在城市人口中，只有 1 岁以内的女婴死亡率高于男婴死亡率，0 岁男、女婴死亡率分别为 8.61‰和 10.69‰，其余年龄均表现为男婴死亡率高于女婴死亡率；在镇人口中，只有 2 岁的以内的女婴死亡率高于男婴死亡率，0 岁男、女婴死亡率分别为 13.98‰和 20.10‰，1 岁男、女婴死亡率分别为 1.23‰和 1.27‰，其余年龄均表现为男婴死亡率高于女婴死亡率；表现最为明显的是乡村，其女婴死亡率高于男婴死亡率的年龄段进一步扩展到 3 岁以内，0 岁男、女婴死亡率分别为 28.28‰和 41.16‰，1 岁男婴和女婴死亡率分别为 2.99‰和 3.45‰，2 岁男婴和女婴死亡率分别为 1.97‰和 2.05‰，其余年龄均表现为男婴死亡率高于女婴死亡率，如表 4.5 所示。这表明，确实存在着出生后歧视女婴现象，女性婴幼儿的生存权受到侵害。

表 4.5　中国 0~14 岁 2000 年分年龄分性别死亡率情况（单位：‰）

年龄	总体		城市		镇		乡村	
	男	女	男	女	男	女	男	女
0 岁	22.56	32.1	8.61	10.69	13.98	20.1	28.28	41.16
1 岁	2.37	2.64	0.97	0.93	1.23	1.27	2.99	3.45
2 岁	1.59	1.61	0.67	0.59	0.87	0.8	1.97	2.05
3 岁	1.19	1.15	0.55	0.51	0.7	0.6	1.44	1.43
4 岁	0.92	0.8	0.45	0.35	0.59	0.44	1.1	0.99
5 岁	0.77	0.63	0.41	0.29	0.47	0.36	0.92	0.76

续表

年龄	总体		城市		镇		乡村	
	男	女	男	女	男	女	男	女
6 岁	0.67	0.5	0.38	0.27	0.46	0.38	0.79	0.59
7 岁	0.64	0.42	0.35	0.24	0.47	0.28	0.74	0.49
8 岁	0.63	0.38	0.43	0.22	0.45	0.26	0.71	0.44
9 岁	0.55	0.33	0.37	0.2	0.45	0.24	0.6	0.38
10 岁	0.55	0.34	0.38	0.22	0.47	0.24	0.6	0.39
11 岁	0.5	0.31	0.33	0.19	0.43	0.24	0.56	0.36
12 岁	0.48	0.33	0.33	0.21	0.4	0.23	0.52	0.37
13 岁	0.48	0.33	0.35	0.21	0.37	0.23	0.52	0.38
14 岁	0.52	0.35	0.35	0.18	0.41	0.26	0.59	0.41

资料来源：2000 年全国人口普查资料

李树茁等（2006a）通过确定正常的婴幼儿死亡性别模式（即标准模式），将实际观测模式与标准模式进行比较，来度量女孩死亡水平的偏高程度和偏离度，结论认为，中国第三、四、五次普查年份按城乡的婴幼儿死亡性别比和偏离度表明了女孩死亡水平相对偏高现象存在城乡差异，20 世纪 80 年代后中国市、镇、县女孩死亡水平的偏高程度持续上升，而且偏高问题在农村最为严重，其次是镇和市；中国 1981 年、1990 年和 2000 年各省区的女婴死亡水平偏离度表明女孩死亡水平相对偏高现象存在明显的地区差异，在 20 世纪 80 年代至 21 世纪初的 20 年间，女婴死亡水平偏高的问题在全国蔓延，女婴死亡水平偏离度也逐年上升。

根据统计数据和实地调研资料，2000 年江西省 0 岁死亡人口中，男性 8 747 人，女性 17 749 人；2005 年 1%抽样调查获得的 0 岁死亡人口中，男性 34 人，女性 53 人；2008 年，在新余市渝水区儿童福利院，收容的 128 个孩子中，男性 14 人（全部是残疾儿），女性 114 人（其中，残疾儿 48 人，其余健康正常）。中国女性婴幼儿死亡水平偏高的主要原因是其在获得医疗保健资源方面处于不平等的地位（Croll，2001）。受传统重男轻女思想影响，人们有着较强的男孩偏好倾向，女婴在营养、食物及医疗保健等方面受到歧视性待遇，这直接导致了女孩死亡水平偏高。随着社会经济的发展和人们生活水平的提高，营养和食物方面的歧视待遇对女婴死亡的影响已经不再特别显著，但是，医疗保健方面的歧视性待遇仍然严重影响着女婴死亡水平，近年来发生在一些地区的儿童非正常死亡案例就证明了这一点，父母在为生病儿童寻求更高质量、更高费用的治疗措施方面，男孩的待遇要显著优越于女孩（Li et al.，2004）。同时，在个别地方仍然存在溺弃女婴的极端现象，严重地侵害了女婴的生存权。

二、间接侵犯

出生性别比偏高的背后蕴涵着复杂的社会、经济和文化动因，其根本原因是男女不平等，同时，出生性别比偏高又将会进一步“巩固”女性的弱势地位，间接侵犯女性的发展机会、生存条件和财产权益。

（一）发展机会

据全国妇联统计，近年来相关部门受理劳动权益类的信访事项不断上升，一度超过婚姻家庭类问题，占到信访总数的40%以上①。在女性就业方面，现行法律虽然规定了男女具有平等的就业权利，但缺乏监督和制约劳动力市场上招聘行为的配套政策，企事业单位在选人用人时可以进行性别选择性录用，而不受任何约束，有些用人单位为了追求利益最大化，常常以各种借口人为设置障碍，少聘或不聘用女性。政府也没有创造相应的实现平等就业的条件，女性的职业范围被限制在家政、服务等行业，导致女性就业受歧视现象非常普遍②。

除了存在就业歧视，女性在社会政治中的各项权利也常常受到侵犯。按照规定，女性与男性享有同等的受教育权，但实际上，在农村，特别在农村边远山区，女童辍学现象时有发生。在经济条件有限的情况下，父母首先考虑的是保障儿子的教育需求，从而把大部分精力、物力和财力用在对男孩的抚养和教育上。在儿子的受教育需求得到满足的情况下，家长才会考虑女儿的教育需求，使得女孩受教育程度偏低，在教育中出现明显的性别分化现象。在政治生活中，也存在着性别分化，由于业已形成的习俗，女性往往被排斥于政治之外，从而使其在政治参与中的“失语”。尽管国家不断强调增加女性领导人的比例，加大选拔女干部的工作力度，但是，由于全社会尚未形成良好的社会性别意识氛围，女性的政治参与权利难以落实到位。

（二）生存条件

在现有的社会网络体系中，女性在社会和家庭中的地位较低，家庭暴力现象比较普遍，有时还会发生恶性家庭暴力案件，家庭暴力的受害人主要是妇女，有的甚至会造成妇女伤残或死亡。根据重庆市北碚区的调查资料，2007 年和 2008 年两年中，共发生家庭暴力案件 127 例（仅限于有登记的案件），丈夫对妻子实施

---

① 中国发展门户网：http://cn.chinagate.cn/women/2009-03/08/content_17401684.htm。

② 陕西省妇女联合会网：http://www.sxwomen.org.cn/admin/pub_newsshow.asp?id=1003731&chid=100170。

暴力的有 120 例，家庭暴力的受害者 90%以上是女性。导致家庭暴力的原因主要有两方面：一是传统封建思想观念的影响，不少家庭还受父为子纲、夫为妻纲、男尊女卑等封建思想的束缚，有些男性视子女和妻子为自己的附属品，认为父母对子女、丈夫对妻子有着生杀予夺的大权，打骂自然也是天经地义的，针对妇女的家庭暴力现象在经济相对落后的农村家庭中还很普遍；二是女性在家庭中的经济地位较低，一些自然条件差、生活艰苦的乡镇，男性仍是家庭经济收入的主要来源，甚至是唯一来源，妇女在经济上完全依附于男性。

（三）财产权益

在以父权、父系、夫居为主的社会构架下，妇女自身的财产权益将会受到一定程度的侵害，这在农村妇女中表现得尤为突出。在妇联系统群众信访中，农村妇女财产权益问题投诉量已经连续 8 年上升，近年来在全国信访总量下降的情况下，妇联系统受理此类问题的信访量继续上升，每年达到 1 万件次以上[①]。农村妇女财产权益问题主要表现在以下两个方面：一是出嫁女性的土地权益问题，国家出台的各项惠农政策使得土地收益增加，而妇女因婚嫁不能享受平等的村民待遇，在土地承包、调整、征用补偿、集体经济组织收益分配过程中，有的地区通过村规民约或村委会决议，剥夺出嫁、离婚、丧偶妇女的土地承包权，她们有的户口被强行迁出，有的被“空挂”，不能享受平等的村民待遇，征地后不能得到安置，更不能享受社会保障。二是土地流转过程中的妇女权益问题，由于家庭承包责任制以户为单位，只需户主代表家庭签字，土地流转合同即可生效，施行土地使用权流转政策后，妇女的土地承包权益容易被家庭其他成员剥夺和侵占。这要求政府部门应结合深化农村改革、规范土地承包权和土地流转工作，进一步促进农村妇女平等享有土地权益问题的有效解决。同时，基层组织要健全村民自治管理的监督机制，切实保障妇女能够分享改革发展成果[②]。

三、进一步分析

出生性别比偏高现象反映了人们生育决策和生育行为的男孩偏好，并进一步折射出社会性别不平等和女性权益受到侵害的实质。女性权益受侵害与出生性别比偏高相关联，其产生的根源，既有社会性别文化问题，也有现行公共政策和权益保障问题。

---

① 中国发展门户网：http://cn.chinagate.cn/women/2009-03/08/content_17401684.htm。

② 人民网：http://acwf.people.com.cn/GB/8893065.html。

（一）社会性别文化问题

社会性别是社会化大生产和文化发展的产物，是从古代的婚姻制度、性别分工制度、继承制度等传统的社会性别制度中继承和发展而来的，虽然经过了社会进步文化的改造和洗礼，但由于文化的传统性、稳固性特点，以及价值观念变迁相对滞后的影响，传统社会性别理念仍然能够辐射到现代社会的各个方面，同时以比较隐蔽的方式潜移默化地存在于人们的思想意识和行为之中[①]。在悠久的以男性为中心的社会传统中，女性的存在及其存在的价值，一直处于主流社会的边缘，这也就决定了与之相关的性别意识和性别文化的边缘性。文化"主流"与社会性别文化"边缘"的关系既是一种历史现象，更应该看做一种权利关系，社会性别文化的"边缘"化导致女性权利的缺失和忽视（王风华和贺江平，2006）。因此，在这场性别观念的博弈中，重视形式上的男女平等权利，忽视文化领域和意识形态上平等理念和权利的建设，在现实中难以实现实质上的男女平等。尤其是 20 世纪 80 年代以来，随着市场经济体制的逐步确立，文化技术素质整体偏低的女性跨入自由竞争的劳动力市场，产生了社会改革催生的性别分化、性别歧视以及性别权益的新矛盾（李新建和赵瑞美，1999）。由此可见，对性别问题的成见和对性别差异的社会认识，绝不是"自然"的，而是社会文化造成的，建设以男女平等为核心的先进社会性别文化将唤起人们对传统社会性别文化的反思，有效促进女性相关问题的解决。

（二）公共政策问题

现行的法规、制度和社会公共政策，已经开始将性别平等的内容纳入其中，但不同政策的制定者之间缺乏协调和沟通，导致政策间彼此发生冲突，从而影响政策的实施效果（宋健，2009）。例如，鉴于目前农村女孩在生存发展方面的弱势状况，国家人口和计划生育委员会实施了一系列政策，向农村只有两个女孩的计划生育家庭倾斜，在经济、子女就学、医疗保障等方面给予优惠。这些政策在一定程度上改变了农村女孩生存发展状况，缩小了女孩与男孩的效用预期，有力地推动了社会性别平等。但是，从 2007 年开始，教育部门推行了农村教育普惠政策，对所有农村家庭的孩子实行"两免一补"政策。该政策有利于义务教育的普及，当然是一项利国、利民的好政策。但普惠政策却又重新扩大了农村女孩与男孩在生存发展机会方面的差别，凸显女孩的相对弱势地位。其实，教育部门和计划生育部门本来可以协调政策，使有两个女孩的家庭在普惠的基础上继续获得优先，从而进一步缩小女孩与男孩在生存发展机会方面的差别。因此，国家需要建立一

① 天津师范大学妇女研究中心：http://www.tjnu.edu.cn/women/chinas/disc/daolun/dz/dz17.htm。

个促进社会性别平等的专门政府机构，建立社会性跨部门协调机制，协调政府各部门的政策制定，从制定、内容、执行和效果方面专门审定社会公共政策是否体现社会性别意识、是否促进社会性别平等，以此来夯实能够协调和促进社会性别平等的公共政策基础[①]。

（三）权益保障问题

由于传统的“男主外”及“女主内”思想根深蒂固，加深了女性的依附意识，不少女性尤其是农村女性，因为经济不独立，在家庭中无地位可言。农村土地承包政策30年不变，而我国农村的婚姻却仍然沿袭“从夫居”的习俗，因而造成多数妇女嫁到丈夫家后无责任田可以耕种，女性掌握、控制和利用钱财物和各种社会关系等资源方面常常处于劣势地位[②]。对于当前大部分职业女性而言，经济独立已不再是问题，女性能否通过、怎样通过经济独立来展现其自我创造能力、提升其自我价值成为了当代职业女性的整体困惑。现实中，客观上存在着男女所享受的公共资源不均等，或政策措施造成的男女家庭负担不均，要改变以上状况，从根本上扭转男女不平等的现状，必须基于社会性别平等的视角制定各项政策、法规以及各项规定和措施，将社会性别意识纳入决策主流，使男女双方享有掌握、控制和利用各项资源的同等权利，给女性一个独立生存和发展的空间。

第四节　本章小结

出生性别比偏高问题将带来严重的社会后果，将制约人口和社会经济的可持续发展，本章主要从女胎缺失、男性婚姻挤压和妇女权益受到侵害三个方面进行了研究。

一是性别选择性流引产造成了大量女胎缺失。女胎缺失规模保持逐年上升趋势，从1980年的16.45万上升到2009年的101.28万，上升了将近6倍，2000~2009年的缺失女胎规模为1 133万~2 267万，缺失女胎量占当年出生女婴人数将近10%。分阶段进行考察，20世纪八九十年代，年平均缺失女婴数量从45.31万上升到84.89万，上涨了87.35%；从20世纪90年代到21世纪的2000年，年平均缺失量从84.89万增加到96.53万，其上升速度稍有放缓，但仍然增长了13.71%。20世纪90年代以来的缺失女胎的年均增长速度放缓，并不意味着性别选择性流引产行为减弱，这是在出生人口数逐年下降的背景下出现的，如果以相对变化量进行分析，将更能直观地说明女胎缺失的严峻形势，在上述三个年代里，缺失女胎占同期出生女

① 人民网：http://theory.people.com.cn/GB/40557/68380/68383/4622904.html。

② 江苏妇女网：http://www.jswomen.org.cn/newjs/lanmu/shownews.jsp?news_id=8692。

婴的比重出现了三次明显的上升过程，该比重从80年代的不足4%上升到90年代的8%，并进而增加到21世纪的2000年的12%。如此巨量的女胎缺失，可谓触目惊心，性别选择性流引产行为残忍地剥夺了女胎的生命权。

二是出生性别比偏高和低生育率的双重作用，造成若干年后婚龄人口年龄结构失衡。21世纪上半叶，中国男性婚姻挤压规模呈现出明显的时间阶段性和趋势持续性，根据最可能方案的估算结果，婚姻挤压规模变动分为三个阶段：2000~2020年的快速上升期、2020~2040年的震荡波动期、2040~2050年的稳速下降期，2040年的挤压规模上限将达到峰值5 000万的水平；男性婚姻挤压规模占男性婚龄人口比例呈现总体上升趋势，2050年将达到20%，也就是说，有将近20%的适婚男性被动不婚，婚姻挤压问题严重。同时，区域社会经济发展不平衡造成地区间婚姻市场不平衡，人口迁移流动可以缓解部分发达地区婚姻市场供求矛盾，但这将给经济不发达地区（尤其是边远贫困农村和山区）带来严重负面影响，最终将导致大量被动不婚的男性人口沉淀在不发达地区。

三是出生性别比偏高的根源是社会性别不平等，反映了男性和女性的社会家庭地位失衡，以及女性权利缺乏，直接侵害了妇女健康权和女性婴幼儿生存权。不管是在城市还是在乡镇，都表现为女婴死亡率高于男婴。女性婴幼儿是直接的受害者，偏高的女婴死亡水平使女性婴幼儿还没有成年就被剥夺了生存权。同时，性别选择性流引产使大量怀孕妇女面临大月份流引产而带来的死亡风险，妇女面临身体和精神的双重痛苦。产生出生性别比偏高的背后，隐藏着性别不平等的社会、经济和文化动因，严重侵害着妇女的发展机会、生存条件和财产权益。妇女的财产权益受到不平等对待，这在农村妇女中表现得尤为突出，国家出台的各项惠农政策使得土地收益增加，而妇女因婚嫁等原因并不能享受平等的村民待遇。在现有社会网络体系中，女性家庭地位较低，家庭暴力事件时有发生，家庭暴力的受害者主要是妇女，有的恶性家庭暴力案件甚至会造成妇女伤残或死亡。在劳动力市场上，缺乏对用工制度进行有效监督和制约性政策，企业和社会单位基本不受约束地进行性别选择性招工、录用，女性就业受歧视现象普遍存在。另外，重男轻女观念和出生性别比偏高问题使得女性受教育权和政治参与权遭受一定程度的侵害。

第五章 出生性别比升高内在机理分析

出生性别比升高是社会经济文化等因素综合作用的结果。只有在具有强烈男孩偏好的国家和地区，才会发生出生性别比偏高问题，而在男孩偏好不强烈或者没有男孩偏好的国家或地区，其出生性别比一般处于正常值范围内。一个国家出生性别比出现持续系统性偏高，肯定是某个环节或某些方面出现了什么问题，本章将探讨导致出生性别比升高的内在机理。

第一节 三组概念比较

概念是指一组达成共识的观念。在提出理论分析框架之前，有必要区分和明确三组概念：一是出生性别比和低年龄组性别比；二是出生性别比真性偏高与假性偏高；三是男孩偏好强度与性别选择技术可及性。

一、出生性别比与低年龄组性别比

出生性别比是指在一定的时间和空间范围内，全部活产婴儿出生时的男婴人数与女婴人数之比。低年龄组性别比是在统计时点上低年龄组的男孩数与女孩数之比，其中包含了出生以来人口死亡因素的影响。有研究认为，中国出生性别比偏高是中国强制性计划生育政策造成的溺杀女婴的结果（Aird，1990），更有研究认为偏高的首要原因是溺杀女婴（Hull，1990），这其实就混淆了出生性别比与低年龄组性别比的概念，根据概念定义，出生性别比是在人口出生时点的统计量，被溺杀的女婴应该被统计在内，溺杀女婴仅仅影响低年龄组性别比，而不影响出生性别比，只有相当数量的孕妇进行产前性别鉴定并集中流引产所孕女胎，才会导致出生性别比偏高。

二、出生性别比真性偏高与假性偏高

一般认为，以下两个因素将导致出生性别比统计值偏高：一是胎儿性别鉴定

并流引产女胎，二是漏报、瞒报出生女婴。性别选择性流引产使实际应出生女婴并未出生，造成女婴的缺失，从而使出生的男、女婴比例超出正常值范围，此时的出生性别比偏高属于真性偏离。当出于各种目的，出生的女婴被漏报、瞒报时，被漏报或瞒报的女婴事实上已经存活在世，只是未被计入人口统计系统，从而导致出生性别比偏离正常值，此时的出生性别比偏高即为假性偏高。当孩子逐渐长大而需要医疗、教育等社会资源时，这些漏报或瞒报的女婴将在距调查时点比较远的某个时候逐渐出现。因此，性别选择性流引产而引起的出生性别比偏高是真性偏高，漏报或瞒报女婴而造成的出生性别比偏高是假性偏高。

三、男孩偏好强度与性别选择技术可及性

人们的性别偏好是客观存在的，在我国主要表现为男孩偏好。在一定的社会经济文化环境下，我们将个体主观上存在的偏好生育男孩的强烈程度称为男孩偏好强度，男孩偏好强度能够通过生育决策和生育行为得以反映和体现。按其偏好强度的不同，可分为不强烈和强烈。前者是指，当确知所孕胎儿为女胎时，仍然采取顺其自然生育的态度，并不因性别偏好而性别选择性流引产女胎。后者则大为不同，当确知所孕胎儿为女胎时，将性别选择性流引产女胎；当没有性别鉴定手段时，将增加生育孩子的数量来实现生育男孩的愿望，不生男孩不罢休。

性别选择技术可以分为两种类型：一是非精准型，就是流传于民间的中医把脉判定胎儿性别以及各种生男生女技术，如我国古典医书上有记载，男左女右，即左脉旺是男孩，右脉旺是女孩；有中医专家认为，如果医生的水平达到一定高度，确实能较准确地判断出胎儿性别，但同时，这些技术的准确性和科学性也受到人们的质疑，因为胎儿非男即女，有 50%的可能性猜对。二是精准型，如超声波测试、羊膜穿刺术等现代测试技术，它可以准确辨认出 14 周以上胎儿的性别，随着科学技术水平的提高和医疗条件的改善，这些技术已经在临床上得到了广泛应用。

因此，从这个意义上讲，20 世纪 80 年代之前的出生性别比正常并不表明人们那时的男孩偏好不强烈，只是当时缺乏产前性别鉴定和性别选择性流引产技术（简称性别选择技术），只能通过多生孩子来提高生育男孩的概率。80 年代以来，随着 B 超等性别鉴定技术的应用和普及，男孩偏好强烈者往往会冒着健康风险而进行性别选择性流引产。我们将个体能够获得精准型产前性别鉴定和流引产手术等性别选择技术的概率，称为性别选择技术可及性。

第二节　理论依据

生育决策及其生育孩子的性别结构是个体理性选择的结果。出生性别比偏高是生育个体追求效用最大化过程中出现的人口现象，往往以一定社会经济环境为基础，并符合生育经济学理论、社会嵌入理论、社会互动理论和空间相互作用理论。下面对这些理论分别进行阐述，以帮助我们更好地研究出生性别比偏高的影响因素及其内在机制。

一、生育经济学理论

社会全部家庭的生育水平共同决定了社会的总体生育水平。社会经济对生育行为及其相应生育水平的制约作用，是通过家庭经济收入对生育决策的影响而实现的，更进一步讲，这又是通过对家庭生育观的影响而实现的。

西方学者从现代社会存在着商品的多样性、互补性和替代性出发，分析了家庭对生育孩子的需求与决策。家庭是人口再生产的基本单位，家庭的生育决策和生育行为通常取决于家庭经济条件，并受经济利益的制约，通过孩子生产的成本-效用分析做出边际孩子的生育选择（李竞能，1992）。在家庭收入一定时，家庭生活水平、消费方式对生育行为有明显的影响，家庭的生活水平越高，其在孩子生产上越注重孩子的质量，而较少注重孩子的数量，此类家庭的孩子生产成本往往比较高，特别是孩子生产的“时间价值”和“机会成本”比较高，其生育决策倾向于“少而精”。另外，如果把孩子看做耐用消费品，并把生育行为视为消费行为的话，人们以有限的收入去满足多样化的消费需求时，将在生育孩子与商品消费之间进行选择，特别是在生育孩子和获得享受资料与发展资料之间进行抉择（威利斯，1974）。这表明，个人或家庭的经济状况对生育行为有制约作用，并影响着孩子生产的数量、质量及生育间隔等生育决策，如果家庭或个人的经济状况不能保证必要的生活资料的正常供应，生育行为所赖以实现的生理健康条件就有可能缺乏，生育意愿就可能落空。人口经济学者在生育决策行为的研究中引入了“偏好”概念。生育偏好是指人们在生育意愿、生育行为中的一种心理倾向。影响生育行为的生育偏好通常有两个层次——基本层面的生育偏好和深层次的生育偏好。基本层面的生育偏好是指当人们把生育行为比拟为一种消费行为时，对可能得自于孩子的效用和其他商品带来的效用相比较，由此决定是满足生育需要还是满足对其他商品的消费需要，一般情况下，在人生起点上往往倾向于首先满足生育需要。深层次的生育偏好主要是指数量-质量偏好，在现代社会，生育行为和生育决策偏好的不是孩子数量，而是孩子质量（刘爽，2006）。

现代生育经济学往往把效用大的孩子看做质量高的孩子（贝克尔，1985），从这个意义上讲，在一些传统男孩偏好观念强烈的社会，明显地存在对新生儿的性别偏好，自然地，男孩也就被视为了高效用、高质量的孩子。关于男孩偏好问题，不同时期的表现特征亦有很大区别。在农业社会以及工业化初期，社会生产主要是以手工劳动为基础，男性的生理特征决定了劳动力是生产活动中的主要生产力，家庭所拥有的男孩数量与家庭劳动力数量以及家庭经济实力呈正相关关系，一个家庭拥有的男孩越多，则意味着将会创造的财富越多，再加上男孩无可替代的养老功能，人们倾向于多生育，并在多生育的过程中尽量多生育男孩，满足其对男孩数量的需求，实现效用最大化。进入工业化社会后，企业生产取代了家庭生产，机器化生产取代了手工生产，生产技术替代了劳动力成为主要生产力；人们的生活价值观发生了很大转变，逐渐转变为追求个人目标和实现个人价值；同时，随着社会保险制度的完善，社会养老保险成为子女赡养老年父母的替代品。孩子的养老功能和家庭经济功能下降，除了可能给父母提供心理满足和快乐的效用之外，孩子的其他效用已经衰退，甚至逐渐消失，父母对子女的依赖性开始减弱。另外，在工业化社会，孩子的抚养成本和时间成本较高，从综合比较结果来看，孩子数量优势丧失，孩子性别价值差距缩小，这使人们将普遍放弃孩子数量偏好，而且对男孩的偏好强度也大大降低。当然，在家族观念比较强的社会，孩子还有继承遗产、维系家庭经济地位与文化传统的功能，如果没有生育孩子，家庭遗产最终可能归社会所有，家族观念强的家庭总会想方设法生育孩子（尤其是男孩）以“传宗接代”。因此，大多数妇女对第一次怀孕都采取顺其自然的态度，对孩子性别往往也不会太在意，除非那些只想生育一个孩子，而且又非生男孩不可的家庭；第二胎及以后生育，往往会仔细盘算生育数量、生育时间及孩子性别，并从孩子的性别效用差异方面进行分析和决策选择（李竞能，1999）。

二、社会嵌入理论

嵌入是新经济社会学研究的核心问题。新经济社会学认为，经济生活是嵌入或植根于社会生活之中的，而且个人的经济行为又都是嵌入于社会关系网络之中的。Polanyi 是第一个将嵌入理论引入新经济社会学中进行研究的学者，他认为，经济行为是嵌入在社会关系之中的，经济行为的根源或动机由各种非经济因素促成，而不止是谋利（黄中伟和王宇露，2007）。Granovetter（1985）进一步发展了嵌入理论，并对主流经济学中的社会化不足观点和社会学中的社会化过度观点进行了批判，认为这两种貌似对立的观点存在着一个共同的问题，即将行为主体的决策和行为从其所处的具体社会情境中割裂出来，完全忽视了鲜活的社会现实和社会网络与行为主体之间的相互作用，现实中的行为主体是在具体的和动态的社会关系中努力实现自身多重目标的，而不可能脱离社会背景而孤立地行事。由此可见，嵌入理论既不是简单地否定社会化不足，也不是简单地否认社会化过度，而是主张将两者进行相互支撑、相互融合。其后，Granovetter 和 Swedberg（1992）又进一步将嵌入分为关系嵌入与结构嵌入，认为个体的经济行为受到社会关系和社会结构的影响，单个行为主体的经济行为将嵌入与他人互动所形成的关系网络之中，此行为主体所在的网络又与其他社会网络相联系，从而构成整个社会网络结构系统。

由于以 Granovetter 为代表的新经济社会学者所指的嵌入均以社会关系为客体，因此，将此嵌入理论称为社会嵌入理论。社会嵌入理论批判地继承了 Polanyi 的嵌入思想，将其宏观化、抽象化的社会经济层面的嵌入思想微观化、具体化，使得嵌入理论可以自然地应用于对个体行为和集体行为的分析之中，从而大大提高了这一概念在社会经济领域的应用性和解释力。社会嵌入理论不仅把嵌入性加入制度架构中，而且把经济活动置于人际关系的背景下予以考虑，以嵌入性为视角挑战了以新古典理论为代表的主流经济学和主流社会学关于人的行为的基本假设，避免了不充分社会化和过度社会化的观点。Granovetter 的关系嵌入实际上是对嵌入网络中二元关系结构和特征的刻画，而结构嵌入是对由行为主体嵌入关系所构成网络的总体结构描述，行为主体及其所在的网络嵌入由其构成的社会结构之中，并受到来自社会文化与价值因素的影响。因此，特定组织在特定网络中的嵌入程度，不仅应根据网络中某一特定关系的位置来理解，而且应当考虑其所参与网络的相关关系对其行为的累积影响（黄中伟和王宇露，2007）。

社会嵌入理论不仅适合于解释中国的社会经济关系，也适合于用来寻求解决现实生活中所存在的社会经济问题的途径。中国社会是一个讲求伦理和社会关系的社会，费孝通（1998）关于“差序格局”的论述也说明了，在中国没有能够脱离社会关系或社会基础而存在的事物，中国文化将人看做关系的存在物，是由周围相互作用的社会环境决定的，所有的社会关系，包括各种血缘关系、亲缘关系、地缘关系、业缘关系共同构成了一个有机的社会网络——人际关系网。在日常生活中，中国人追求人际关系的和谐，致力于建构自己的关系网，而这正是中国人在社会行动上所表现出的最典型特质，作为一种多维性、多线性的结合，人际关系网在社会中形成了一种特定的信任结构，突出地表现为人际关系网中的行为主体共同享有多种长远而稳定的利益，促进了社会生活的合作与交换（钱再见，2006）。社会网络的关系结构对个体观念的形成与变化有着重要影响，同时，个体因素也会通过影响社会网络，从而对其他个体的性别偏好观念与生育行为产生影响，社会网络中部分成员的观念与行为的示范作用会强化或改变其他个体行为规范，因此个体行为在社会学习与社会影响过程中发生转变（Bott，1971）。

三、社会互动理论

社会个体间彼此存在着一定的依赖关系。在社会行为者决策相互依赖的假设前提下，以个体行为理论为基础，社会互动理论解释了理性行为者的有限参与悖论，这也就决定了群体行为的特征并不是个体行为的简单加总（李涛，2007）。个体行为往往会相互影响，且其行为选择会受到参考群体成员的行为或特征影响，这里的参考群体因研究情景而异，可以是个体的家庭成员，也可以是邻居、朋友或同事，他们均属于共同的社会距离空间（Akerlof，1997）。参考群体成员的行为或特征对个体行为决策的影响并不是通过价格机制或者契约机制来协调，而是通过社会个体之间互动来实现的，个体之间的这种互动被称为社会互动。

社会互动包含两个不同的过程——社会学习和社会影响。社会学习是指个体从其他人那里获得决策所需的有关知识，总结经验，吸取教训，从而有效降低决策中的不确定性。社会影响是指个体的观念和行为在群体中的流行对其他个体的影响，其流行的广泛性和渗透性决定了对个体的影响程度（Kohler et al.，2001）。

社会互动对个体行为选择的影响可以反映在内生互动和情景互动两个方面。内生互动对个体行为选择的影响主要表现如下：个体的行为决策受到其参考群体成员同期行为的影响，同时，其自身的决策又反作用于参考群体成员，而对其行为产生影响，因此，内生互动是个体行为者与其参考群体成员之间的双向影响作用（Manski，2000）。情景互动则是一种单向作用，也就是说，个体行为决策受到参考群体成员行为方式的影响，但其自身的决策却不能反作用于参考群体成员。在出生性别比影响因素的研究中，我们将更多地关注社会互动的内生互动方面。

在内生互动过程中，个体通过与其参考群体成员相互交流，谈论共同的行为决策，切磋经验、体会和感受，逐渐形成一种约定俗成的社会规范，并潜移默化地影响个体的行为决策。具体到对生育决策的影响，在目前的中国社会，人们的生育行为具有明显的他导性、趋同性和从众性特点，个体往往会以周围参考群体的价值判断来做出自己的生育决策，他们在相互间的交流和讨论过程中获得信息，有效规避政府监督，达到生育男孩的目的，实现自身生育效用最大化（刘爽，2006）。具体到中国的现实社会，20 世纪 80 年代以来的改革开放为家庭经济发展创造了机会，家族势力也得到了一定程度的膨胀，家庭或家族所拥有的男孩数量决定了其在村庄中的政治势力和社会地位，这种观念逐渐地上升为一种为人们所接受的行为规范，影响着人们的生育决策及其对子女性别的选择。

四、空间相互作用理论

空间相互关系的概念是由 Ullman 在 20 世纪 50 年代中期首次提出的，认为互补性、可转移性及中介机会是空间相互作用发生的前提，这三个方面所起的作用各不相同，但又互相补充。互补性是指从供需的角度来看，只有当两地之间的一方有供给、同时另一方有需求时，才能实现两地间的相互作用；可转移性是指主要考虑由距离引起的对货物、人口迁移、文化传播的可达性；中介机会是指两地之间有货物运送时，出现可以提供或消费货物的第三方，这将引起货物流动的原定起止点替换，增强互补性和可转移性（David，1969）。区域之间相互作用的强度符合物理学中的万有引力定律模式，遵循距离衰减原理，其相互作用强度与距离成反方向变动，相距比较近的区域，其相互作用就强；反之，相距比较远的区域，其相互作用越弱。尽管交通通信技术的发展削弱了空间绝对距离的影响，但相对距离在空间相互作用中仍是一个很重要的变量。

社会嵌入理论和社会互动理论都表明了社会成员之间是相互影响、相互作用的。其实，地表上任何事物都不可能孤立地存在，一个区域总是与其他的区域不断地进行着物质、能量和信息的交换，这就是空间相互作用。Haggett 曾借用物理学中热传递的三种形式，将空间相互作用的形式分为传导、对流和辐射三种类型，与之相对应，区域之间的联系表现为经济贸易的往来、货物和人口的流动和文化技术信息的扩散，通过人流、物流、货币流和信息流的空间相互作用，各区域之间的社会经济活动被相互关联起来（谢永琴，2006）。

一般而言，人流、物流、货币流和信息流都可以被视为大量的空间离散数据集合，这些数据具有显著的空间相关和空间自相关特征。空间相互作用的存在打破了大多数古典统计分析中相互独立的假设，将古典统计方法应用于与地理位置相关的数据时，通常不能获取这些数据的空间依赖性，从而不能消除变量之间的多重共线性问题，这势必影响计量分析的科学性和研究结果的可靠性。因此，在处理地理区域的离散数据时，需要充分考虑这些区域离散化数据的空间相互依赖性，有必要引入一些合适的空间分析方法（陈斐，2008）。

随着空间计量分析和 GIS 技术的发展，空间分析方法被广泛地应用到多个学科领域（Anselin，1998），如社会学（Baller and Richardson，2002）、政治学（O' Loughlin et al.，1994）、经济学（Carrington，2003）等，尤其是在研究人口问题时，更是如此。由于人口迁移流动以及文化交流传播是在多区域的相互作用中实现的，从这个意义上讲，空间本身就是人口现象的重要组成要素，在研究和分析人口现象和人口问题时，空间分析方法有着明显的优势，有学者甚至提出了将人口学视为一种空间社会科学的想法（Voss，2007），提倡从空间的角度探讨人口现象。由于社会现象具有扩散、模仿、外溢和外部性等特征，这必然会产生空间邻近效应（韩剑，2009），而空间分析技术的主要应用之一，正是探求现象的空间邻近效应及其可能的影响机制，空间上越接近的区域，其所发生的现象在彼此间的相似性也就越大（Anselin，2003）。因此，空间分析技术适宜于我们所研究的出生性别比相关问题，它可以帮助我们更准确、全面地掌握出生性别比的空间分布特征以及社会、经济、文化因素对出生性别比的影响。

第三节　作用机制

上述生育经济学理论、社会嵌入理论、社会互动理论、空间相互作用理论四大理论是出生性别比升高主要机理分析的重要支撑。本节将充分考虑出生性别比变化趋势和变动特征，对导致出生性别比升高的最基本因素进行分析，探讨出生性别比偏高所具有的环境条件和触发因素，对男孩偏高程度和性别选择性生育技术进行深入分析，提出出生性别比升高的影响机制和主要框架，为后续模型构建和实证研究奠定理论基础。

一、各因素与出生性别比升高的关联性

出生性别比升高是多因素相互作用、共同影响的结果，更进一步讲，出生性别比偏高是在一定的条件下发生的，是人为干预自然生育过程的必然结果。事实表明，只有在具有强烈男孩偏好的国家和地区，在总和生育率下降和保持低生育率的阶段，才会发生出生性别比偏高问题；而在男孩偏好不强烈或者没有男孩偏好的国家或地区，其出生性别比一般处于正常值范围内。

强烈的男孩偏好是出生性别比偏高的必要条件和基础。然而，男孩偏好（甚或是强烈男孩偏好）并不必然导致出生性别比偏高。例如，与当前的男孩偏好强度相比，我国在20世纪80年代之前的生育男孩的偏好强度有过之而无不及，而统计资料表明当时的出生性别比与世界其他国家类似，均处于正常值范围内，因此，强烈的男孩偏好仅仅是出生性别比偏高的必要条件。那么，到底是什么因素导致了出生性别比偏高呢？试推论，出生性别比偏高只有两种可能，

一是多生男孩，二是少生女孩，当怀孕妇女数量一定时，几乎不存在第一种可能（尽管可以通过人工干预进行性别选择性受精，但其临床条件要求严格，经济成本较高，付诸行动者微乎其微，可以忽略不计），只有女婴出生数量的减少，才是促使出生性别比严重偏高的原因。能够准确地使女婴应出生而未出生的根本原因是事先进行了胎儿性别鉴定，在确知所孕是女胎时，接受人工终止妊娠手术，最终使所孕女胎的孕情人为消失。也可以这样认为，只要怀孕妇女进行了性别选择性流引产手术，就必然会导致女孩出生数量的减少，因此，性别选择性流引产是出生性别比偏高的充分必要条件。那么，人们为什么承受健康风险和精神折磨去进行性别选择性流引产呢？其根本原因是人们传统生育观念中长期存在的男孩偏好，在我国的部分地区，人们对男孩的偏好十分强烈，可谓根深蒂固。

从社会现实来观察，家庭对男性劳动力的现实需求和无儿养老的后顾之忧，使人们生育男孩的愿望十分强烈。由于我国有一半以上的人口居住在农村，农业生产是其生活的主要收入来源，在农业生产技术相对落后的情况下，传统耕作方式没有得到根本改变，家庭对男性劳动力的现实需求较高，男孩数量的多寡决定了家庭创造财富的能力。同时，现行社会保障机制不健全，社会保障水平偏低，生育男孩是应对父母养老和家庭危机的需要，农民所遇到的生老病死、天灾人祸等危机将主要由家庭成员承担，赡养父母的责任落在男孩肩上。另外，社会和家庭对待没有生育男孩的妇女采取歧视性态度，妇女独立性相对较弱，以及农村宗族宗派对没有男孩家庭的歧视，都使家庭在生育行为决策上表现为强烈的男孩偏好。

从经济学角度分析，个体生育决策以实现家庭经济效用最大化为目的，在农业经济占主体地位时，生产工具相对落后，手工劳作仍然是农民生产的主要方式，人们不得不投入较多的劳动力，来追求收入的增长，此时对劳动力需求主要指向男性并将之内化到生育需求之中。另外，由于我国农村以“嫁娶式”婚姻为主导，男孩和女孩给家庭提供的收益是有差别的，家庭对女孩付出的抚养成本与可预期家庭收益不对等。女孩在成年后终究是要出嫁的，女孩的抚养成本花费在娘家，而未来收益则留在夫家，父母与出嫁后的女孩之间的交换可以被视为两个家庭之间的交换，也就是说，女孩早晚要被排除于家庭之外，这将意味着家庭财产的外溢；而父母与男孩的交换却存在于家庭内部，不会发生家庭财产外溢的情形，往往还会由于男孩所具有的继承性质，而给家庭带来更多的财产收益（李兵和孙永健，2001）。另外，虽然法律和经济制度提倡并保障男女平等，但现行农村土地分配制度在细节上还有疏漏之处，因而不能有效地保证妇女的地权安全，妇女地权不安全的现象突出地表现为，离婚妇女缺少地权保障，错过村社土地调整机会的婚嫁迁入妇女及其日后所生育子女暂时无地，从而在一定程度上降低了女孩的收益和净效用，削弱了所应拥有的家庭地位和经济地位（朱玲，2000）。

从社会学角度来看，生育的性别选择行为是一种价值取向，是与中国传统儒家文化紧密相连的文化现象。在我国，生育性别选择观念突出地表现为男孩偏好，男孩偏好有着深远的历史渊源。中国传统社会是一个典型的“父权、父系、夫居”的社会，这样的文化传统使儿子成为血缘关系和姓氏族谱得以传承的纽带，家庭的这种传承制度又构成了家庭制度的内核，以“家本位”为特征的家族主义文化在价值体系中占据着绝对主导的地位，如果没有儿子，现在运转正常的家庭将会在不久的将来被迫消亡，这是中国传统家庭所不能接受的。反映在伦理道德上，就是“不孝有三，无后为大”，传宗接代成为了人们不能绕过的家庭职能和人生使命（刘爽，2006）。由于儿子具有女儿所不具备的一种特殊价值，生育男孩承载着一个家庭在社会交互作用中所形成的价值取向，形成了家庭特有的生育决策指向性，显现出了重要的文化内涵，长期以来，这已经深深地植根于人们社会心理的深层结构中。在这样的社会心理、文化和环境氛围中，人们通过血缘、亲缘、地缘、业缘等社会关系彼此相连，个体能够通过与其社会网络中的参考群体成员互相讨论、交流感受、获得信息，形成一种生育男孩的社会行为规范（李树茁等，2006b）。不管采用什么方法，只要能够生育男孩，就可以与约定俗成的伦理道德观念相契合，在这样的社会环境中，人们甚至会以别人的价值判断来做出自己的生育决策，他导性、趋同性和从众性影响着个体的生育决策和生育行为，并使之融入其中，进而对个体生育决策产生影响。

从实现手段来讲，性别选择技术为出生性别比升高提供了“保障”。随着科学技术的进步和医疗卫生事业的发展，孕期保健和优生服务日益普及，采用较先进的仪器（如B超诊断仪）进行产前胎位、胎儿畸形、胎儿生长发育状况等检查，已广泛应用到县城、甚至乡村。在妊娠早期，为了达到优生的目的，可以用绒毛膜细胞及羊水细胞性染色体检查，以便有选择地进行人工流产，避免有遗传病胎儿的降生，降低畸形儿出生率。但使用这些先进诊断检测技术的同时，也产生了社会副作用，一些人用这些先进技术来进行非医学的性别选择，留男流女，满足其生男孩的愿望。自20世纪80年代以来，我国各地医疗卫生保健部门和计划生育服务机构陆续装备了一大批用于检测包括肿瘤在内的各种疾病及检测妊情与避孕环状况的B超诊断仪，在全国基本达到普及的程度，然而B超诊断技术的不断普及也为性别选择性流引产提供了技术上的可能（曾毅等，1993）。目前，除极少数贫困山区外，基本上各县、乡（镇）卫生院均配备了B超设备和经过专门培训的操作人员，这些B超设备具备准确鉴定胎儿性别的功能，在人们的现实生活中，现代化的胎儿性别鉴定技术和人工流产技术越来越容易得到。尽管国家法律、地方法规、政府文件三令五申严格禁止非医学原因的胎儿性别鉴定，但是，强烈的男孩偏好与社会上流行的“走后门”

等不正之风使性别选择性流引产行为禁而不止，以及我国人际交往中普遍存在着“人情大于原则”及“关系重于法律”，一些技术人员往往碍于人情、面子，或经不住金钱的诱惑，置政府禁令于不顾，违法开展产前性别鉴定和施行流引产手术。另外，人工流产在我国属于合法行为，一段时期以来，人工流产曾经作为计划生育的补充手段，为控制人口数量发挥了重要作用，但是，不可否认的是，这也在某种程度上被那些一心想生育男孩的群众所利用，当确知自己所怀孕的胎儿是女胎时，以生育间隔不足而意外怀孕或者服用了不利于胎儿正常发育的药物为由，向计划生育管理部门申请获得人工流产资格，由此可见，性别选择性流引产是出生性别比升高的直接原因。这也可以从引产胎儿性别调查数据得到佐证，根据对某省进行实地调研的相关资料，自 2005~2008 年，23 个县级计划生育服务站共引产 18 983 个胎儿，其中，有 7 138 个男胎和 11 845 个女胎，平均引产性别比为 60.26，严重低于正常的胎儿性别比水平，由于大量的女胎性别选择原因而被流引产掉，因此出生性别比偏高（全国关爱女孩领导小组办公室，2008）。

二、关联因果链分析

人们的性别偏好与生育率和家庭规模存在着密切的关系。在有性别偏好的国家或地区，性别偏好往往与大家庭规模相互迎合，当崇尚大家庭时，性别偏好的满足往往是通过多生育子女来实现的，此时的出生性别比处于正常值范围内，但性别偏好会造成生育率上升，给控制人口数量和保持低生育水平工作造成消极影响。而当小家庭规模和低生育率成为时尚的时候，人们的生育决策和生育行为将会发生扭曲，强烈的男孩偏好使出生性别比偏离正常值范围，而且随胎次的增加而快速上升，最后一胎的出生性别比将出奇的高（原新，2008）。理论上讲，在尚未达到所期望的家庭规模之前，当预期的男孩数量没有得到满足时，由于存在通过自然生育来实现理想的孩子数量和孩子性别结构的可能，怀孕妇女不会企图进行性别鉴定和人工终止妊娠，因此，性别选择性流引产只会发生在具有强烈男孩偏好、且倾向小家庭规模的高胎次生育中。在出生性别比为 106 的情况下，一个家庭要想保证至少有一个男孩，需要平均生育 1.82~1.94 个孩子；要想得到至少 2 个男孩，则需要平均生育 3.88 个孩子才能实现这个愿望（Shep and Mindel，1963）。显然，如果没有人为干预自然生育过程，要保证实现期望孩子性别结构，只能是提高生育水平而多生孩子。在尚未生育或尚未生育男孩时，在给定胎次上，妇女进行性别选择性流引产的可能性及其对出生性别比的影响程度，取决于期望的家庭规模，期望的家庭规模越小，其所拥有男孩的可能性越小。在性别选择技术可及的情况下，进行性别选择性流引产的可能性也就越大，从而导致出生性别比偏离正常值范围的程度越高。

计划生育的少生政策可能会在一定程度上加剧人们的男孩偏好。在实行计划生育政策后，政策生育率快速下降，家庭生育意愿和国家生育政策之间存在一定的差距（陈友华，1999），政策生育率大大低于意愿生育率，当家庭对孩子数量的需求得不到满足时，往往会退而求其次，充分利用有限的数量指标，优先保证更为满意的孩子性别结构。“生育的三维性”表明，生育个体的任何一次生育行为都包括数量、时间和性别三个方面（顾宝昌和罗伊，1996），在此基础上，人们的生育行为又受其生育意愿所支配（解振明，2002）。一方面，国家对不同地域和人群所规定的生育数量成为家庭生育数量的上限，由于能够促使夫妇自觉、自愿地降低生育需求的社会经济条件还没有完全形成，在决定家庭生育孩子数量方面，群众生育行为的变化远远超前于生育利益和生育观念的转变，夫妇的生育意愿与国家政策要求之间存在着偏差，在严格的计划生育政策限制下，个人生育决策的机动性范围非常窄，没有选择多生孩子的能力，一旦人们的生育冲动冲破计划生育政策的限制而出现违法生育时，就会承担相当大的经济成本和政治成本（原新和涂肇庆，2006）。另一方面，伴随改革开放带来的经济与社会的巨大变革，人们收入水平、受教育水平和生活质量得到了不断提高，孩子的抚养成本也相应上升，少生孩子观念逐渐成为现代生育文化的主流。事实上，我国目前的家庭已经呈现出小型化、核心化的特点，这是 20 世纪 90 年代以来的生育率大幅度下降的结果，2000 年全国人口普查，城市家庭的平均规模只有 3.01 人，镇家庭为 3.21 人，农村家庭也只有 3.38 人。在规模如此小的家庭中，孩子数量不足 1.5 个（原新和石海龙，2005），这将会挤压生育空间，加重男孩偏好强度，并最终造成出生性别比的升高。

城镇化通过改变人们的生活方式和生活观念，而对男孩偏好意识产生影响。在农村，即便是经济发展最终使父母脱离了在劳动力和养老方面对男孩的依赖，传统的传宗接代、送终送葬观念仍然促使人们偏好生育男孩。尤其是人们聚族而居的生活方式决定了，一个村庄就是一个小社会，家族地位及其社会影响尚存，这在有的地方还表现得比较严重，在父系继承和从夫居的社会制度下，男孩多的家族拥有较大的家族势力，有些地方的家族势力甚至可以公开左右村委会的选举，利用族大票多的优势获得选举胜利（杨菊华，2008）。在城市，人们的活动空间扩大，一个城市相当于一个社会整体，社区的居民来自五湖四海，几代人传承居住在老宅旧院的家庭越来越少，世代层级越远，就会越远离原来的家族势力范围。即便是在婚姻制度上仍然保持男婚女嫁，在姓氏传承上依然遵从父系继承，但是，从夫居的观念却逐渐被弱化。随着城市妇女步入社会从事工资性劳动，其经济地位和社会参与能力得到提高，年轻夫妇不与双方父母的任何一方居住在一起，而选择方便工作和生活的社区居住，这种小家庭生活模式已经十分普遍。研究显示，在对男孩的偏好程度上，年轻夫妇的父母辈对男孩的期望更强烈，男方父母比女方父母更强烈一些，因此，不与父母居住可以在一定程度上减弱父母辈对其生育决策和生育行为的影响（中国社会学网，2009）。另外，城市居民的经济收入不再来源于传统农业生产，而是以从事工业、服务业获取劳动报酬，这也决定了人们的生活交际更多地发生在与工作学习相关的同事、同学、朋友之间，基本脱离了原来的家族关系网和“乡土气息”，再加上他们大多接受了良好的教育，较少受到传统生育文化的束缚，对新型生育文明有了较多的认识和接受能力，基于传宗接代目的的偏好生育男孩的传统意识被弱化。但是，有一点必须明确，我国的计划生育政策规定，大多数省份的农业人口实行一孩半政策，而对城市居民实行严格的一孩政策，这可能会加剧部分有强烈男孩偏好的城市家庭进行性别选择。

公共政策可以有效地向社会公众传达价值理念，促使公众重新认识和评价女孩和男孩的效用，进而影响人们的男孩偏好。到目前为止，我国已基本形成了以《中华人民共和国宪法》为基础，以《中华人民共和国妇女权益保障法》为主体，包括《中国妇女发展纲要》、《中国儿童发展纲要》、《中华人民共和国教育法》、《中华人民共和国义务教育法》、《中华人民共和国劳动法》、《中华人民共和国就业促进法》、《中华人民共和国劳动合同法》、《中华人民共和国村民委员会组织法》、《中华人民共和国农村土地承包法》、《中华人民共和国婚姻法》、《中华人民共和国继承法》及《中华人民共和国物权法》在内的一系列综合推动性别平等的法律、法规，具体规定了妇女参与国家和社会事务的政治权利，明确禁止招生和就业中的性别歧视，特别强调了保护农村妇女的土地承包权①。尽管这些法律、法规的可操作性还有待于进一步加强，但是，它们在强化女性参与社会的自主意识和自信态度、促进妇女和女孩平等地参与社会事务，以及形成男女两性平等相待的社会氛围方面发挥了重要作用，使妇女平等地获得发展的资源，最大限度地保障了女性的社会权利。除了上述法律法规之外，国家还在公共政策领域制定并执行了一些相关政策条例和社会项目，促进男女两性平等参与政治、经济、社会、文化及家庭领域的决策和管理，促使女性平等接受各级各类教育，获得个人发展所需的知识技能，实现平等就业，与男性一起共享经济发展成果，从根本上改善和提高妇女的社会地位（谭琳和周垚，2008）。妇女社会地位的改善和提高，将有助于人们转变传统的男孩偏好，接受新型生育文明和性别平等理念。

但是，男孩偏好并不必然地引致出生性别比偏高，它仅仅是出生性别比升高的必要条件，只有社会具备了性别鉴定和流引产的技术，且公众有能力获得性别

① 国务院妇女儿童工作委员会网：http://www.nwccw.gov.cn/html/20/n-148420.html。

选择性流引产技术及其相应服务时，才会真正地导致出生性别比的升高。也就是说，性别选择性流引产技术的普及和应用是出生性别比偏高的“必由之路”。自 20 世纪 80 年代以来，B 超检测技术开始在全国卫生系统逐渐普及，设备更新换代速度较快，由低分辨率到高分辨率、由黑白到彩色；80 年代中后期开始，便携式 B 超机被逐渐应用到计划生育系统，并普及到乡镇一级，主要是用于查环查孕，其分辨率尚不足以进行胎儿性别鉴定，但是，之后在计生服务站配备的 B 超机具有了鉴定胎儿性别的功能。

由此可见，传统社会文化因素是引起男孩偏好的根源，男孩偏好的强弱受生育政策、城镇化水平、公共政策等因素的共同影响，男孩偏好不强烈者仅仅表现在生育观念上，而男孩偏好强烈者却会付诸实际行动，并充分地体现在生育决策和生育行为中。当经济支付能力和社会资源能够确保其获得性别选择技术时，有着强烈男孩偏好的家庭，将必然地通过性别选择来获得满意的孩子性别结构。经测算，如果有 10%的孕妇或家庭具有强烈的男孩偏好，且能够便捷地获得性别选择技术，并顺利实施性别选择性流引产的话，那么，其出生性别比将从 107 上升到 118.89；如果有 20%的话，出生性别比将从 107 上升到 133.75。这直观地表明，当人们存在强烈的男孩偏好，并能够获得性别选择技术时，哪怕仅仅只有少部分人实施性别选择性流引产，也会使出生性别比严重偏离正常值范围。

综上所述，出生性别比升高的机制已经十分明确，男孩偏好不强烈时仅仅影响生育观念，只有强烈的男孩偏好才可能付诸性别选择行为，男孩偏好（甚至是强烈的男孩偏好）并不必然地引致性别选择，只有当个体有能力获得性别选择技术时，才能通过性别选择性流引产实现其对男孩的需求，所以出生性别比会升高。因此，性别选择技术可及是出生性别比升高的充分必要条件，男孩偏好是出生性别比升高的必要条件。在男孩偏好方面，其产生的原因可分社会、经济、文化、管理、自然环境等因素，这些因素的综合作用和共同影响导致了男孩偏好观念的产生和传递，传统文化因素是男孩偏好产生的根源，生育政策、城镇化水平、公共政策、家庭经济状况等因素影响了男孩偏好的强弱程度。性别选择技术的可及性受社会经济发展、医疗技术水平的提高以及执法环境的影响，地区经济发展水平、医疗卫生发展水平、家庭经济状况、B 超诊断仪的普及情况、人工流产的社会接受程度、社会法制环境等因素决定了性别选择技术的可及性（图 5.1）。显然，当具有强烈男孩偏好的家庭能够便捷地获得性别选择技术时，他们将采取性别选择生育行为，最终导致出生性别比升高。

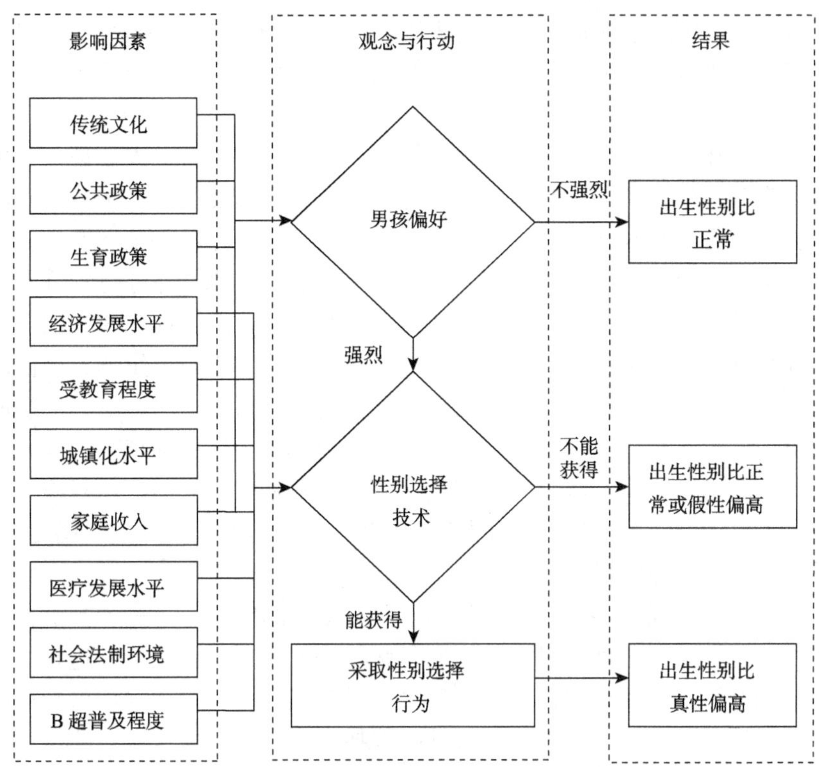

图 5.1　出生性别比升高影响机制的理论框架

第四节　本章小结

出生性别比升高是社会经济文化等因素综合作用的结果。只有在具有强烈男孩偏好的国家和地区，才会发生出生性别比偏高问题，而在男孩偏好不强烈或者没有男孩偏好的国家或地区，其出生性别比一般处于正常值范围内。本章充分考虑出生性别比变化趋势和变动特征，探讨出生性别比偏高所具有的环境条件和触发因素，分析各影响因素与出生性别比之间关联关系和作用链，探讨了导致出生性别比升高的内在机理。

首先是明确三组概念，一是出生性别比和低年龄组性别比；二是出生性别比真性偏高与假性偏高；三是男孩偏好强度与性别选择技术可及性。如果出生女婴被漏报、瞒报，被漏报或瞒报的女婴事实上已经存活在世，只是未被计入人口统计系统，此时的出生性别比偏高为假性偏高，不会影响真实出生性别比而只会影响低年龄组性别比。男孩偏好强度能够通过生育决策和生育行为得以反映和体现，强烈男孩偏好并不必然造成出生性别比偏高，在具有较强男孩偏好的社会环境中，只有产前胎儿性别鉴定并进行性别选择性人工终止妊娠，才会引起出生性别比真性偏高。

出生性别比偏高是生育个体追求效用最大化过程中出现的人口现象，生育决策及其生育孩子的性别结构是个体理性选择的结果，这往往以一定社会经济环境为基础，并符合生育经济学理论、社会嵌入理论、社会互动理论和空间相互作用理论。社会经济对生育行为及其相应生育水平的制约作用，是通过家庭经济收入对生育决策的影响而实现的，更进一步讲，这又是通过对家庭生育观的影响而实现的。社会网络的关系结构对个体观念的形成与变化有着重要影响，个体因素通过影响社会网络而对其他个体的性别偏好观念与生育行为产生影响，社会网络中部分成员的观念与行为的示范作用会强化或改变其他个体行为规范。区域之间相互作用的强度遵循距离衰减原理，邻近区域之间较强相互作用，相对距离在空间相互作用中是一个重要变量，通过人流、物流、货币流和信息流的空间相互作用，各区域之间的社会经济活动被相互关联起来。

出生性别比升高是多因素相互作用、共同影响的结果，更进一步讲，出生性别比偏高是在一定的条件下发生的，而且必然是人为干预自然生育过程的直接结果。男孩偏好不强烈时仅仅影响生育观念，只有强烈的男孩偏好才可能付诸性别选择行为，男孩偏好并不必然地引致性别选择，只有当个体有能力获得性别选择技术时，才能通过性别选择性流引产实现其对男孩的需求，所以出生性别比会升高。社会、经济、文化、管理、自然环境等因素综合作用和共同影响导致男孩偏好观念的产生和传递，社会经济发展、医疗技术水平以及执法环境影响和决定性别选择技术的可及性，当具有强烈男孩偏好的家庭能够便捷地获得性别选择技术时，他们将采取性别选择生育行为，最终导致出生性别比升高。

第六章　空间计量模型构建与实证研究

本章以出生性别比升高内在机理为基础，构建能够科学反映各因素对出生性别比影响的数学模型，探讨可采用的计量分析技术方法，选择适宜的指标变量，并以 2000 年各地级市人口普查数据为基准，充分考虑各地区出生性别比变动存在的空间自相关性，以及各因素在区域空间上对出生性别比的影响，综合运用经典统计分析方法和空间计量分析技术，对出生性别比升高的机制进行实证分析。

第一节　模型构建

男孩偏好是出生性别比偏高的根本原因。刘爽（2005b）利用 1997 年人口与生殖健康调查和 2001 年计划生育/生殖健康调查数据进行了研究，认为生育“性别偏好”及其相应的性别选择生育行为是作用于出生性别比失常背后的关键性内在动因；Philip（1992）对印度的情况进行了考察，认为印度传统的丧葬习俗和嫁妆制度所引致的“男孩偏好”是出生性别比偏高的主因；Park 和 Cho（1995）、Jonathan 和 Dominique（2003）分别研究了韩国和越南的出生性别比偏高的原因，认为韩国和越南的生活方式和文化传统主要受到儒家思想的影响，在生育行为上存在着明显的“男孩偏好”。

女婴漏报或瞒报、性别选择性流引产女胎，以及溺弃女婴直接导致了出生性别比偏高，但中外学者对于这些因素的排序存在很大分歧。国外学者普遍认为产前性别鉴定和性别选择性流引产是出生性别比偏高的首要因素（Fred and Liu，1986；Aird，1990；Hull，1990；Johansson and Nygren，1991；Barbara and Brian，1994；Miller，2001），男婴死亡率基本保持不变，而女婴死亡率不断升高是主因（Banister，1992），女婴领养也是造成出生性别比偏高的原因（Johnson et al.，1998）。在 20 世纪 90 年代中期以前，中国学者认为女婴漏报、瞒报是出生性别比偏高的主要原因（曾毅等，1993；乔晓春，1992；涂平，1993；李涌平，1993；高凌，1993；高凌，1995；顾宝昌和徐毅，1994；李伯华，1994；中国人口情报中心，1995）；90 年代中后期（尤其是进入 21 世纪）以来，中国出生性别比持续升高，包括上述学者在内的中国学者进一步研究认为，产前性别鉴定和性别选择性流引产已经成为造成中国出生性别比偏高的首要因素（国家计划生育委员会政策法规司，2000；楚军红，2001；吴擢春等，2005）。

另外，社会经济文化中的其他因素也在一定程度上促使了出生性别比升高。一是生育政策。原新和石海龙（2005）认为生育政策与出生性别比偏高之间没有直接的因果关系，生育政策通过影响家庭人口生育数量而间接作用于出生性别比；张二力（2005）以第五次全国人口普查数据为基础，分析了全国"地市"出生性别比与生育政策的关系，认为实行较为宽松生育政策地区的出生性别比比较接近正常；陈友华（2006）利用广东省 1997 年曾大规模收紧生育政策这样一个条件，对政策调整前后的孩次递进生育结构和孩次别出生性别比进行了对比，认为生育政策变化对出生性别比有影响。二是城市化。陈友华（2006）研究发现城市化与第一孩出生性别比失调同步发展，认为在现行的生育政策下和未来的一段时间内，城市化的发展可能会导致一孩出生性别比的上升；杨菊华（2008）认为加快城市化步伐可以在短时间内缓解聚族而居的习俗，有效地弱化和抑制宗族观念和家族势力的影响。三是妇女地位。顾宝昌和罗伊（1996）认为出生性别比失调作为一种社会现象，反映了女性在家庭和社会中的地位和权益的不平等状况，妇女地位低下会进一步加剧出生性别比的失调；蔡菲等（2008）认为，单因素相关水平和多因素回归结果均显示，妇女社会地位对出生性别比的影响排在首位，妇女社会地位与出生性别比之间存在较强的负相关关系。四是人口迁移流动。郭志刚（2003）研究了外来妇女对北京市出生性别比的影响，发现外来妇女生育与本市妇女生育在出生性别比上的差距极为显著，外来妇女的生育性别比很高，拉升了北京市整体出生性别比水平；伍海霞等（2005）定量分析了农村人口流动对城镇地区人口出生性别比的影响，结果表明乡城流动人口相对较高的出生性别比加剧了城镇地区出生性别比的偏高态势；陈卫和吴丽丽（2008）考察了中国城市地区出生性别比异常偏高的情况，认为外来人口并不是造成中国城市地区出生性别比偏高的唯一或主要的原因；陈胜利等（2008）认为全国出生性别比升高主要是户籍在本地的人口造成的，与流动人口关系不大。

从根本上讲，出生性别比的升高取决于两个因素：一是强烈的男孩偏好，二是获得性别选择技术。现根据出生性别比升高的内在机理，结合前人研究成果，构建相应数学模型，定量研究各因素对出生性别比偏高的影响及影响程度。

当男孩偏好强度为 p（$0\leqslant p\leqslant 1$）、性别选择技术可及性概率为 q（$0\leqslant q\leqslant 1$）时，生育男孩和女孩的数量 N_m 和 N_f 分别如下：

$$
\begin{aligned}
N_m &= N_b\left[pq+\frac{p(1-q)\mathrm{SRB}_0}{\mathrm{SRB}_0+100}+\frac{(1-p)\mathrm{SRB}_0}{\mathrm{SRB}_0+100}\right] \\
&= N_b\left[pq+(1-pq)\frac{\mathrm{SRB}_0}{\mathrm{SRB}_0+100}\right]
\end{aligned} \tag{6.1}
$$

$$
\begin{aligned}
N_f &= N_b\left[(1-p)+p(1-q)\right]\frac{100}{\mathrm{SRB}_0+100} \\
&= N_b\times(1-pq)\times\frac{100}{\mathrm{SRB}_0+100}
\end{aligned} \tag{6.2}
$$

其中，N_b 表示当年出生的人口总数；SRB_0 为标准正常值。

根据出生性别比的概念，实际出生性别比 SRB 可以表示如下：

$$
\mathrm{SRB}=\frac{N_m}{N_f}\times 100 \tag{6.3}
$$

将式（6.1）和式（6.2）代入式（6.3）得

$$
\mathrm{SRB}=\frac{N_b\times\left[pq+(1-pq)\times\dfrac{\mathrm{SRB}_0}{\mathrm{SRB}_0+100}\right]}{N_b\times(1-pq)\times\dfrac{100}{\mathrm{SRB}_0+100}}\times 100
$$

整理并化简，得

$$
\mathrm{SRB}=\frac{100pq+\mathrm{SRB}_0}{1-pq} \tag{6.4}
$$

由此，可以计算得到出生性别比偏离度 $\Delta\mathrm{SRB}=\mathrm{SRB}-\mathrm{SRB}_0$，具体如下：

$$
\begin{aligned}
\Delta\mathrm{SRB} &= \frac{100pq+\mathrm{SRB}_0}{1-pq}-\mathrm{SRB}_0 \\
&= \frac{pq}{1-pq}\times(100+\mathrm{SRB}_0)
\end{aligned} \tag{6.5}
$$

将式（6.5）变形得

$$
\frac{\Delta\mathrm{SRB}}{100+\mathrm{SRB}_0}=\frac{pq}{1-pq}
$$

因为 $0\leqslant p\leqslant 1$ 和 $0\leqslant q\leqslant 1$，所以 $0\leqslant pq\leqslant 1$。应用 logistic 回归模型，对 $\frac{pq}{1-pq}$ 取自然对数，并在拟合时采取最大似然估计法进行参数估计：

$$
\operatorname{logit}P=\ln\frac{pq}{1-pq}=\alpha+\beta_1x_1+\cdots+\beta_mx_m+\mu \tag{6.6}
$$

式（6.6）即为所求的传统计量模型，其中，$P=\frac{\Delta\mathrm{SRB}}{100+\mathrm{SRB}_0}$；$\alpha$ 为常数项；

$x_1 \sim x_m$ 表示影响出生性别比的社会经济文化因素变量；$\beta_1 \sim \beta_m$ 为相应的待估系数；μ 为随机误差项。

由此可得，出生性别比偏高程度与各因素之间的关系式为

$$\ln(\Delta\mathrm{SRB}) = \ln(100 + \mathrm{SRB}_0) + \alpha + \beta_1 x_1 + \cdots + \beta_m x_m + \mu$$

在实际生产生活中，随着国内经济贸易的发展，地区之间的经济往来、人口流动和文化交流越来越频繁，经济往来会加快地区经济发展，促使性别选择技术从经济发达地区向经济落后地区逐步普及，人口流动有利于促进婚姻家庭观念、男孩偏好和生育控制行为发生转变，文化交流将促进生育文化的传播和生育观念的逐步融合。各种因素在地理空间相互作用的特点，决定了不能仅仅依靠传统计量方法进行分析，而必须充分发挥空间计量分析技术的优势，以此来研究各因素对出生性别比的影响及其影响程度。

在空间计量分析中，如果将空间权重矩阵引入计量模型中，可以得到空间滞后模型表达式：

$$\operatorname{logit} P = \boldsymbol{A} + \boldsymbol{BX} + \rho \boldsymbol{W} \cdot \ln P + \mu \qquad \mu \sim \mathrm{N}(0, \delta^2 I) \tag{6.7}$$

其中，$\boldsymbol{A}$ 为常向量；$\boldsymbol{X}$ 表示指标变量矩阵；$\boldsymbol{B}$ 为相应的待估系数矩阵；$\boldsymbol{W}$ 为空间权重矩阵；ρ 为空间自回归参数。

第二节　变量选取和数据来源

一、变量选取

出生性别比升高是多因素共同作用的结果。这些因素包括经济因素、文化因素、政策因素和医疗技术因素，它们影响男孩偏好强度和性别选择技术可及性，从而导致出生性别比的升高。上述各因素可以用一些指标变量来表示，其变量的选取，主要是以数学计量模型为基础，充分考虑数据的可获取性，对部分确实难以获得的数据，采用尽量相近的指标变量替代。

（1）经济发展因素。用人均地区生产总值（GDP）和农村家庭纯收入（INC）作为表征指标。其中，人均地区生产总值反映各个地区的经济发展水平，经济发展水平决定了基础设施的完备程度和社会文化的进步状况；农村家庭纯收入反映农村家庭的购买能力和生活水平，直接决定了其对性别选择技术服务的经济支付能力，同时也间接影响着男孩偏好及其偏好程度。

（2）文化教育因素。用人均计生宣教费用（PRO）和妇女平均受教育年限（EDU）作为表征指标。其中，人均计生宣教费用反映一个地区在开展人口计生

宣教方面的投入，决定着新型生育文明在群众中的知晓率和普及状况，以及扭转人们重男轻女传统观念的效果；妇女平均受教育年限表示妇女的受教育程度，体现了妇女在家庭中的社会经济地位、接受新型生育文化以及生殖健康知识的能力，间接影响了妇女偏好男孩的强烈程度以及进行性别选择的可能性。

（3）社会发展因素。用政策性总和生育率（PFR）和城镇化水平（URB）作为表征指标。其中，政策性总和生育率反映一个地区计划生育政策的执行情况和人口计生工作的管理力度，体现生育政策对人们生育意愿的挤压和影响程度；城镇化水平反映地区社会发展水平，体现农村富余劳动力向城镇和非农产业转移的情况，以及经济组织形式和生产生活方式由传统乡村型社会向现代城市型社会转化的状况，也体现了新型生育文化的覆盖面和对非法性别选择性流引产行为的社会监督程度。

（4）公共政策因素。用非农产业的妇女就业率（EMP）作为表征指标。该指标反映社会公共政策对女性权利和权益的保障，体现了妇女参与收入性劳动的状况以及妇女在社会和家庭中的经济地位，直接影响了家庭在生育决策中对孩子成本和效用的分析。

（5）医疗条件因素。用每万人所拥有的卫生服务机构数（HSP）作为表征指标。鉴于B超诊断仪普及情况的数据不易获得，只能用反映地区医疗卫生技术发展水平的指标进行替代，20世纪80年代以来，B超机逐渐在医疗卫生服务机构得到了应用和普及，卫生服务机构的数量能够在一定程度上反映B超机的配备情况。这里的医疗服务机构包括了医院（公立和民营）、妇幼保健院、计生服务站，以此来间接表示医学诊疗技术和B超诊断仪的普及情况。

（6）空间权重矩阵。根据邻接标准，纯邻接权重矩阵是指考虑$\boldsymbol{W}_{ij}$是二元邻接矩阵的情形，当区域i和区域j邻接时，空间权重矩阵的元素$\left\{\boldsymbol{W}_{ij}\right\}$为1，否则为0。与纯邻接权重不同，在出生性别比偏高的影响因素研究中，各地区在社会经济文化上的空间交互作用不仅与地域是否邻接相关，而且与其相互之间的距离有密切关系，因此，我们将基于点文件的距离束来创建空间权重文件，由此得出空间权重矩阵。

二、数据来源与结构

由于计算出生性别比的样本量必须足够大，而对于地市级的人口数据来说，全国人口抽样调查资料一般并不满足这个要求。例如，2005年1%全国人口抽样调查资料中，各省份当年平均出生人口数为5 197人，在3 000人以下的有10个省份，如果将之再分配到地市级，其样本量会更低，有90%以上的地市数据在最低限 3 000 人以下。因此，本书研究的出生性别比数据将主要采用 2000 年全国人口普查资料中的长表数据（10%抽样），但是，由于个别地区的社会经济数据不完整，本书研究只选取了全国 331 个地市进行了研究。

对于社会经济文化因素的表征指标，其数据主要来源于各省（自治区、直辖市）及其所属地市的 2000 年全国人口普查、统计年鉴、国民经济和社会发展统计公报、卫生统计年鉴、农业年鉴、人口与就业统计年鉴、社会经济统计年鉴、计划生育年报等资料，有的指标数据直接来源于上述统计资料，有的则以统计资料为基础，通过计算得来。就地理空间数据而言，其主要来源于国家基础地理信息中心的 1：400 万中国地市级行政区划矢量地图，研究中用到的空间权重矩阵和各地市地理空间坐标等指标均来源于此，并以此地图作为空间分析的基础。

在实际的定量研究中，往往存在着不同横截面（空间）单元之间在统计指标核算方面的可比性问题，因此，建立一个来源可靠、相互可比、目的性明确的数据库非常必要。为了保持截面数据与所使用算法和软件程序读入之间的密切联系，本研究在数据组织结构上做了适当处理，使用 Excel 格式文件来管理数据，确保其与 GeoDa 统计分析软件的属性数据表相关联，数据表结构的格式用 2000 年的时期堆栈数据结构，将同一时期不同空间单元数据集合起来，统一依次排列。

需说明的是，在实证分析中，本书的研究力求避免两个问题：一是定量研究的样本量问题，为了保证指标数值的可靠性，出生性别比的样本数据应符合大数定律要求，只有在样本量足够大时，统计计算的出生性别比才能基本接近于真实值，否则，其在正常情况下的统计量可能会超出 103~107 的范围。二是科学选择对照组问题，为了增强研究的可比性，在进行比对分析时，首先假定一个对照组，其次在控制其他变量指标一致的情况下，研究某因素对出生性别比的影响。

第三节　实证结果

为了消除各变量截面数据中的异方差，同时也便于分析各因素对出生性别比的边际影响，我们取上述变量指标的对数形式，计量模型可以用双对数线性形式表达[①]。在模型中，空间邻近关系基于各地市地理质心的距离标准，在分析中采用行标准化矩阵形式表示（胡耀岭和原新，2012）。

① $\ln\Delta SRB = \alpha + \beta_1\ln GDP + \beta_2\ln INC + \beta_3\ln PRO + \beta_4\ln EDU + \beta_5\ln PFR + \beta_6\ln URB + \beta_7\ln EMP + \beta_8\ln HSP + \mu$。

一、最小二乘法回归结果

运用普通最小二乘法（ordinary least square，OLS），将出生性别比偏高程度（ΔSRB）与人均地区生产总值（GDP）、农村家庭纯收入（INC）、人均计生宣教费用（PRO）、妇女平均受教育年限（EDU）、政策性总和生育率（PFR）、城镇化水平（URB）、非农产业的妇女就业率（EMP）、每万人所拥有的卫生服务机构数（HSP）进行回归分析，所得结果如表 6.1 所示。

表 6.1　最小二乘法模型估计结果

解释变量	系数	标准误差	t 统计量	p 值
Constant	−37.517 25	5.865 239	−6.396 542	0.000 000 0
ln（GDP）	1.694 991	0.403 692 7	4.198 716	0.000 034 8
ln（INC）	4.572 382	0.536 746 9	8.518 693	0.000 000 0
ln（PRO）	−0.585 826	0.249 912 9	−2.344 122	0.019 342 6
ln（EDU）	0.981 132 1	0.144 014 3	6.812 729	0.000 000 0
ln（PFR）	2.286 021	1.615 124	1.415 384	0.148 067 8
ln（URB）	−0.460 993	0.177 137 5	−2.602 457	0.009 023 0
ln（EMP）	−2.807 092	0.460 454 7	−6.096 348	0.000 000 0
ln（HSP）	1.758 086	0.577 198 9	3.045 893	0.002 512 1
Adj.R^2=0.524 680；Log likelihood=−840.962；　AIC=1 701.92；SC=1 739.95				

根据拟合优度 R^2 和调整的拟合优度 R_a^2，OLS 回归模型解释了大约 53%的总变差。基于多变量正态假设和标准回归模型的对数似然性，结果中包含了对数似然、Akaike 信息和 Schwarz 等三项标准值，其量值分别为−840.96、1 701.92 和 1 739.95，它们一致表明 OLS 模型的拟合程度较高。

在 95%的显著水平下，除政策性总和生育率 PFR 外，其余变量的估计系数都是强显著的，其中，PRO、URB、EMP 的系数为负值，GDP、INC、EDU、HSP 的系数为正值。变量系数的正负反映了各因素变化对出生性别比偏高的影响方向，随着人均计生宣教费用、城镇化水平和非农产业的妇女就业率的增加（或升高），出生性别比的偏高程度将会减弱；同时，随着人均地区生产总值、农村家庭纯收入、妇女平均受教育年限、每万人所拥有的卫生服务机构数的增加（或升高），出生性别比的偏高程度将有所增强。需要说明的是，上述出生性别比偏高程度与各因素之间的定性关系，仅仅是对 2000 年的社会经济数据的分析而得出的结论，并不排除某变量存在阈值的可能。例如，经济发展到某个水平或妇女受教育达到某种程度，会使社会经济文化环境产生质的变化，其与出生性别比偏离度之间的定性关系也将发生转变。

二、空间自相关检验

关于回归模型的空间自相关诊断，可以采用如下两类方法：一是实质性相关检验，二是误差相关检验。空间计量分析在诊断空间自相关时，往往采用空间误差相关检验法，本文也不例外。本空间误差自相关检验中，应用了空间权重矩阵SRB.GWT，检验结果共报告了包含 Moran 指数和 LM（Lagrange Multiplier，即拉格朗日乘子）检验在内的 6 项统计量数据，如图 6.1 所示。

DIAGNOSTICS FOR SPATIAL DEPENDENCE
FOR WEIGHT MATRIX : SRB.GWT (row-standardized weights)

TEST	MI/DF	VALUE	PROB
Moran's I (error)	0.269547	32.4356884	0.0000012
Lagrange Multiplier (lag)	1	520.1996774	0.0000000
Robust LM (lag)	1	20.9511814	0.0324062
Lagrange Multiplier (error)	1	535.5899985	0.0000000
Robust LM (error)	1	6.3415025	0.2106215
Lagrange Multiplier (SARMA)	2	736.5411799	0.0000000

======================== END OF REPORT ============================

图 6.1　空间自相关检验结果

（一）Moran 指数检验

在 OLS 回归残差的空间相关检验中，Moran 指数是应用最为普遍的指标。对于上述 OLS 回归来说，用来检验回归残差项中是否存在空间自相关的 Moran 指数统计量为 0.269 547，在 95%的显著性水平下，Moran 指数检验表明经典回归的误差项中具有显著的空间相关性。这也可以从 Moran 指数散点图得到验证，如图 6.2 所示，普通最小二乘法估计的残差分布呈现一定程度的集聚，主要分布在一、三象限，在空间上表现为一定的自相关性，对应的空间自相关为高高–低低类型。

（二）拉格朗日乘子检验

上述检验结果中，给出了 5 个 LM 统计量。从 LM-lag 和 LM-error 来看，两者均高度显著，拒绝零假设，表明 OLS 回归残差中包含了空间自相关项。Robust LM 检验却不尽一致，Robust LM-lag 在 95%的水平下显著，而 Robust LM-error 不显著，这并不表明不存在空间自相关问题，而恰恰显示了模型中存在着空间滞后问

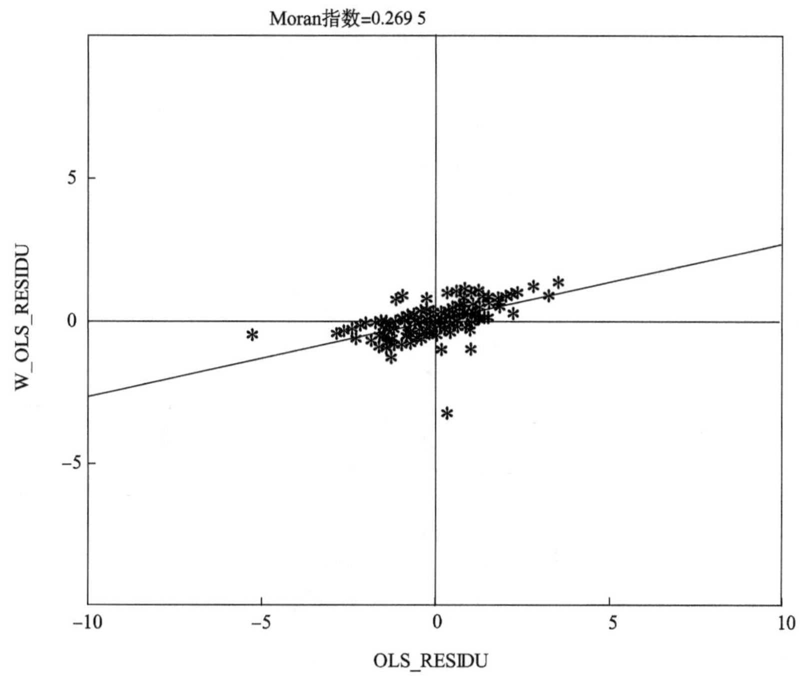

图 6.2　普通最小二乘法回归残差项 Moran 指数散点图

题，使得 Robust LM-error 检验统计量所依据的渐进结果出现偏离。

（三）空间回归模型选择

Moran 指数和 LM 统计量都表明，出生性别比影响因素的 OLS 回归残差中存在着空间自相关，因此，OLS 回归结果所反映的各因素对出生性别比升高的影响并不具有解释力。需要在回归分析中加入空间影响因子，消除误差项中的空间自相关，代之以空间回归模型进行计量分析。那么，在本研究中到底是应该选择空间滞后模型，还是空间误差模型呢？根据空间计量原理，主要按照以下原则来进行选择，如图 6.3 所示（Anselin，2004）。

根据空间自相关检验结果，在 95%的显著性水平下，LM 标准检验中的滞后统计量（LM-lag）和误差统计量（LM-error）均显著。根据图 6.3，需要进一步分析 Robust LM 检验的统计量，Robust LM-lag 的 p 值为 0.032 406 2（<0.05），高度显著，拒绝零假设；而 Robust LM-error 的 p 值为 0.210 621 5，不显著。因此，本书研究将选用空间滞后模型进行回归分析。

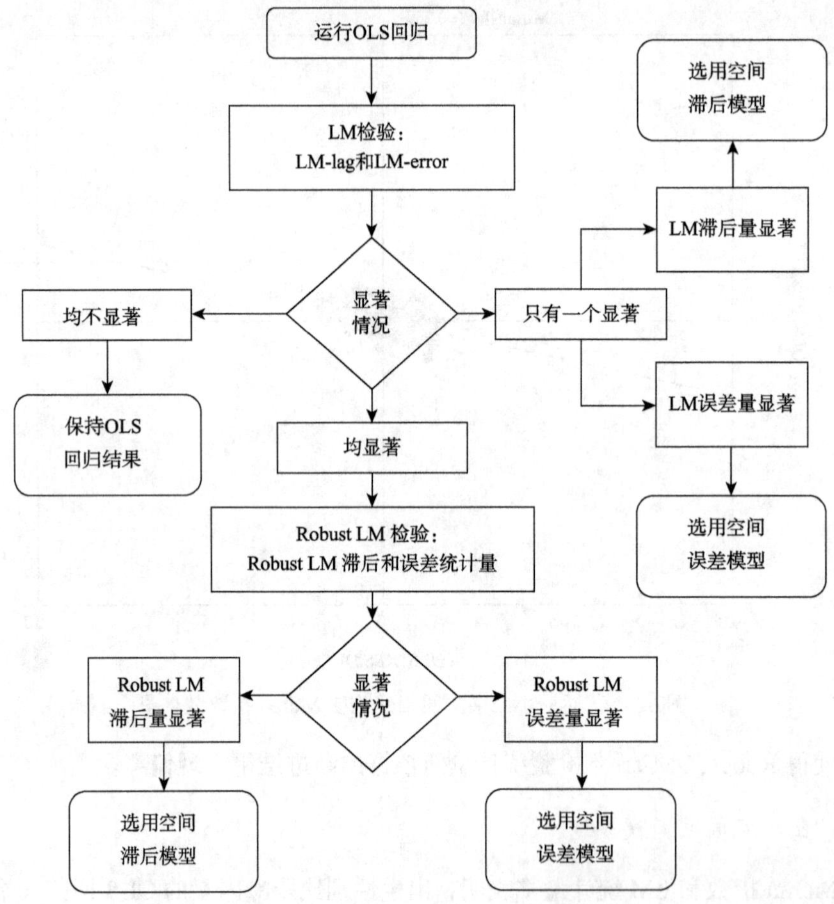

图 6.3　空间回归模型的选取原则框图

三、空间滞后模型回归结果

除包含空间滞后变量外，空间滞后模型与经典回归模型有着相同的因变量和自变量，本书的空间滞后模型可以表示为数学表达式形式①，其回归结果如表 6.2 所示。

表 6.2　空间滞后模型估计结果

解释变量	系数	标准误差	t 统计量	p 值
Constant	−2.555 121	0.629 478 8	−4.059 106	0.000 047 9
ln（GDP）	0.327 620 7	0.166 294 6	1.970 122	0.048 705 2

① $\ln \Delta SRB = \alpha + \beta_1 \ln GDP + \beta_2 \ln INC + \beta_3 \ln PRO + \beta_4 \ln EDU + \beta_5 \ln TFR + \beta_6 \ln URB + \beta_7 \ln EMP + \beta_8 \ln HSP + \rho \boldsymbol{W}_{ij} \cdot \ln \Delta SRB + \mu$。

续表

解释变量	系数	标准误差	t 统计量	p 值
ln（INC）	0.272 104 5	0.035 706 18	7.620 655	0.000 000 0
ln（PRO）	−0.437 091 1	0.109 381 8	−3.996 012	0.000 063 2
ln（EDU）	0.216 130 2	0.063 233 72	3.417 958	0.000 634 9
ln（PFR）	0.623 617 7	0.443 148 8	1.407 242	0.159 355 7
ln（URB）	0.081 846 08	0.023 500 17	−3.482 787	0.000 420 5
ln（EMP）	−0.536 260 8	0.228 257 9	−2.349 395	0.018 803 9
ln（HSP）	1.222 689	0.266 984 6	4.579 622	0.000 004 7
W·ln（ΔSRB）	0.992 710 3	0.031 733 34	31.282 88	0.000 000 0
R^2=0.883 466；Log likelihood=−623.747；AIC=1 269.49；SC=1 311.32；LR=546.430 1				

（一）与 OLS 结果的比较

通过与 OLS 回归结果进行比较，可以发现：①空间滞后模型的回归拟合优度得到了有效改进，R^2 从 0.537 643（OLS）上升到 0.883 466，log likelihood 由−840.962 增长到−623.747，空间滞后模型的 AIC 和 SC 指标在 OLS 模型基础上有所降低，分别从 1 701.92 和 1 739.95 下降到 1 269.49 和 1 311.32。②各自变量回归系数的显著性存在一些小的差异，除 INC 持平（p=0.000 000 0）以及 PRO（从 0.019 342 6 变化到 0.000 063 2）和 URB（从 0.009 023 0 变化到 0.000 420 5）有所增强外，其余变量系数的显著性均有不同程度的减弱。③政策性总和生育率 PFR 对出生性别比升高的影响依然不显著，其系数的 p 值从 0.148 067 8 上升到 0.159 355 7。④所有估计系数的绝对值都出现下降，其影响出生性别比偏高的重要性变弱，说明其解释能力受到空间滞后变量的“稀释”。⑤空间变量的回归系数为 0.992 710 3，t 统计量达到 31.28，对应的 p 值远远小于 5%，高度显著。

（二）估计检验

极大似然法是空间回归估计检验的方法之一，与 Wald 检验和 LM-lag 检验并称为三大检验。极大似然估计 LR 等于 546.43（表 6.2），LM-lag 检验为 520.20（图 6.1），Wald 检验为 32.43^2=1 051.70（图 6.1），与期望顺序 W>LR>LM 保持一致（Engle，1984），这表明在标准回归模型中加入了空间滞后项后，有效抵减了空间自回归误差。该结论也可以从空间滞后模型残差 Lag-residu 的 Moran 指数得到验证，在空间权重矩阵 SRB.GWT 作用下，残差值集中于坐标原点附近，如图 6.4 所示，Moran 指数统计量等于−0.004 5，远远小于最小二乘法模型中的残差 Moran 指数（0.269 5），这表明空间滞后残差项基本消除了空间自相关。

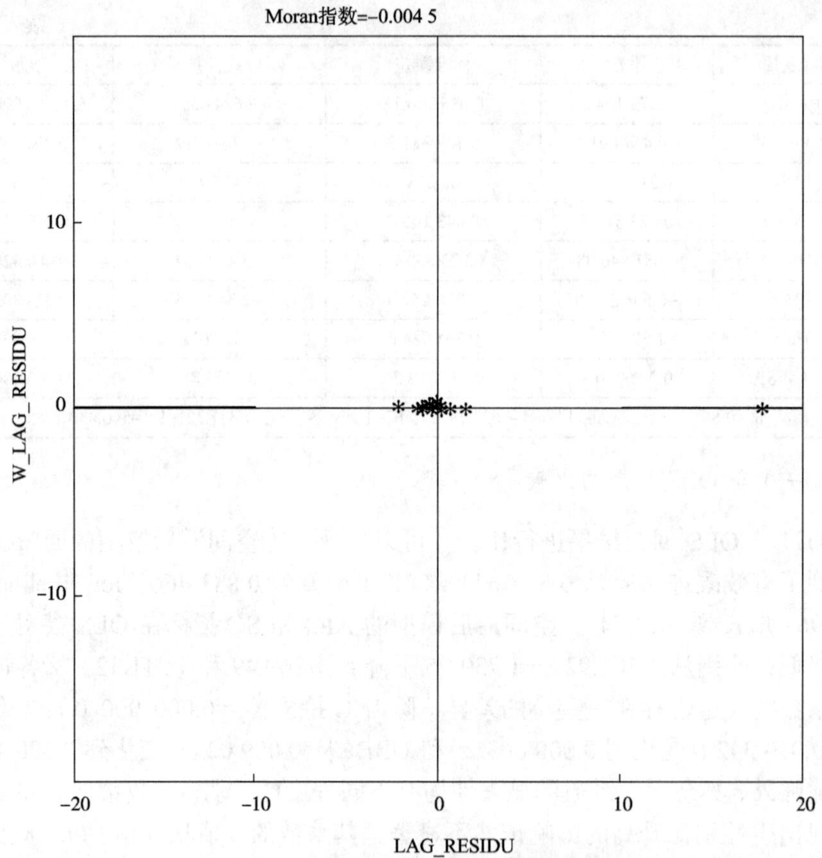

图 6.4 空间滞后回归残差的 Moran 指数散点图

(三)各因素对出生性别比的影响

在具体分析之前，需要强调的是，本节的实证研究结果仅限于对 2000 年底的横截面数据进行的分析，一些变量的系数反映了这一时点上的回归结果，它可能在一定时期内具有解释意义，但这并不意味着在时间上具有无限延展性。

在 95%的显著水平下，政策性总和生育率 PFR 系数的 p 值为 0.159 355 7，不具统计显著性，不能确定其对出生性别比是否有影响以及影响程度如何，这将在第七章进一步分析。除此之外，其余变量的估计系数都是强显著的。在定性变动关系上，与 OLS 回归结果相类似，PRO、URB、EMP 的系数为负值，人均计生宣教费用、城镇化水平和非农产业的妇女就业率与出生性别比之间呈负相关关系，随着各变量的增加(或升高)，出生性别比的偏高程度将会减弱；GDP、INC、EDU、HSP 的系数为正值，人均地区生产总值、农村家庭纯收入、妇女平均受教育年限、每万人所拥有的卫生服务机构数与出生性别比之间表现为正相关变动关系，随着各变量增加（或升高），出生性别比的偏高程度将得到增强。

从各变量回归系数的绝对值来看，由于空间滞后变量的分解作用，与 OLS 回归结果相比，空间滞后模型所有估计系数的绝对值都出现不同程度的下降，各变量对出生性别比偏高影响的重要性被弱化，但拟合优度和估计检验分析都表明，空间滞后模型的各变量系数较好地拟合了其影响关系，也更加符合实际情况。

首先，HSP 的系数最大，为 1.22。这表明，卫生事业发展水平对 ΔSRB 的影响最高，且呈现正相关关系。尽管在数据统计过程中，没能收录关于 B 超普及程度的数据，但卫生服务机构数间接反映了医疗服务机构的基础设施建设和技术力量配备情况，从一定意义上讲，医学技术的普及和医疗条件的改善将便于有强烈性别偏好的家庭获得性别选择技术。在保持其他因素不变的情况下，万人所拥有的卫生服务机构数量每增加 1%，SRB 将升高 1.22 个百分点。

其次，EMP 和 PRO 的系数次之，分别为−0.54 和−0.44。这说明，非农产业妇女就业率和计生宣传教育经费投入对出生性别比偏高的影响较大，非农产业就业率的上升将增加妇女的经济收入，有效提高其家庭地位和社会地位，再加上人口计生部门对生殖健康知识和新型生育文化的宣传教育，将逐渐提高妇女的自我保健意识，树立新型的生育文明观念，扭转传统的男孩偏好。在保持其他因素不变的情况下，非农产业妇女就业率或计生宣传教育经费每增加 1%，SRB 将降低大约 0.5 个百分点。

再次，GDP、INC 和 EDU 的系数较低，分别为 0.33、0.27 和 0.22。人均地区生产总值、农村家庭纯收入和妇女平均受教育年限对出生性别比偏高有着一定的影响，并呈正相关关系。可能的原因如下：在现有社会经济发展水平下，人均地区生产总值、农村家庭纯收入以及妇女平均受教育年限的增加，并没有转变人们重男轻女的传统观念，在家庭的男孩偏好依然强烈时，反而会增强其对接受性别选择技术服务的经济支付能力，提高家庭性别选择技术的可及性，将性别选择性生育意识直接转化为性别选择性生育行为，促使出生性别比升高。在保持其他因素不变的情况下，人均地区生产总值、农村家庭纯收入每增加 1%或妇女平均受教育年限每增加 1 年，SRB 将升高 0.2~0.3 个百分点。

最后，URB 的系数最低，为−0.08。城镇化水平与出生性别比之间呈负相关关系，其对出生性别比的影响程度微弱，在保持其他因素不变的情况下，城镇化水平每上升 1%，SRB 将降低大约 0.08 个百分点。

第四节　进一步分析

根据空间滞后回归结果，现从空间作用、经济发展、社会进步、生育文化、生育政策、公共政策和医疗技术 7 个方面进行深入分析，展示社会经济文化因素对出生性别比升高的影响及其影响程度。

一、空间作用

空间变量的回归系数为 0.992 710 3，高度显著（p=0.000 000 0）。从显著性来看，影响出生性别比升高的各因素在空间上是相互作用的，地理空间因素对出生性别比的变化有着一定作用，符合空间相互作用理论。从回归系数来看，存在明显的正相关关系，出生性别比的变化在空间上具有集聚性、传染性和扩散性，在地域上将形成一个或几个出生性别比重度偏高地区，并以这些重度偏高地区为中心向周围地区扩散。从 Moran 指数来看，其空间自相关属于高高–低低类型，符合社会互动理论。这也表明，在社会经济文化中，出生性别比严重偏高地市将对周围邻近地区产生辐射作用，使这些地区的性别选择性生育行为表现为他导性和趋同性，哪怕目前的偏高程度不是特别严重，也会逐渐超出独立情形下的偏离程度。

从全国出生性别比分布情况看，2000 年的出生性别比偏高地区集中分布在黄河中下游、长江流域、南部沿海地区，并分别以安徽、江西、陕西所属主要地市为中心形成三个出生性别比失衡高地，并逐渐向外延伸，其失衡范围有进一步向周围地区扩大的趋势。其实，自 20 世纪 80 年代以来，我国分地市出生性别比的空间分布一直就表现出显著的集聚特征，分地市出生性别比差异的现实格局及演变过程，反映出我国出生性别比的分布存在着空间依赖性和异质性。出生性别比失衡的热点区域在空间分布上呈现集聚特征，在时间演变上具有持续性和累积性，热点区域有连点成片的发展态势，受社会、经济、文化等多种因素的影响和渗透，出生性别比失衡程度并不依行政区划而存在明显的界限。

跨区域空间集聚特征表明，综合治理出生性别比偏高工作将是一个全国性的系统工程，各省份以行政区划为界线进行本区域范围内的治理工作将面临诸多困难，其治理效果也不会十分理想，这已为多年来的综合治理实践所证明。对于出生性别比变化的这一特征，需要足够的重视，提前采取必要的措施，堵塞严重偏高地区的扩散和辐射渠道。通过高层倡导，努力从国家层面上出台有效的政策措施，在更大地域范围上全盘考虑、统一部署，形成以热点地区治理为重点的全区域治理局面。建立地区间协作治理机制，扫除行政区交界处的管理盲区，形成上下互动、内外结合、联防群治的综合治理出生性别比偏高问题“全国一盘棋”格局。

二、经济发展

人均地区生产总值和农村家庭纯收入的回归系数分别为 0.33 和 0.27，在 95% 水平下显著。其与出生性别比偏高变化之间呈正相关关系，随着人均地区生产总值和农村家庭纯收入的增加，出生性别比呈现进一步升高的趋势。过去的定性研究认为，经济发展水平越高，出生性别比的偏高程度越低，经济发展对生育行为有着显著影响，通过影响经济活动方式来促进人们生活方式和价值观念的转变，从而抑制出生性别比偏高。从这一点上来看，本书结论与以往定性研究的结论不尽一致。

对定量研究结论的合理解释是，两者之间的变动关系与经济发展的阶段性是分不开的，仅有人均收入的增加而无经济活动方式的转变，生育行为的惯性很难得到有效抑制和转变。在经济尚不发达阶段，农村沿用传统的生产方式，女性由于生理、体力方面的劣势，重体力劳动主要由男性承担，再加上生产工具的落后，实现收入增长的有效手段是投入较多的劳动力，农民的劳动力需求指向男性并内化于生育需求之中。另外，在农村落后的生产方式和小农经济体系中，男孩的家庭养老功能依然很强，这也是促进人们想要生男孩的原因，现实生产生活问题的存在，在客观上导致了人们的男孩偏好。

随着经济的发展，仍处于初级阶段的人民生活条件得到了一定程度的改善，但经济社会的发达程度还不足以转变人们的男孩偏好观念，率先富裕者主要是以家庭和家族企业发展起来的私营业主，收入的增加首先激发了他们对男孩继承家业、传宗接代、光耀祖先的需求，如改革开放后，广东、福建等沿海发达地区，民间修祠堂、续家谱、祭祖宗的传统习俗一直比较盛行。另外，经济富裕也提高了家庭接受性别选择技术服务的经济支付能力，在现代精准性别选择技术作用下，性别选择性生育意识自然地转化为性别选择性生育行为。这些率先富裕者不仅在经济致富上起到了表率作用，在生育价值取向上也同样表现出示范作用，根据社会嵌入理论，社会网络中率先致富者的观念和行动所起到的示范作用将强化和改变其他个体的行为规范，致使地区出生性别比的总体水平升高。在社会转型过程中，随着就业市场的竞争日趋激烈，性别歧视的严重程度有增无减，较男性而言，女性在政治、经济、文化等各个领域的参与程度并没有普遍改善，高风险和不确定性的市场经济使父母对男孩的依赖性增加并产生更强的男孩偏好，人们以市场交易的方式获得性别选择技术服务，将偏好男孩的生育意愿转变为实际生育行为，促进了出生性别比升高。因此，在经济活动方式没有得到根本转变的情况下，人均收入的增加尚不足以转变和抑制人们的性别选择生育观念和性别选择行为惯性。

但是，当经济社会发展到一定程度，并触发了生活观念和生育文化的变革时，它将对生育的性别偏好产生实质影响，使得人们的性别偏好从歧视性转变为非歧视性，从强偏好转变为弱偏好。一些有效促进经济结构调整和经济发展方式转变的制度安排，直接促使人们经济活动方式转变，从而有效改善综合治理出生性别比偏高问题的社会环境，彻底削弱人们的男孩偏好。因此，各级政府在制定综合治理出生性别比偏高问题的相关政策时，应该重点考虑和关注当地的经济发展阶段，以及与该阶段相适应的家庭对于孩子数量和孩子结构的生育需求，有的放矢，因势利导，努力实现最佳治理效果。

三、社会进步

社会进步从多方面影响着人们的生育决策和生育行为。社会进步不仅会改变社会经济结构和就业结构，还会在很大程度上转变人们的生活方式。本章以城镇化率和妇女的受教育水平来反映社会的进步程度。

根据空间计量回归结果，城镇化率的回归系数为−0.08（$p<0.01$），强显著。城镇化水平与出生性别比变化之间呈负相关关系，在保持其他条件不变的情况下，城镇化水平每上升 1%，SRB 将降低大约 0.08 个百分点。尽管其对出生性别比的边际影响较弱，但其创造的社会环境在改变人们的生活方式和生活观念方面有着重要意义。在农村，经济发展使家庭对于农业劳动力的需求不再特别迫切，其男孩偏好更多地体现在男孩的养老功能上。另外，农民大多以聚族而居为主要特征，一个村庄被视为一个小社会，在父系继承和从夫居的社会制度下，家族的地位及其社会影响作用不容忽视，男孩多的家族拥有较大的家族势力。在城市，人们的活动空间扩大，一个城市相当于一个社会整体，人们以社区为单位组织生活，交流对象主要由同学、同事、朋友构成，逐渐远离了过去的家族势力范围。家庭规模呈现小型化，年轻夫妇不与父母居住，家庭的生育决策行为受父母辈影响的程度减弱。同时，城市化生活也为人们提高自身文化素质和接受新型生育观念创造了条件，传统生育观念的束缚力逐渐削弱，基于传宗接代目的而选择性生育男孩的愿望不再特别强烈，相对于从未外出者而言，外出的未婚年轻女子生育男孩的偏好明显减弱（郑真真和解振明，2004）。因此，在经济发展的过程中，需要政府制定和采取相应政策措施，增强集聚区的人口容纳能力和人口集聚功能，对流动人口实行“三有、四同”管理和服务，保障流动人口享受当地社会经济发展成果，引导更多的农村居民向城镇迁移和流动，通过提高城镇化水平，减弱人们的男孩偏好，促进出生性别比偏高问题的解决。

妇女平均受教育程度的回归系数为 0.22（$p<0.01$），强显著。其与出生性别比变化之间呈正相关关系，且对出生性别比的边际影响较大，平均受教育年限每增加 1 年，就会使出生性别比上升 0.22 个百分点。妇女受教育水平与出生性别比变动之间呈正相关关系。这表明，在现有社会经济发展阶段，人们的男孩偏好根深蒂固，随着受教育程度的提高，妇女对现代医学技术有了较多的了解，认同了性别选择技术的科学性和有效性，增强了依靠现代医学技术方法和手段实现其生育男孩的愿望。需要说明的是，妇女受教育程度与出生性别比变动之间呈倒 U 形关系，两者的正向变动关系仅仅表现在当前妇女平均受教育年限较低的阶段，当超过一定年限后，如随着高中阶段教育的普及，妇女受教育程度的提高有助于妇女社会地位的提升，有效增强妇女的维权意识和性别平等意识，从而使人们的男孩偏好逐渐趋于弱化，出生性别比将会随妇女受教育程度的上升而呈现下降趋势。因此，我们不能简单地因为妇女平均受教育程度提高使出生性别比偏高这一点，而减少妇女的受教育机会，恰恰相反，在这种情况下，我们更应该提高妇女的受教育程度，使之越过受教育程度的“阈值”，高中阶段教育是转变重男轻女传统思想的关键点（陈胜利等，2008）。

四、生育文化

生育文化对人们生育意识的产生和固化具有决定作用。人口计生宣教工作是帮助人们摒弃重男轻女传统观念、接受新型生育文明的重要手段，对于综合治理出生性别比偏高问题发挥着基础性作用。空间计量回归结果显示，人均计生宣教经费投入指标的回归系数为−0.44（$p<0.01$），强显著，其与出生性别比变动之间呈现负相关关系，人均计生宣教经费每增加 1%，出生性别比将降低 0.44 个百分点，计生宣教经费投入越多，出生性别比越接近正常值。

就生育文化发展来讲，近些年以来，中国政府突出地对新型生育文化进行培育和传播。1980 年 9 月 25 日，《中共中央关于控制我国人口增长问题致全体共产党员、共青团员的公开信》的问世，标志着全国建设新型生育文化时期的开启，这一时期是政府主导的生育文化发展时期，深入持久的宣传教育和日益高涨的生育成本对于弱化群众的生育需求发挥了积极作用，新型生育文化逐渐积累和形成，其时的主流价值取向是“独生子女文化”（穆光宗，2006）。到了世纪之交的时候，随着生育率持续下降和计划生育工作不断深入，国家计划生育委员会于 1998 年召开了延安会议，正式提出了新型生育文化建设的命题，并以婚育新风进万家活动为载体全面启动了新型生育文化建设的社会系统工程。十年来的实践证明，在全国开展的婚育新风进万家活动和关爱女孩行动，有效地提高了妇女的自我保健意识，改善了女孩的生存发展环境，帮助群众树立新型生育文明观念，在一定程度上转化了群众的传统男孩偏好观念。

从传统生育文化发展到新型生育文明，是弱化人们男孩偏好并进而彻底解决出生性别比偏高问题的根本途径。但欲取得预期效果，必须经过长时期的工作积累和艰苦努力，这不是一朝一夕就能够实现的。从回归结果也可以看出，综合治理出生性别比偏高问题需要坚定不移地加强宣传教育工作，继续加大在人口计生宣传教育方面的投入力度，充分发挥宣传教育的先导作用，积极探索有效的宣传教育模式，大力提倡建设社会主义新型生育文化，引导人们逐步建立起科学、文明、进步的生育观念，消除传统文化中重男轻女思想的影响，促进社会性别平等。

五、生育政策

在政策性总和生育率低于生育意愿数量时，生育政策将会限制人们通过多生孩子来实现生育男孩的目标，并在一定程度上强化生育个体的性别选择意识。本书的研究通过实证分析生育政策对生育意愿的挤压程度，来进而考察其对出生性别比偏高的影响程度，空间计量分析结果表明，在 95%的置信度下，政策性总和生育率（PFR）回归系数的 p 值为 0.159 355 7，没能通过显著性检验。以此不能确定其对出生性别比是否有影响以及影响程度如何。

为了进一步探究实行二孩生育政策对出生性别比的影响及其影响程度，以 2000 年人口普查资料和 2005 年 1%抽样调查数据为基础进行计算和分析，将在第七章专门论述出生性别比升高与生育政策之间的关系及其关联程度。

六、公共政策

公共政策是向社会公众传达价值理念的风向标。有效的公共政策能够帮助公众评价和比较女孩和男孩的效用，进而影响人们的男孩偏好。本书的研究以妇女非农产业就业率来反映公共政策在男女平等方面的政策效果，目前，妇女在非农产业的就业率明显低于男性。空间计量回归结果显示，非农产业妇女就业率的回归系数为−0.54（$p<0.05$），与出生性别比变动之间呈现负相关关系，非农产业就业率每上升 1%，出生性别比将降低 0.54 个百分点。

这说明，以工业经济和现代经济为代表的经济发展将会降低职业上的男女差别，有利于妇女在非农产业就业而获得工资性收入，增强妇女的经济独立性，有效改善其在家庭和社会中的经济地位，增加妇女与外界的接触机会，使其更便捷地接受先进思想文化，从而弱化男孩偏好。由此可知，如果能够在制定公共政策时，注重增强赋权意识，制定并执行一些可行的政策条例及社会项目，促进男女两性平等参与政治、经济、社会、文化及家庭领域的管理和决策，促使女性平等接受各级各类教育，获得促进自身发展的知识和技能，实现平等就业，那么，妇女在非农产业的就业率将会有很大的上升空间。

在我国人口快速转变的过程中，公共政策的很多方面严重滞后于经济社会发展和人口变化形势，主要表现在，社会保障制度不健全，以及养老保障制度安排严重滞后于群众需求，再加上当前依然是以家庭养老为主，家庭人口小型化导致家庭养老资源短缺，男孩表现出较强的养老功能。但是，随着妇女非农产业就业率的提高，妇女的经济能力得到增强，女儿的养老功能也得以体现，事实上，也只有这样，“女儿也是传后人”的观念才能真正被群众所接受。由此可见，要实现真正意义上的男女平等，就必须将社会性别意识纳入地区经济发展战略之中，切实消除性别歧视，提高妇女在非农产业的就业率，降低人们对男孩与女孩的预期效用差异。

七、医疗技术

自 20 世纪 80 年代以来，B 超检测技术逐渐在各医疗卫生服务机构得到普及和应用，每万人所拥有的卫生服务机构数能够较好地反映 B 超机的普及情况。空间计量回归结果显示，每万人所拥有的卫生服务机构数的回归系数为 1.22，p 值均小于 0.01，强显著。其与出生性别比之间呈现出明显的正相关变动关系，且其边际影响较大，在保持其他因素不变的情况下，每万人所拥有的卫生服务机构数量每增加 1%，SRB 将升高 1.22 个百分点左右。这表明医疗服务水平越高，出生性别比偏离正常值的程度越大，随着医疗水平的提高和医疗设备投入力度的加大，B 超等先进医学技术得到了应用和普及，在监管不力的情况下，给人们进行产前性别鉴定和人工流引产女胎提供了便利条件。

科学技术是一把“双刃剑”，医学技术的发展极大地提高了人类健康水平和生命质量，但同时，现代受孕技术、避孕节育技术、性别鉴定技术和人工流产技术的进步与发展，也为人们选择孩子性别提供了可靠手段。自 20 世纪 80 年代中期以来，B 超机、人工流产技术、药物流产技术逐渐在医疗机构、卫生保健、计划生育服务部门得到普及和应用，配置这些设备的初衷是为了计划生育服务、生殖健康服务和医疗卫生服务，但其被滥用现象也十分普遍（原新和石海龙，2005）。目前，B 超机能够鉴定胎儿性别几乎是人尽皆知的事情，同时，相应的监督管理措施不到位，致使男孩偏好强烈者可以轻易获得性别选择技术。尽管性别选择性流引产损害了妇女的生殖健康并可能危及孕妇生命，但在一定程度上符合了群众传统生育观念，性别选择性生育行为得到了社会的默许和认可，而并未受到道德的谴责，一些违法医务人员反而被视为家庭（或家族）的救星。一些学者建议严格控制 B 超机的生产和销售，定点使用和专人负责，这个建议已经被采纳，但其效果并不理想。

仅就 B 超机定点使用而言，政府部门之间存在着一定分歧，卫生部门对农村卫生政策的价值取向是鼓励 B 超机在基层的广泛使用，其主要观点是：B 超的主要功能是提高医疗诊断的准确性，及时检测并发现病情隐患，保障人民群众的生命健康安全，而不仅仅是性别鉴定，非法性别鉴定仅仅是 B 超在正常使用过程中的一个副作用，问题的关键不是限制 B 超机的使用，而是如何确保规范使用 B 超技术。由于管理监督机制缺位，私营、个体医疗卫生机构受高额利润的驱动而发生的"两非"现象比较严重，主要表现在以下两个方面：一是超出经营范围开展违规（违法）业务，未经审批开展人（药）流手术、非法引产、接（剖）产手术问题十分突出；二是违规使用堕胎药品现象较为严重，违规购进、销售、使用米非司酮等药品（汤兆云，2006）。但是，我们也应看到，一些地区在 B 超机管理方面做出了成功尝试，如江苏省东海市医疗机构切实加强对 B 超使用的管理，实行"双人双锁、双人签字"管理，在 B 超室设置录像系统，全程监测 B 超的使用情况，有效地控制了性别选择性流引产行为[①]。

第五节　本章小结

本章以出生性别比升高内在机理为基础，构建能够科学反映各因素对出生性别比影响的数学模型，探讨可采用的计量分析技术方法，并以 2000 年各地级市人口普查数据为基准，充分考虑各地区出生性别比变动存在的空间自相关性，以及各因素在区域空间上对出生性别比的影响，综合运用经典统计分析方法和空间计量分析技术，对出生性别比升高的机制进行实证分析。

首先是对出生性别比升高的两个直接因素进行分析，根据男孩偏好强烈程度和性别选择技术可及性概率进行数学推算，经济、文化、政策和医疗技术等因素将通过影响男孩偏好强度和性别选择技术可及性而导致出生性别比的升高，由此得出各因素与出生性别比偏高升高的定量关系，建立相应的数学模型，同时考虑到实际生产生活中的地区间经济往来、人口流动和文化交流越来越频繁，各种因素在地理空间相互作用的特点，决定了不能仅仅依靠传统计量方法进行分析，有必要将空间权重矩阵引入计量模型中，以此来研究各因素对出生性别比的影响及

① 东海卫生信息网：http://www.dhws.gov.cn/wjtz/2008/2008-33.asp。

其影响程度。根据空间滞后回归结果，社会经济文化因素对出生性别比升高的影响及其影响程度主要体现在空间作用、经济发展、社会进步、生育文化和医疗技术五个方面，通过模型变量系数定量表征了各因素对出生性别比偏高的影响程度，将为制定相关政策给出一些重要启示。

一是影响出生性别比升高的各因素在空间上相互作用，从回归系数来看，存在显著的正相关关系，出生性别比的变化在空间上具有集聚性、传染性和扩散性，从 Moran 指数来看，其空间自相关属于高高–低低类型，出生性别比严重偏高地区对周围邻近地区产生辐射作用。二是出生性别比偏高与经济发展阶段相关联，经济发展指标与出生性别比偏高变化之间呈正相关关系，随着人均地区生产总值和农村家庭纯收入的增加，出生性别比呈现进一步升高趋势，当经济社会发展到一定程度并触发了生育文化变革时，才会对男孩偏好产生实质影响。三是社会进步从多方面影响着人们的生育决策和生育行为，城镇化水平与出生性别比变化之间呈负相关关系，尽管其对出生性别比的边际影响较弱，但所创造的社会环境在改变人们生活方式和生活观念方面有着重要意义。四是生育文化对人们生育意识的产生和固化具有决定作用，人口计生宣教工作可以帮助人们摒弃重男轻女传统观念，接受新型生育文明，对于综合治理出生性别比偏高问题发挥着基础性作用。五是医疗技术进步给人们进行性别选择性流引产创造了条件，现代受孕技术、避孕节育技术、性别鉴定技术和人工流产技术的进步与发展为人们选择孩子性别提供了可靠手段，B 超机、人工流产技术、药物流产技术逐渐在医疗机构、卫生保健、计划生育服务部门得到普及和应用，但其被滥用现象也十分普遍。

第七章　出生性别比偏高与生育政策关系研究

关于如何有效治理出生性别比偏高问题，很多专家学者认为现行生育政策挤压强化了人们的性别选择意识，导致了出生性别比失调，实行较为宽松的生育政策能够解决出生性别比偏高问题（张二力，2005；陈友华，2008）。那么，改变生育政策真的能够解决出生性别比偏高问题吗？实行二孩生育政策能够在多大程度上影响出生性别比呢？本章将采用比较分析的方法，进一步研究生育政策与出生性别比升高之间的关系。

第一节　出生性别比与总和生育率变动关系

一、主要变动趋势分析

从出生性别比与总和生育率变动的历史趋势来看，两者之间在变动方向上有着一定规律（图 7.1）：1978 年之前，除个别年份外，总和生育率保持在 5.0 以上，出生性别比也基本处于正常值范围内；1978~1990 年，总和生育率从 1978 年的 4.54 快速下降到 1990 年的 2.17，出生性别比也从 1978 年的 105.9 上升到 1990 年的 114.7，逐渐偏离正常值区域；20 世纪 90 年代以来，总和生育率在更替水平下方运行，震荡走低，2008 年达到 1.47，出生性别比呈现持续升高的态势，到 2008 年达到了 120 以上。

由此可见，出生性别比与实际总和生育率呈现反方向变动的特征，两者之间可能存在着关联性，但是，断言放宽生育政策限制就一定能够降低出生性别比，还为时尚早。为了验证生育政策对出生性别比是否有影响及其影响程度如何，需要进一步深入研究。

二、理论假设

为了全面解决中国人口问题，国家制定了分“三步走”的人口发展战略，第

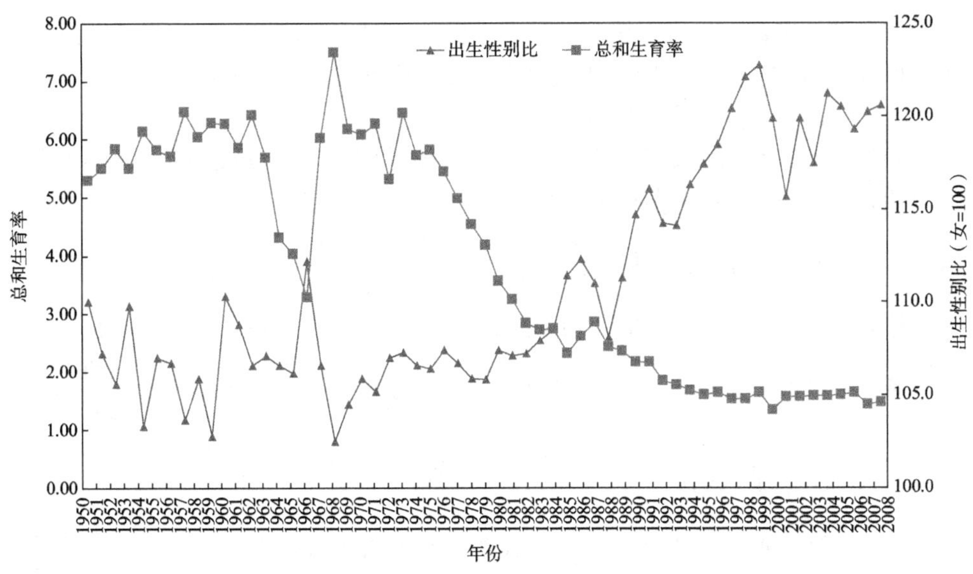

图 7.1　1950~2008 年中国出生性别比与总和生育率变动情况

一步已在 20 世纪 90 年代中期完成，生育率已经下降到更替水平以下，实现了由高出生、低死亡、高增长向低出生、低死亡、低增长类型的转变，当前正处于第二步之中[①]，因此，稳定低生育水平将是本研究理论假设需要考虑的基本前提。根据 1995 年以来的诸次生育意愿调查资料，希望生育两个孩子（特别是生育一男一女）的家庭占 70%以上，表明了人们对孩子数量和结构的生育意愿，这是理论假设需要考虑的生育路径选择（田雪原等，2005）。

假设 7-1：全国不分城乡均实行二孩生育政策，不允许任何家庭生育第三胎。

假设 7-2：生育政策的调整不影响第一孩的出生性别比。

假设 7-3：如果第一孩是男孩，那么第二孩的出生性别比为 105；如果第一孩是女孩，那么第二孩出生性别比将与同期执行一孩政策时的第二孩出生性别比持平。

假设 7-4：不存在性别选择性流引产男胎的情形。

三、计算模型与数据来源

（一）计算模型

由于我国大部分省份对农村人口实行一孩半生育政策，而对城镇人口实行一

① 人民网：http://theory.people.com.cn/GB/40553/5372613.html。

胎生育政策，因此，本书的研究分城市、镇、乡村三种情况分别构建数学模型。所采取的具体方法是，应用上述假设推算二孩生育政策下所生育的男孩数量和女孩数量，然后得到其对应的出生性别比。

假如不存在性别选择性流引产男胎的情形，那么，在普查或抽样调查资料（简称原始人口资料）中第一孩中的男孩数是一个较为固定的量。在二孩生育政策下，城市人口所生育的男孩数量为$N_{cm}=P_{cm}\times\left(1+\frac{105}{205}+\frac{100}{\mathrm{SRB}_{c1}}\times\frac{\mathrm{SRB}_{c2}}{100+\mathrm{SRB}_{c2}}\right)$，其中，$P_{cm}$为原始人口资料之城市人口第一孩中的男孩数；$\mathrm{SRB}_{c1}$和$\mathrm{SRB}_{c2}$分别为原始人口资料中城市人口第一孩和第二孩出生性别比；所生育的女孩数量$N_{cf}=P_{cm}\times\frac{100}{205}+P_{cm}\times\frac{100}{\mathrm{SRB}_{c1}}\times N\left(1+\frac{100}{100+\mathrm{SRB}_{c2}}\right)$；其出生性别比$\mathrm{SRB}_{c}=\frac{N_{cm}}{N_{cf}}\times 100$。

镇人口的情形与城市人口类似，其所生育的男孩数量为$N_{tm}=P_{tm}\times\left(1+\frac{105}{205}+\frac{100}{\mathrm{SRB}_{t1}}\times\frac{\mathrm{SRB}_{t2}}{100+\mathrm{SRB}_{t2}}\right)$，其中，$P_{tm}$为原始人口资料之镇人口第一孩中的男孩数；$\mathrm{SRB}_{t1}$和$\mathrm{SRB}_{t2}$分别为原始人口资料中镇人口第一孩和第二孩出生性别比；所生育的女孩数量$N_{tf}=P_{tm}\times\frac{100}{205}+P_{tm}\times\frac{100}{\mathrm{SRB}_{t1}}\times\left(1+\frac{100}{100+\mathrm{SRB}_{t2}}\right)$；其出生性别比$\mathrm{SRB}_{t}=\frac{N_{tm}}{N_{tf}}\times 100$。

乡村人口所生育的男孩数量$N_{vm}=P_{vm}\times\left(1+\frac{105}{205}+\frac{100}{\mathrm{SRB}_{v1}}\times\frac{\mathrm{SRB}_{v2}}{100+\mathrm{SRB}_{v2}}\right)$，其中，$P_{vm}$为原始人口资料中乡村人口一孩男数量；$\mathrm{SRB}_{v1}$和$\mathrm{SRB}_{v2}$分别为原始人口资料中乡村人口一孩和二孩出生性别比；所生育的女孩数量$N_{vf}=P_{vm}\times\frac{100}{205}+P_{vm}\times\frac{100}{\mathrm{SRB}_{v1}}\times\left(1+\frac{100}{100+\mathrm{SRB}_{v2}}\right)$；其出生性别比$\mathrm{SRB}_{v}=\frac{N_{vm}}{N_{vf}}\times 100$。

对于各省份或全国总体人口来说，在二孩生育政策下，生育的男孩数量$N_{m}=N_{cm}+N_{tm}+N_{vm}$，女孩数量$N_{f}=N_{cf}+N_{tf}+N_{vf}$，其对应的出生性别比$\mathrm{SRB}=\frac{N_{m}}{N_{f}}\times 100$。

（二）数据来源

为了增强计算结果的可比性以及分析结论的可靠性，数据来源于两套调查资料：一是2000年第五次全国人口普查各省（区、市）分性别、孩次的出生人口数据，各省（区、市）城市人口分性别、孩次的出生数据，各省（区、市）镇人口分性别、孩次的出生数据，各省（区、市）乡村人口分性别、孩次的出生数据；二是2005年全国1%人口抽样调查资料各省份分性别、孩次的出生人口数据，各省份城市人口分性别、孩次的出生数据，各省份镇人口分性别、孩次的出生数据，各地区乡村人口分性别、孩次的出生数据。

四、结果与分析

将所构建的模型公式分别应用到2000年第五次全国人口普查资料和2005年1%抽样调查数据中，计算得出的城市、镇、乡村及总体出生性别比，如表7.1和表7.2所示。需要说明的是，目前我国实行的是4类加1类地区计划生育政策（郭志刚等，2003），西藏藏族群众的政策生育胎次在二次以上，上述假设和模型公式不适用于西藏，因此，在对照表中未予考虑。将二孩生育政策下的出生性别比与原始人口资料中的数据进行分析比较，有如下七点发现。

表7.1　2000年二孩生育政策下的出生性别比与第五次全国人口普查数据对照表

地区	二孩政策				第五次全国人口普查			
	总体	城市	镇	乡村	总体	城市	镇	乡村
全国	115.71	115.90	117.86	115.12	119.92	114.15	119.90	121.67
北京	117.72	121.79	111.70	108.13	114.58	116.77	109.09	110.89
天津	112.36	112.46	105.34	117.69	112.97	108.70	104.86	123.84
河北	113.38	113.95	113.84	113.16	118.46	113.32	116.52	119.77
山西	108.31	108.50	110.65	107.70	112.75	109.64	114.55	113.31
内蒙古	109.54	110.03	105.47	110.85	108.48	105.02	103.05	111.79
辽宁	111.99	110.78	113.07	112.81	112.17	107.66	112.19	115.32
吉林	109.90	110.74	112.64	108.50	109.87	110.73	112.71	108.60
黑龙江	107.92	109.78	108.10	106.62	107.52	108.73	110.04	106.02
上海	118.03	116.14	125.73	121.35	115.51	112.67	124.46	123.54
江苏	124.53	119.66	126.42	126.45	120.19	113.01	121.74	123.16
浙江	112.65	114.66	112.99	111.36	113.11	112.65	112.94	113.39
安徽	124.55	116.83	127.49	125.71	130.76	112.94	125.86	134.76
福建	117.08	114.03	116.24	118.65	120.26	113.49	116.86	123.73
江西	127.23	124.79	128.76	127.40	138.01	126.38	133.70	140.82
山东	111.73	111.27	115.47	111.01	113.49	110.78	116.07	113.97
河南	120.74	119.62	127.30	120.21	130.30	116.65	133.67	132.32

续表

地区	二孩政策				第五次全国人口普查			
	总体	城市	镇	乡村	总体	城市	镇	乡村
湖北	126.12	129.14	126.70	124.11	128.02	122.25	124.53	131.76
湖南	120.25	117.73	121.20	120.81	126.92	113.04	119.62	131.25
广东	124.86	123.29	129.14	124.49	137.76	128.05	143.00	143.70
广西	118.94	120.63	127.59	116.71	128.80	122.68	136.95	128.33
海南	121.13	131.14	125.64	115.29	135.04	138.55	144.50	131.52
重庆	111.96	106.83	111.61	114.25	115.80	103.94	111.00	120.55
四川	113.14	111.92	109.84	114.23	116.37	111.15	108.62	118.80
贵州	100.54	107.94	111.03	97.62	105.37	106.73	114.42	104.14
云南	106.75	105.53	106.17	107.05	110.57	104.77	107.53	111.58
西藏	—	—	—	—	97.43	89.13	84.38	99.44
陕西	120.42	119.21	121.48	120.59	125.15	114.94	118.42	129.32
甘肃	113.61	115.90	114.70	112.83	119.35	111.28	116.60	121.17
青海	102.70	100.55	104.84	102.95	103.52	98.06	108.80	103.92
宁夏	108.32	112.85	101.06	108.34	107.99	102.89	98.35	110.35
新疆	104.94	104.98	106.14	104.67	106.65	105.87	107.97	106.65

表 7.2　2005 年二孩生育政策下出生性别比与抽样调查数据对照表

地区	二孩政策				抽样调查			
	总体	城市	镇	乡村	总体	城市	镇	乡村
全国	114.60	114.49	115.08	114.50	120.49	115.16	119.86	122.85
北京	115.54	118.87	114.33	101.73	117.81	120.21	134.78	104.03
天津	122.46	127.28	115.57	118.53	119.81	116.73	119.79	124.04
河北	113.58	110.52	115.79	114.07	119.42	111.66	121.26	120.88
山西	112.23	111.56	115.60	111.57	116.71	111.63	119.16	117.86
内蒙古	117.63	121.85	109.75	117.58	117.07	112.10	112.50	122.88
辽宁	107.42	107.78	99.77	109.84	109.45	110.38	95.30	113.49
吉林	108.77	106.56	114.22	108.43	109.25	103.47	115.09	110.41
黑龙江	105.79	101.54	115.57	105.94	110.69	110.43	128.35	106.89
上海	121.90	119.90	132.21	127.31	120.05	116.69	129.09	134.59
江苏	124.54	127.17	118.22	125.10	126.49	121.32	120.83	133.08
浙江	110.28	105.90	114.00	113.03	113.39	106.61	118.11	117.68
安徽	120.67	113.98	120.20	122.69	132.20	114.86	129.06	137.07
福建	121.68	131.09	109.97	120.88	125.89	133.25	109.12	129.07
江西	120.36	118.09	119.75	121.27	137.31	126.24	129.55	142.81

续表

地区	二孩政策				抽样调查			
	总体	城市	镇	乡村	总体	城市	镇	乡村
山东	109.94	108.79	107.83	111.61	113.39	110.99	108.82	116.28
河南	116.54	120.16	119.19	114.60	125.76	121.30	129.57	126.07
湖北	121.78	119.81	123.80	122.39	127.95	120.30	129.24	131.47
湖南	118.45	124.92	117.59	116.32	127.79	131.72	124.12	127.66
广东	115.01	114.42	116.62	115.17	119.93	115.78	122.47	124.13
广西	111.73	102.11	117.04	112.40	119.80	100.28	123.55	122.55
海南	115.46	124.66	107.62	110.55	121.97	135.29	115.50	116.43
重庆	108.52	105.58	108.96	110.49	111.19	101.47	110.18	115.47
四川	111.30	110.72	117.55	109.71	116.34	106.52	121.77	117.25
贵州	116.07	126.64	122.54	112.31	127.65	126.80	133.23	126.74
云南	108.68	105.14	105.92	110.44	113.16	106.20	105.86	116.37
西藏	—	—	—	—	105.15	114.29	112.20	103.75
陕西	122.97	124.61	117.70	123.91	132.11	130.31	120.70	136.12
甘肃	111.58	115.01	113.03	110.33	116.20	105.23	115.00	118.23
青海	109.67	101.13	115.30	110.86	116.91	103.55	124.40	118.15
宁夏	110.65	106.74	100.35	115.16	111.11	101.01	98.56	116.28
新疆	106.47	104.39	111.61	106.09	109.43	107.22	121.63	107.99

（1）与第五次全国人口普查数据相比，二孩生育政策下总体人口的出生性别比有所下降，镇和乡村人口出生性别比下降较多，而城市人口出生性别比略有上升。如果实行二孩生育政策，全国总体人口出生性别比将从 119.92 降低到 115.71，下降 4.21 个百分点；除北京、内蒙古、吉林、黑龙江、上海、江苏和宁夏略有上升外，其他省（自治区、直辖市）均出现了不同程度的下降，其中，海南、广东和江西 3 省的下降幅度达到 10 个百分点以上，分别下降了 13.91 个百分点、12.90 个百分点和 10.78 个百分点。全国镇和乡村人口出生性别比将分别下降 2.04 个百分点和 8.35 个百分点；除 12 个省份的镇人口和 2 个省份的乡村人口出生性别比有所上升外，其余均有不同程度的下降，下降幅度最大的是海南省的镇人口和广东省的乡村人口出生性别比，分别下降了 18.86 个百分点和 19.21 个百分点。全国城市人口出生性别比将从 114.15 上升到 115.90，升高 1.75 个百分点；分省市来看，只有 7 个省份略为下降，下降幅度最大的海南省人口出生性别比降低了 7.41 个百分点，其余的 23 个省份均出现了不同程度的上升，上升最多的是湖北省和江苏省，分别上升了 6.89 个百分点和 6.65 个百分点。

（2）与 2005 年抽样调查数据相比，二孩生育政策下总体、城市、镇和乡村人口出生性别比均有不同程度的下降，乡村的下降幅度较大。在实行二孩生育政策的情况下，全国总体、城市、镇和乡村人口出生性别比将比抽样调查时有所下降。分省市考察，无论是各省份的总体人口出生性别比，还是城市、镇、乡村人口出生性别比，整体呈现下降趋势变化。其中，江西省的总体人口、海南省的城市人口、黑龙江省的镇人口和江西省的乡村人口出生性别比下降幅度最大，分别降低了 16.95 个百分点、10.63 个百分点、12.78 个百分点和 21.54 个百分点。同时，也有 3 个省份的总体人口、6 个省份的城市人口和 2 个省份的镇人口出生性别比略有上升，天津市的上升幅度最大，达到了 10.55 个百分点。

（3）综合两套数据来看，实行二孩生育政策后，乡村人口出生性别比的下降幅度最高，镇次之，城市最低。从全国合计情况来看，二孩生育政策下乡村人口出生性别比比第五次全国人口普查和2005年抽样调查数据分别降低了6.55个百分点和 8.35 个百分点，镇人口出生性别比比第五次全国人口普查和 2005 年抽样调查数据分别降低了 2.04 个百分点和 4.78 个百分点，城市人口出生性别比比第五次全国人口普查和 2005 年抽样调查数据分别上升了 1.75 个百分点和下降了 0.67 个百分点。如果分省市进行比对，所得结论基本相同。根据 2008 年国家人口和计划生育委员会组织的综合治理出生性别比专家组赴 11 省调研情况，河北省承德市属于二胎地区但出生性别比也异常，2001~2006 年，承德市与邢台市、沧州市、邯郸市一样，其出生性别比高于河北省平均水平（全国关爱女孩领导小组办公室，2008），这也说明了生育政策对出生性别比的影响十分微妙，不能得出明确的作用关系。

（4）如果实行二孩生育政策，无论总体人口，还是城市、镇、乡村人口，其出生性别比在 2005 年抽样调查中均比在第五次全国人口普查中下降的幅度更大、下降的范围更广。从全国情况来看，总体人口出生性别比在抽样调查中从 120.49 下降到 114.60，降低了 5.89 个百分点，在第五次全国人口普查中从 119.92 下降到 115.71，仅降低了 4.21 个百分点。根据陈卫和翟振武（2007），通过教育数据调整的低年龄组性别比发现，我国实际的低年龄组性别比要比普查中反映的低 5~9 个百分点，这样，实行二孩生育政策可以使出生性别比下降到 110 左右的水平。

（5）分省份进行考察，如果实行二孩生育政策，总体、城市、镇、乡村人口出生性别比在抽样调查中分别有 27、24、28、30 个省（自治区、直辖市）下降，而其在第五次全国人口普查中分别有 23、6、18、28 个省（自治区、直辖市）下降，这说明出生性别比在 2005 年抽样调查中比在 2000 年全国人口普查中的下降省份的分布范围更广泛。通过对比两套资料数据发现，其原因在于，2005 年 1% 抽样调查中的一孩出生性别比普遍高于第五次全国人口普查资料中的一孩出生性别比。

（6）生育政策对出生性别比有影响，但不是出生性别比偏高的唯一决定因素。从以上的数据比较可以看出，实行二孩生育政策的确可以降低出生性别比的偏高程度，但其作用强度有限，在第五次全国人口普查中仅能使 1 个省份从出生性别比偏高降至正常值范围（云南从 110.57 降至 106.75），在 2005 年 1%抽样调查中，仅能使 2 个省区从出生性别比偏高降至正常值范围（黑龙江从 110.69 降至 105.79，新疆从 109.43 降至 106.47），这说明，生育政策不是出生性别比偏高的唯一因素。

（7）现有生育政策不允许第一胎生育男孩的妇女生育第二胎，在一孩半政策下，只允许第一胎生育女孩者生育第二胎，这不仅在政策上有误导人们生育男孩之嫌，更限制了在第二孩中有生育女孩意愿者和生育行为。“二孩政策”允许第一胎生育男孩的夫妇生育第二胎，而由于生育意愿的作用，“一男一女最理想，独子双子也风光”，他们往往不会进行性别选择，其生育的正常数量的女孩将摊低原已偏高的出生性别比统计值。值得注意的是，只要强烈的男孩偏好依然存在，而且性别选择技术可及，即便全面实行二孩生育政策，抑或取消对生育数量的政策限制，出生性别比仍将会高出正常值范围。

第二节　出生性别比与政策符合率变动关系

尽管各种不同来源数据所反映的出生性别比不尽一致，但是，全国出生性别比偏高是一个不争的事实。通过以上分析，我们发现：每种统计口径数据都有各自优势和特点，但其结果均可能偏离出生性别比真实值。那么，哪种统计口径出生性别比数据更接近真实值呢？经过认真权衡和比较，倾向于认为人口计生数据更有可能逼近真实值。鉴于数据可获得性，本节以安徽人口数据为基础，对出生性别比与生育政策符合率关系进行研究。

一、数据修正方法

人口计生系统形成了覆盖全体人群的工作网络，有着其他统计口径所无法比拟的优势，但是，出生性别比作为人口计生工作重要考核指标，必然存在人为因素干扰，最终使出生性别比数据发生系统性偏差。安徽在 2004 年就注意到了这个问题，开展了大规模的专项清理工作，打消基层顾虑，鼓励各级政府和相关部门摸实情、说实话、报实数、出实效。在制订考评方案过程中，一是大量引入育龄妇女信息系统（women information system，WIS），采取 WIS 备份对比和从 WIS 直接获取指标等方式，确保考评工作科学合理；二是放宽对二、三类县的评分标准，对以前年度出生人口数据进行回溯，而不影响当年的考核评估结果，考核指标以最近三年出生性别比的移动平均值为准；三是加大对出生人口数据造假的惩戒力度，将统计准确率作为一票否决指标。

由于考评方案可行，数据质量有了很大程度提高，三年前的 WIS 回溯数据基本上可以反映实际出生性别比，最近三年数据也有了一定改善，但仍存在人为干扰。通过比较表 7.3 中计生报表数据和 WIS 回溯数据，我们可以看出，三年前的 WIS 回溯数据均高于人口计生报表数据，而最近三年的 WIS 数据（还没有回溯的）与人口计生报表数据十分接近，说明最近三年的出生人口数据中存在瞒报、漏报女婴现象。由此可见，如果我们能够将最近三年瞒报、漏报的出生女婴提前反映出来，在最近三年 WIS 数据基础上进行适当修正（或者称为模拟回溯），修正后的 WIS 数据将基本接近于真实出生性别比。

表 7.3　安徽省出生性别比 WIS 修正数据计算表

年份	计生报表数据（1）	WIS 数据（2）	（3）=（2）-（1）	WIS 修正数据（4）=（1）+（3）
1995	116.3	126.3	10.0*	126.3
1996	118.0	127.2	9.2*	127.2
1997	118.5	126.5	8.0*	126.5
1998	120.3	126.9	6.6*	126.9
1999	125.2	128.2	3.0*	128.2
2000	125.9	127.6	1.7*	127.6
2001	123.0	127.7	4.7*	127.7
2002	121.4	129.4	8.0*	129.4
2003	119.4	128.9	9.5*	128.9
2004	130.6	132.6	2.0*	132.6
2005	125.9	132.9	7.0*	132.9
2006	124.0	129.5	5.5*	129.5
2007	121.9	121.5	6.3**	128.2
2008	122.8	123.8	6.3**	129.1
2009	118.9	119.4	6.3**	125.2

**表示带*的所有数据的算术平均数

具体修正方法如下：首先，计算 1995~2006 年的 WIS 回溯数据与人口计生报表数据之间的差距，求出这 12 个年份差值的平均数，该平均值表示过去每年瞒报、漏报出生女婴对当年出生性别比的平均影响程度；其次，将此平均值与 2007~2009 年的人口计生报表数据相加，使漏报、瞒报出生女婴提前反映到统计报表中；最后，将 1995~2006 年的 WIS 系统出生性别比数据与 2007~2009 年的修正数据合并，构成一组时间序列数据，此即为 1995~2009 年安徽省最接近真实值的出生性别比，其计算过程如表 7.3 所示。推而广之，我们也可以应用该修正方法对数据进行修正，得到各地市最接近真实值的出生性别比。

二、修正后的出生性别比变动趋势

根据安徽省出生性别比 WIS 修正数据进行分析，发现如下三个特点。

（1）各地市出生性别比从南向北渐次升高。各地市 1995~2009 年 WIS 修正数据显示，北部地区出生性别比偏高问题较南部地区严重，呈现“北高南低”态势，如果将安徽的 17 个地市划分为江南、江淮、淮北三个片区的话，这种趋势会更加明显。江南片区六市（黄山、池州、铜陵、宣州、芜湖和马鞍山）出生性别比偏高程度较低，尤其是黄山、池州和宣州出生性别比基本保持在正常范围上限附近；淮北片区六市（淮南、蚌埠、阜阳、宿州、亳州和淮北）出生性别比偏高程度最为严重，近 15 年来，一直在 130 左右小幅震荡，亳州市出生性别比则始终保持在 140 以上，偏高问题异常严重；江淮片区五市（安庆、巢湖、合肥、六安和滁州）出生性别比介于江南片区和淮北片区之间，除六安市出生性别比连续 10 年处于 130 以上外，其余地市的出生性别比均介于 120~130，如图 7.2 所示。

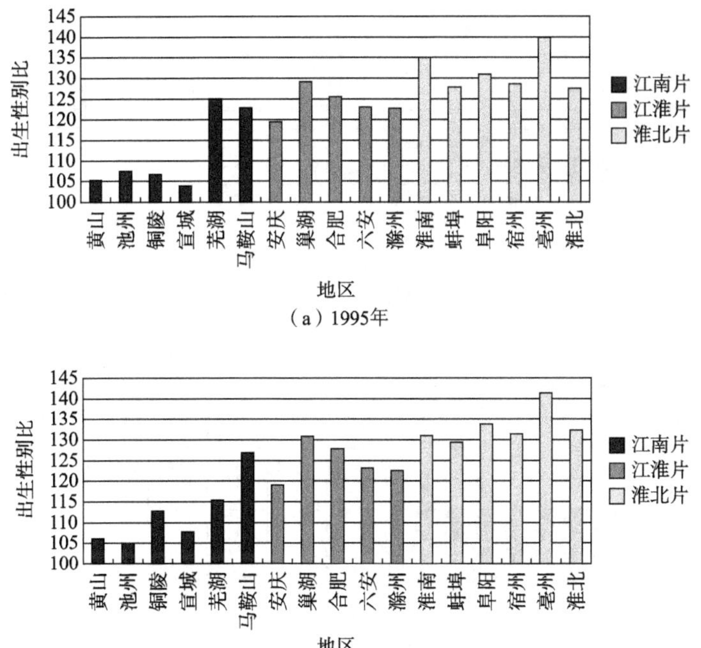

（a）1995年

（b）1996年

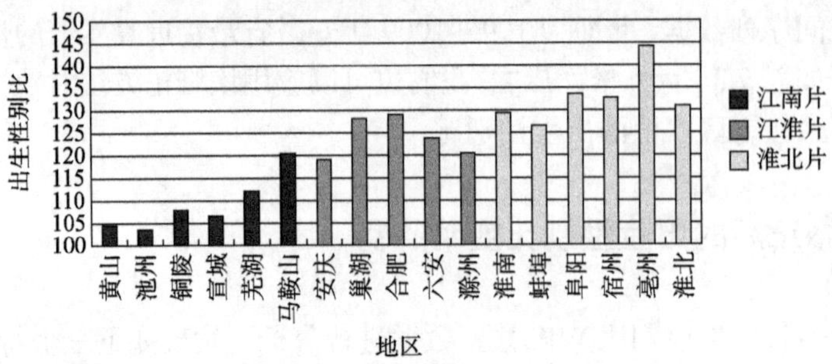

（c）1997年

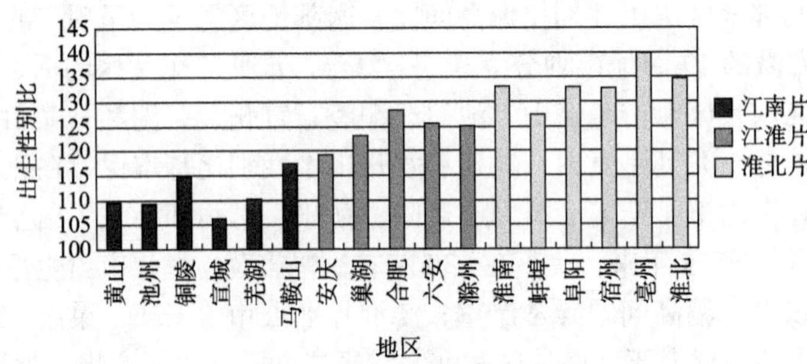

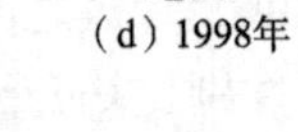

（d）1998年

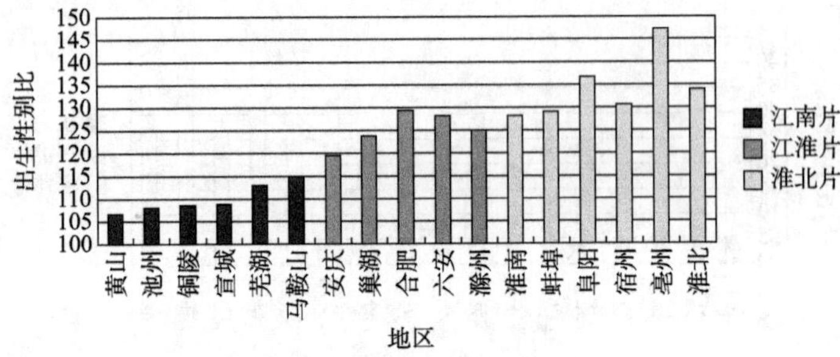

（e）1999年

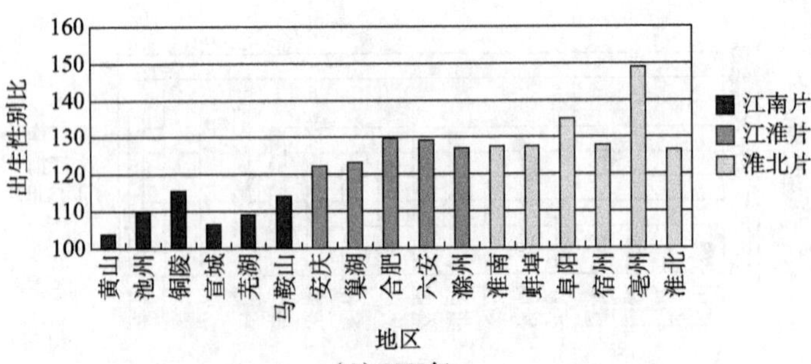

（f）2000年

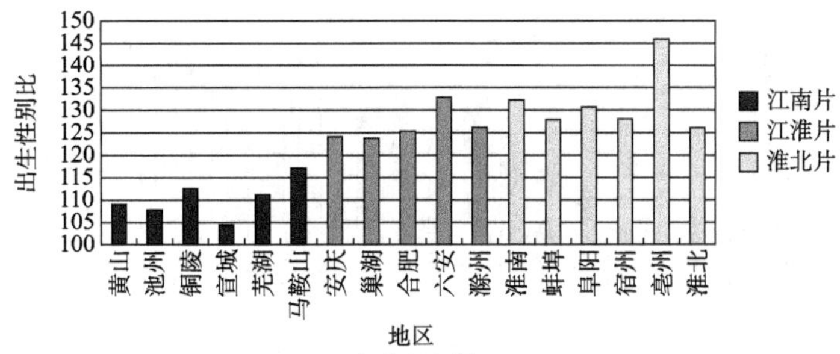

（g）2001年

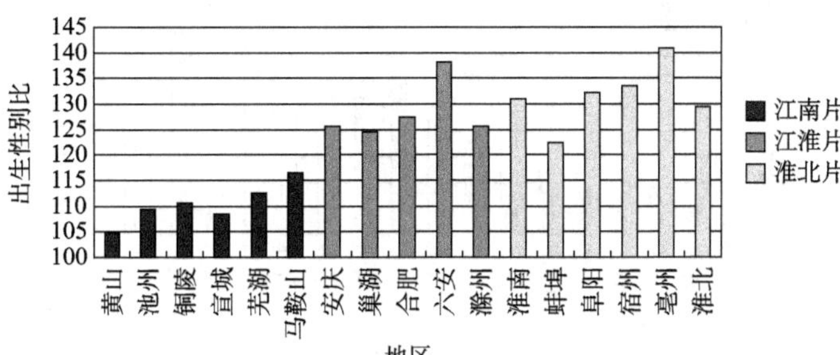

（h）2002年

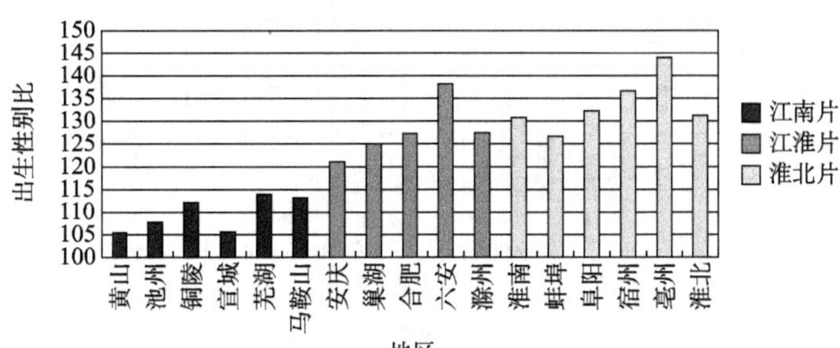

（i）2003年

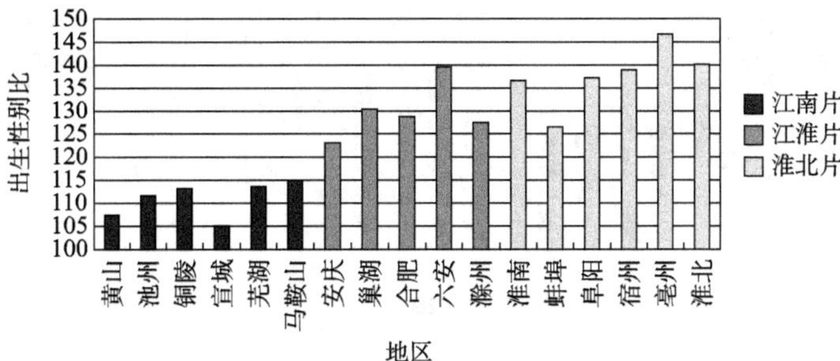

（j）2004年

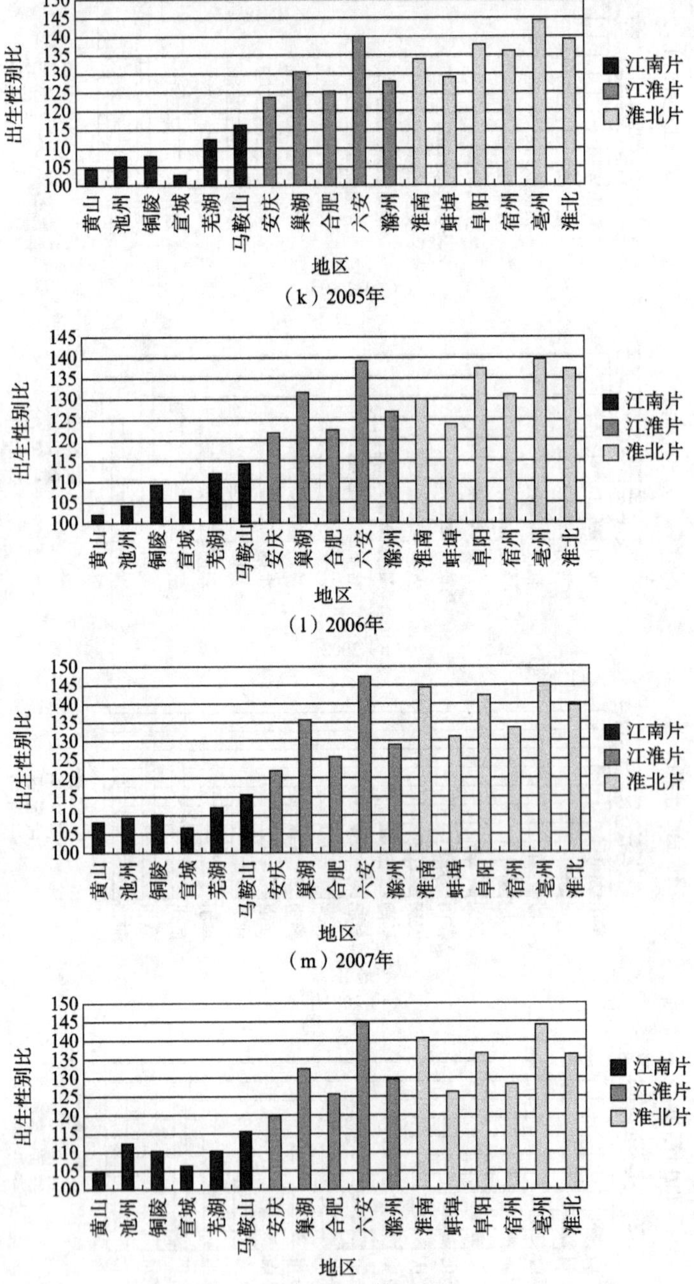

（k）2005年

（l）2006年

（m）2007年

（n）2008年

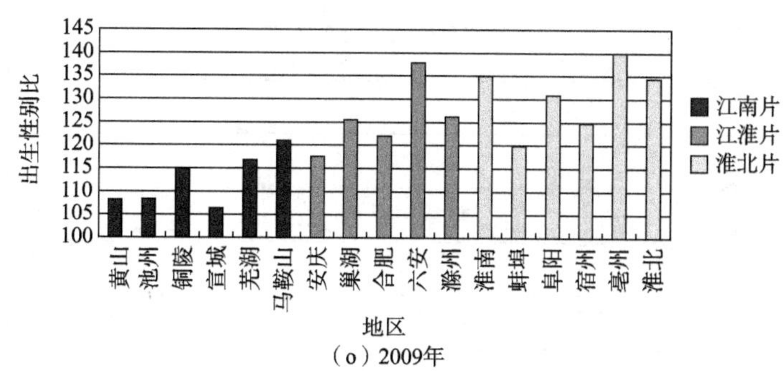

（o）2009年

图 7.2　1995~2009 年安徽省各地市出生性别比比较

（2）江淮和淮北片区初步遏制了持续上升势头，江南片区内部出现分化。从时间序列数据分析，江淮和淮北片区各地市出生性别比仍在高位运行，但基本遏制了持续上升势头，并出现下降迹象，其中，安庆是这两个片区首个下降到 120 以下的地市，2008 年和 2009 年的出生性别比分别为 119.89 和 117.56。值得注意的是，江南片区六地市出生性别比变动趋势有一定分化，黄山市和宣城市出生性别比围绕 107 窄幅震荡，基本处于正常值水平；池州市出生性别比略有偏高，15 年来，始终在 107~112 窄幅波动，总体比较稳定；经过近 10 年震荡整理，马鞍山、芜湖和铜陵出生性别比出现上升迹象，2009 年，马鞍山和芜湖的出生性别比分别达到了 120.99 和 116.75，接近江淮片区水平（图 7.3）。

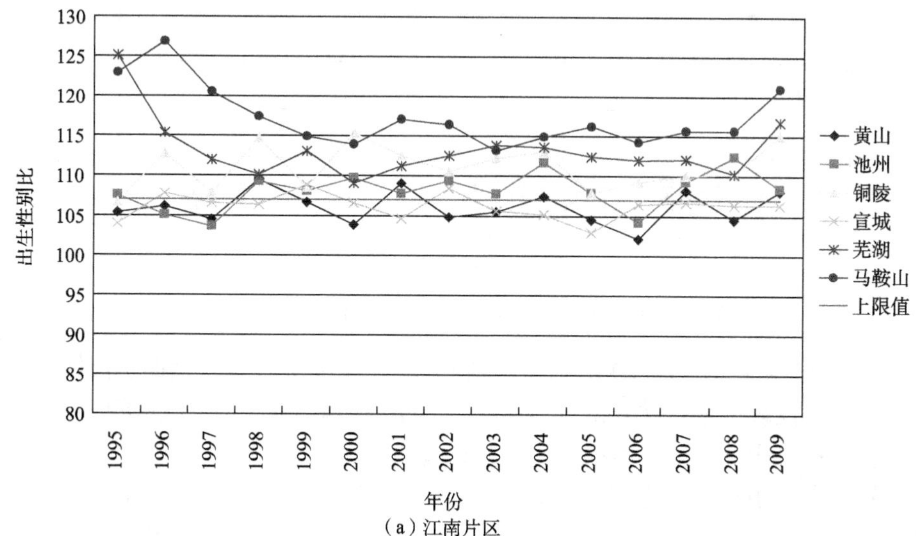

（a）江南片区

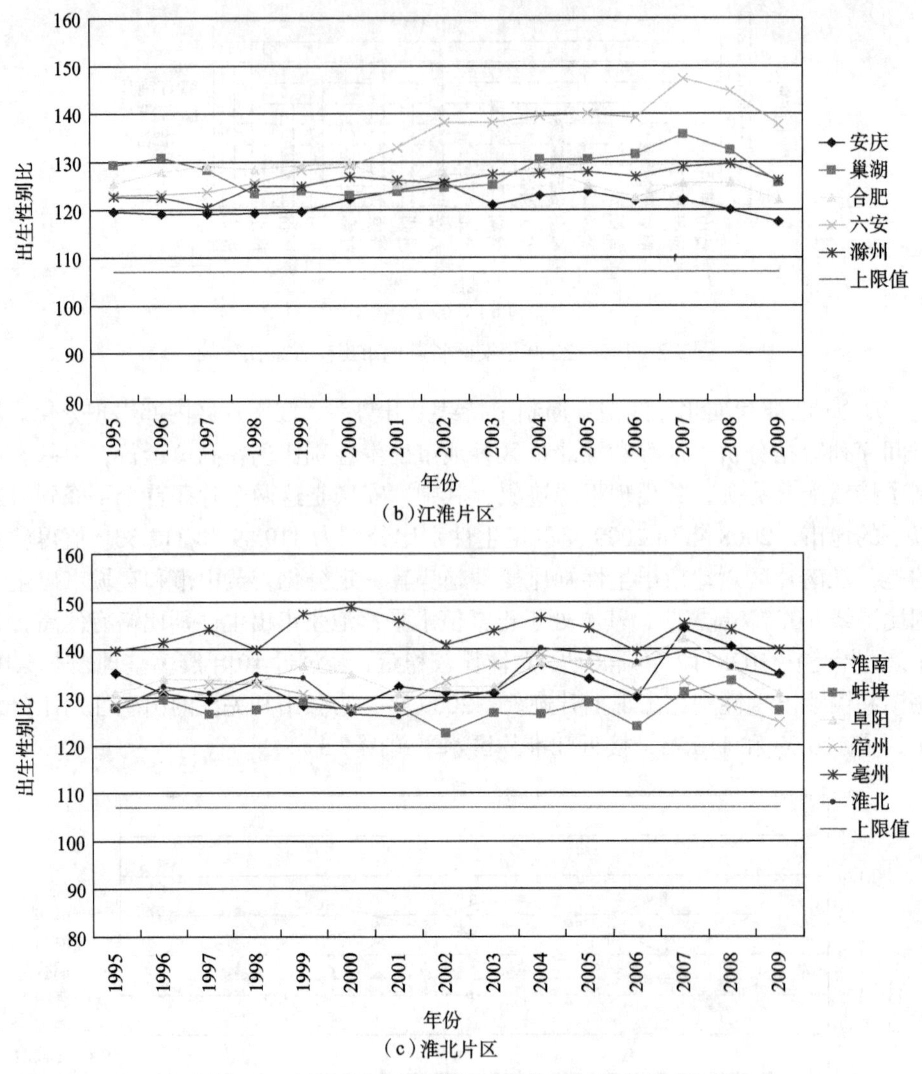

（b）江淮片区

（c）淮北片区

图 7.3　1995~2009 年安徽各地市出生性别比变动趋势

（3）出生性别比随孩次增加而急剧上升。将全省分孩次出生性别比修正数据进行比较，发现出生孩次与出生性别比之间呈现明显正相关性，随着孩次增加，出生性别比急剧上升。一孩次出生性别比基本正常，处于上限值附近；二孩次出生性别比介于 160~190 之间，2000 年达到最高点，并开始出现下降趋势，5 年间持续保持在 180 以下；多孩次出生性别比呈现快速升高态势，自 1997 年以来，始终保持在 200 以上，2000 年达到 230，2006 年开始猛增至 300 以上，如图 7.4 所示。由此可见，二孩和多孩次出生性别比极度偏高是推动出生性别比偏高、升高的动力。

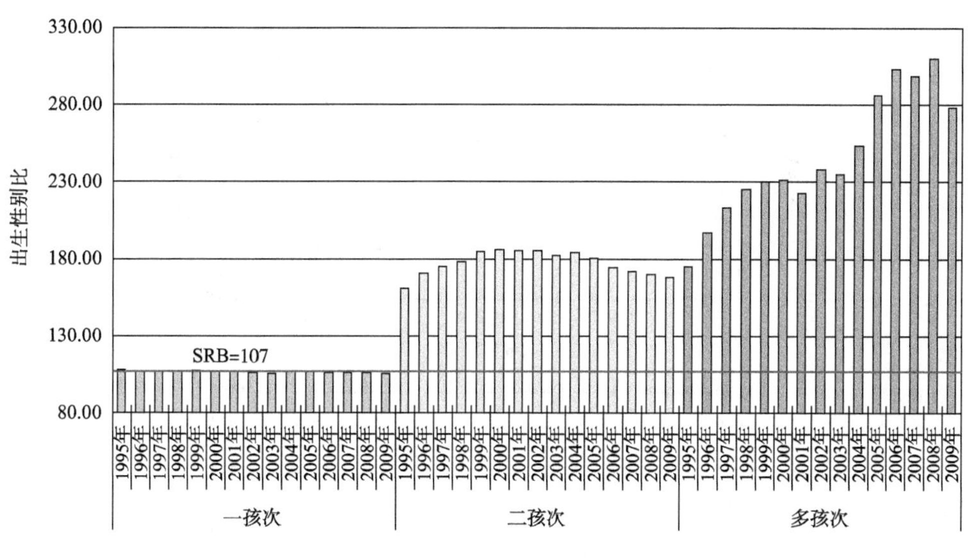

图 7.4　1995~2009 年安徽出生性别比分孩次分布情况

三、出生性别比与政策符合率描述性分析

通过实地调研和数据比较，发现人口计生管理服务能力与出生性别比偏高程度之间具有一定关联性。例如，对于安徽省纳入农村地区考评的 75 个县（市、区）来说，一类县人口计生管理和服务基础最强，二类县次之，三类县最弱，由此决定的生育政策符合率按一、二、三类县的顺序渐次下降，而出生性别比则依次升高，生育政策符合率越低的地区，出生性别比偏高程度越高，如图 7.5 所示。

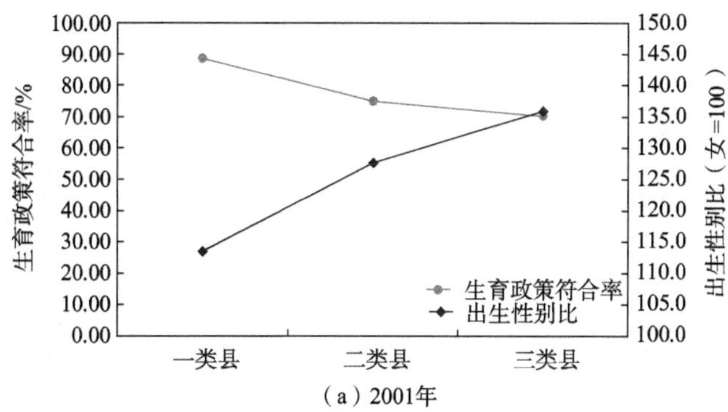

（a）2001年

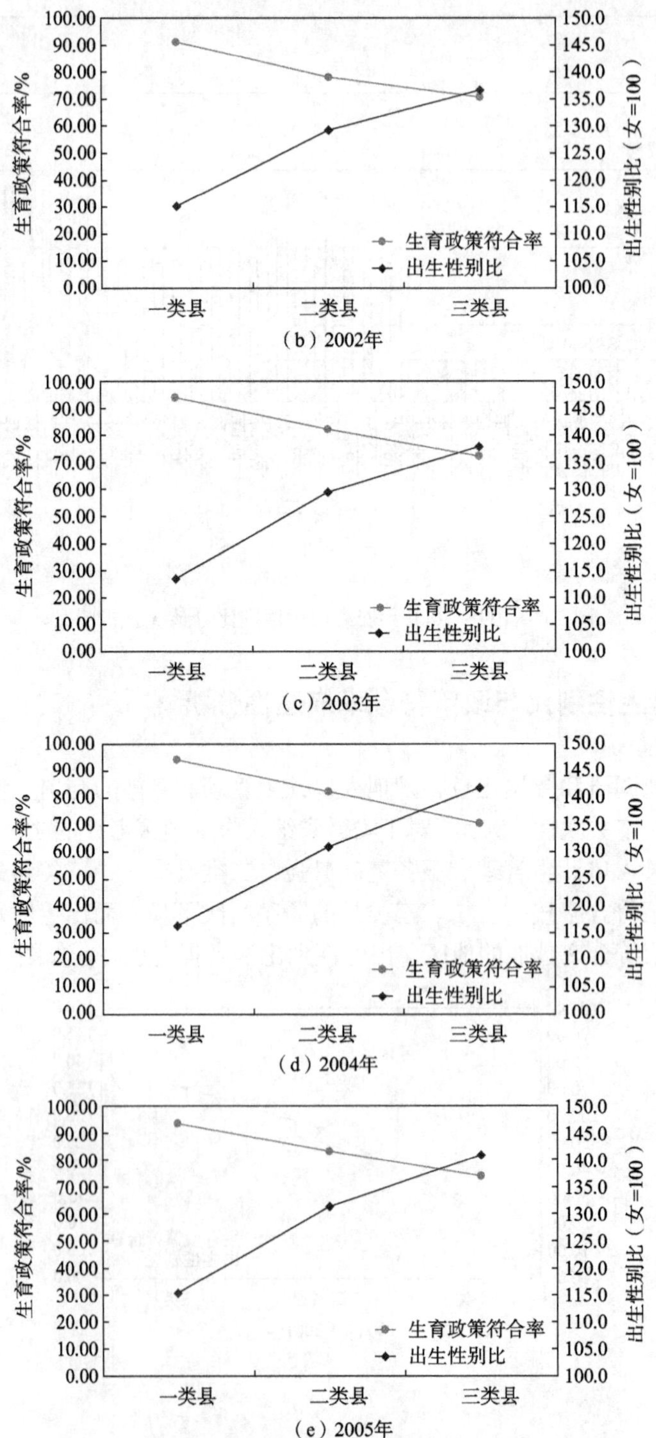

（b）2002年

（c）2003年

（d）2004年

（e）2005年

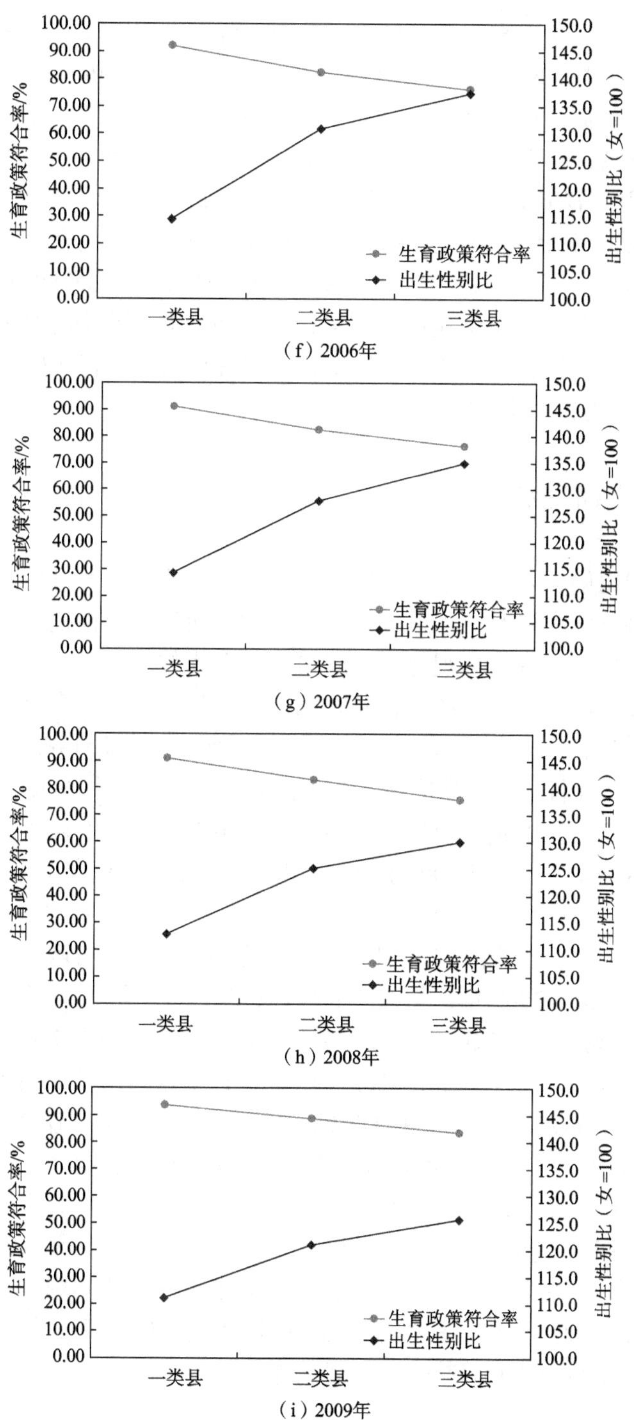

图 7.5　2001~2009 年安徽生育政策符合率与出生性别比变动关系

那么，出生性别比偏高程度与生育政策符合率之间所存在的这种负相关关系是否具有普遍性呢？两者之间的统计相关性又如何呢？有必要对安徽省 17 个市、44 个区和 59 个县（市）相关数据进行实证研究。由于出生性别比偏高是多种因素共同作用的结果，而不仅仅是生育政策符合率这一个方面，鉴于相关数据尚不完备，我们在回归分析时假设其他变量为常量，回归系数可以被视为生育政策符合率对出生性别比偏高的偏相关影响，也就是说，当保持其他因素不变时，生育政策符合率对出生性别比偏高的影响。在具体研究中，将 2000~2009 年数据分为 2000~2004 年和 2005~2009 年两个阶段，分别回归前后两个阶段生育政策符合率对出生性别比偏高的影响及其影响程度，并将统计指标进行比较，为有效治理出生性别比偏高问题提供政策依据。

四、实证研究结果

出生性别比偏高是多因素共同作用的结果，这些因素通过决定人们的男孩偏好、影响其偏好强度以及性别选择技术可及性，而使出生性别比偏高，当人们主观上存在强烈男孩偏好，客观上具备获得性别选择技术的能力时，将必然导致出生性别比偏高。本章最关心的是，各种因素对出生性别比偏高有哪些影响？其影响程度如何？我们以现有的 WIS 统计数据为基础进行实证研究。

为了提高可比性，实证研究所需数据主要来源于安徽省 WIS 系统。根据统计学理论，在计算出生性别比时所需样本量应该足够大，一般认为，只有当所选取出生人口样本规模不低于 3 000 时，所得出生性别比才能稳定可靠，因此，选取地市级和县区级，而没有将各乡镇出生性别比数据单独纳入研究之中。实证研究中，选取了 17 个市、44 个区和 59 个县（市）出生性别比和生育政策符合率数据，数据时间跨度为 2000~2009 年，将这些数据构造为研究所需的面板数据。

应用 Stata 统计分析软件进行回归分析，其回归结果如表 7.4 所示，数据表明：①在这两个时间段，出生性别比与生育政策符合率之间均呈负相关关系，且其 p 值均小于 0.001，说明回归系数在 95%的显著性水平下具有强显著性。②两个时间段的 R^2 比较小，分别为 0.24 和 0.59，这说明，生育政策符合率不能完全解释出生性别比偏高，除了生育政策符合率外，还存在其他因素影响着出生性别比偏高。③两个阶段的回归系数分别为−0.60 和−1.34，后一阶段回归系数的绝对值是前一阶段的二倍多，随着时间推移，政策符合率对出生性别比的影响越来越强，这也可以从 R^2 得到验证，后一阶段的解释能力明显强于前一阶段，提高生育政策符合率对于稳定出生性别比起着越来越重要的作用。

表 7.4　安徽出生性别比与生育政策符合率一元回归结果

时间段	SRB	系数	标准差	t 值	p	R^2
2000~2004 年	FCR	−0.598 809 3	0.049 481 1	−12.10	0.000	0.236 2
	常数项	173.659 1	4.120 175	42.15	0.000	
2005~2009 年	FCR	−1.340 494	0.506 199	−26.48	0.000	0.594 7
	常数项	237.300 3	4.380 885	54.17	0.000	

其实，从二孩和多孩出生人口结构也不难看出，人们进行多孩生育或者计划外生育的主要目的就是生育男孩，在这些人群中，有大量孕妇进行了产前性别鉴定和人工流引产女胎。以 2009 年的 WIS 系统统计数据为例，安徽省当年共出生 71.05 万人，其中，二孩次和多孩次分别出生 19.70 万人和 1.03 万人，一孩、二孩和多孩出生性别比分别为 105.13、167.77 和 278.46。我们可以根据第四章中的性别选择性流引产女胎公式进行分析实证测算研究：$\text{SSA} = \text{LB} \times \dfrac{\text{SRB} - \text{NSRB}}{\text{NSRB}} \times \dfrac{100}{100 + \text{SRB}}$（其中，SSA 表示成功实施“两非”的数量，LB、SRB 和 NSRB 分别表示年出生人数、实际出生性别比和正常出生性别比），计算结果主要表现在两个方面：①2009 年成功实施性别选择性流引产的有 4.88 万例。这蕴含着两层含义，一是预产期在 2009 年所有孕妇中，至少有 12.85%的人进行了产前性别鉴定，并确知了胎儿性别；二是性别选择性流引产掉的女胎占当年出生女婴的 14.67%，也就是说，在所孕女胎的妇女中，至少有 14.67%的人成功进行了性别选择性人工终止妊娠。②如果分胎次进行考察，生育一孩妇女中，至少有 0.03 万例进行了产前性别鉴定，占首胎次孕妇的 1.36%；生育二孩妇女中，至少有 4.40 万例进行了产前性别鉴定，占二胎次孕妇的 36.50%；生育多孩的妇女中，至少有 0.45 万例进行了产前性别鉴定，占多胎次孕妇的 60.77%。由此可以看出，为了有效地打击“两非”行为，需要重点抓好对二胎次和多胎次孕妇的管理和服务，按程序严格控制 B 超等性别鉴定技术和流引产技术的使用，依法查处“两非”行为。

研究结果的政策含义如下：在统筹解决人口问题的新形势下，夯实人口计生工作基础，加强技术服务、宣传教育、药具服务和计划生育综合管理，创新人口计生工作管理方式和服务方式，将能够有效减少计划外生育，并进而提高生育政策符合率，这对于抑制和降低安徽省出生性别比升高势头有一定的促进作用。同时，计划生育基础工作关系到人口计生网络建设、服务能力和管理水平，涉及人口数量控制、生殖健康服务、计生宣传教育、孕产期全程服务等方面，并间接影响到群众生育观念转变和男孩偏好强度，从生育政策符合率对出生性别比的影响系数来看，计划生育基础工作越来越成为决定出生性别比偏高程度的重要因素。因此，需要根据各地区实际情况，加强人口计生基础工作，强化人口管理和服务，这才是消除群众男孩偏好并最终降低出生性别比的治本之策。

第三节　本章小结

现有研究认为，现行生育政策挤压强化了人们的性别选择意识，导致了出生性别比失调，实行较为宽松的生育政策能够解决出生性别比偏高问题。那么，放宽生育数量限制是否能够解决出生性别比偏高问题以及实行二孩生育政策能够在多大程度上影响出生性别比，本章利用现有人口数据进行定量研究，从两个方面考察生育政策对出生性别比偏高及其偏高程度的影响。

一是通过总和生育率研究生育数量限制对出生性别比的影响。出生性别比偏高程度与总和生育率呈现反方向变动关系，说明两者之间可能存在一定关联性，研究发现，如果实行二孩生育政策，城、镇、乡人口出生性别比均有所下降，但其下降幅度不尽相同，乡村人口下降最多，镇人口次之，城市人口最少；如果分省份进行考察，实行二孩生育政策下的城市、镇、乡村人口出生性别比在抽样调查中分别有 24、28、30 个省（自治区、直辖市）下降，而其在第五次全国人口普查中分别有 6、18、28 个省（自治区、直辖市）下降。实行二孩生育政策的确可以降低出生性别比的偏高程度，但其作用强度有限，只要强烈的男孩偏好依然存在，而且性别选择技术可及，即便全面实行二孩生育政策，抑或取消对生育数量的政策限制，出生性别比仍将会高出正常值范围。

二是通过政策符合率研究计划生育管理对出生性别比的影响。出生性别比偏高程度与生育政策符合率之间均呈负相关关系，且其 p 值均小于 0.001，说明回归系数在 95%的显著性水平下具有强显著性，但其 R^2 值不足 0.6，说明生育政策符合率不能完全解释出生性别比偏高，而且分两个时段考察，后一阶段回归系数的绝对值是前一阶段的二倍多，随着时间推移，政策符合率对出生性别比的影响越来越强，说明加强计划生育基础管理工作对于治理出生性别比偏高问题是有一定效果的。从这个意义上讲，严格控制多孩生育和计划外违法生育，重点抓好对二胎次和多胎次孕妇的管理和服务，可以在一定程度上缓解出生性别比偏高的严峻形势。

第八章　出生性别比偏高问题治理路径

众多家庭集中采取性别选择性生育将会直接导致出生性别比偏高，给全国社会经济和谐发展带来严重影响，这是摆在政府和公众面前的一个重大课题，这也决定了解决出生性别比偏高问题是一项刻不容缓的重要任务。本章主要从治理可行性、路径选择和治理措施等方面，研究出生性别比偏高问题的治理措施。

第一节　可行性分析

关于出生性别比变化的未来趋势，存在着以下两种可能：一是出生性别比将继续上升或至少保持现有水平，在相对高位达到基本稳定，呈现长期持续偏高的状态；二是政府发挥政策导向作用，促使社会经济环境发生改变，使得出生性别比出现下降走势，并在数年后恢复到正常值水平。那么，能否扭转出生性别比升高势头并彻底解决出生性别比偏高问题呢？笔者坚信国家有能力遏制出生性别比升高势头并最终使之正常化，主要是基于理论和现实两个方面考虑。

一、理论可行性

出生性别比升高的机理已经表明：家庭是生育行为决策的主体，它将以自身利益最大化为目标，其生育决策和生育行为可以被视为一种理性行为，微观人口学的孩子成本价值效用分析和孩子质量对孩子数量替代机制已经给予了较好解释。贝克尔认为，由于现代社会孩子的直接成本和间接成本都很高，在家庭收入一定、父母时间有限的情况下，为了实现家庭效用最大化，父母将通过孩子质量对孩子数量替代来做出更有利的选择。在中国，当人们减少对孩子数量的需求时，希望取而代之的不仅有孩子质量，还有孩子性别。由于孩子性别是前置决策，孩子质量是后置决策，并且，由于在家庭经济和社会生活改善上，孩子质量的效用预期与孩子性别的效用预期相比，具有较大不确定性，因而对孩子数量的性别替代很可能优先于质量替代（吕昭河等，2005；杨成刚，2009）。

同时，人们在生育行为选择上还会受到群体理性的制约，不仅仅是生育家庭个体的理性决策过程，由群体理性选择替代和决定个体的理性选择是可能的。在当前的社会经济环境中，人们的思想深处不同程度地受到养儿传宗接代等传统生育文化的影响，传统生育文化与现实生活中的男孩效用相结合，使得男孩性别优势在生育决策中得到强化，这时的群体理性就是男孩偏好。当个体理性与群体理性不一致时，个体理性行为选择就会面临一个较为复杂的决策过程：对于具有风险偏好倾向的个体，其行为选择多会坚持个体理性；对于具有风险规避倾向的个体，其行为选择则多会依从群体理性，因为这样他可以规避个体决策错误的名誉风险（黄凯南和程臻宇，2008）。因此，原本男孩偏好强烈并选择生育男孩的家庭将坚持自己的个体理性，而本来并不介意孩子性别、甚至认为女孩可以给父母带来更多情感满足的家庭，当他是一个风险偏好者时，就会按自己意志行事，不进行性别选择，顺其自然生育；而当他是一个风险规避者时，就会受群体理性的影响而参与到性别选择中去。在现实生活中，人们对性别选择性流引产的需求具有攀比心理，个体通过性别选择性流引产而得到男孩的行为，将会起到示范作用，在能够选择性生育男孩的社会中，如果某个家庭生了女孩，往往会被视为没有社会关系和社会能力的表现，这种效应将在社会环境中得到强化，为人们进行性别选择性流引产起到推波助澜的作用。

从前几章的分析可知，生育男孩可以为个体家庭带来正效用，而同时也给社会产生负外部性，从而也就有了类似公共品的性质。个体性别选择性生育行为无论是出于个体理性还是受群体理性的影响，性别选择性生育的负外部性将直接降低社会的总效用，导致集体不理性。如果将性别选择技术服务视为一种商品，按照商品供给需求理论，人们对性别选择技术服务有着强烈需求，这是个体（家庭）追求自身效用最大化的结果，商品需求取决于人们男孩偏好程度，并受收入水平制约，商品需求曲线是一条向右下方倾斜的直线，个体之间的攀比效应使得商品需求函数相对更具有弹性，商品需求曲线也就会表现得更为平缓一些，用 D_1 表示。性别选择技术的广泛应用和普及可以增加商品供给，医疗机构（包括公立医院和私人诊所）是性别选择性流引产服务的供给方，只要购置了相应设备，供给方不必再额外增加成本即可极大化商品供应量，其边际成本较低，边际收益较高。另外，医疗机构还往往实行三级价格歧视定价的策略，按不同价格为不同收入水平者提供技术服务，从而增加性别选择技术服务的数量，减少消费者剩余，其总供给曲线可以近似成一条水平直线，用 S_1 表示，直线 S_1 与 D_1 相交于点 E_1，其对应的 Q_1 是供需平衡时进行性别选择的数量，如图 8.1 所示。

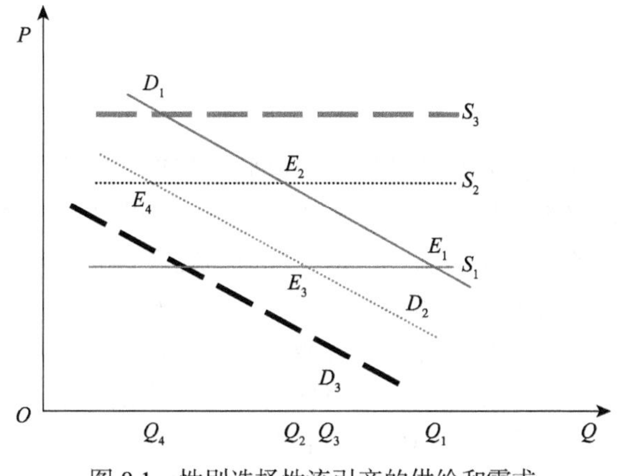

图 8.1　性别选择性流引产的供给和需求

在人们男孩偏好强度不变的情况下，需求曲线 D_1 将保持不变，如果附加性地提高服务成本，如加大违法成本，那么，供给曲线 S_1 将向上移动至 S_2，S_2 与 D_1 交于点 E_2，其所对应的 $Q_2 < Q_1$，表明商品成交量将有所减少，因性别选择而流引产的女胎数量也将相应减少，这时，出生性别比偏高问题稍有缓解。换一个角度来看，在商品服务成本不变的情况下，供给曲线 S_1 将保持不变，如果减弱人们的男孩偏好强度，那么需求曲线将向左移动至 D_2，S_1 与 D_2 交于点 E_3，其所对应量 $Q_3 < Q_1$，表明此时商品成交量比初始时有所减少，因性别选择而流引产的女胎数量也将相应减少，这时，出生性别比偏高问题将会得到缓解。在初始状态下，如果同时提高商品服务的附加成本并弱化人们男孩偏好，那么供给曲线将由 S_1 向上移动至 S_2，需求曲线将由 D_1 向左移动至 D_2，S_2 与 D_2 交于点 E_4，$Q_4 < Q_3$（或 Q_2）$<$ Q_1，表明商品成交量将进一步减少，因性别选择而流引产的女胎数量也将大幅降低，出生性别比偏高问题将会进一步得到缓解。如果在 S_2 和 D_2 的基础上，继续提高商品服务的附加成本并同时弱化人们的男孩偏好，那么供给曲线和需求曲线将分别移动到 S_3 和 D_3 的位置，二者没有交点，这意味着不能成功实现商品交易，不发生因性别选择而流引产女胎的现象，对应的出生性别比将处于正常范围内。

基于此，为能达到减少性别选择性流引产数量的目的，可以从供给和需求两方面入手，一是弱化人们的男孩偏好，二是大大增加医疗机构开展性别选择性引流产业务的成本。从理论上来说，如果政府能够有针对性地制定公共政策，并在制定过程中充分考虑目标群体在微观层面的需求，同时，从法律层面上限制违法开展性别选择技术服务的行为，加大执法力度，提高执法效果，使性别选择性生育失去技术基础，彻底转变重男轻女的生育观念，最终将个体生育决策行为引导到自然生育上来，那么，实现出生性别比正常化将指日可待。

二、现实可行性

针对当前出生性别比升高的状况，中国政府采取了一系列积极政策，以人的全面发展为中心，以维护妇女和儿童的生存、参与和发展的基本权益为目标，开展关爱女孩行动，建立相应的法律法规，明确规定任何机构和个人不得进行非医学需要的胎儿性别鉴定或者选择性别的人工终止妊娠活动。但是，从最近几年出生性别比变动趋势来看，其升高势头并没有得到根本遏制，表明人们性别选择性生育问题还很严重。既然在理论上可以使出生性别比恢复到正常水平，那么在现实中，是否也存在遏制出生性别比升高趋势并使之正常化的成功案例呢？答案是肯定的，韩国在治理出生性别比偏高工作中所取得的成效就是最好的例证。

从变动走势上来看，韩国的出生性别比变化可分为两个阶段：一是震荡上升阶段（1980~1993 年），1980 年，韩国的出生性别比开始接近正常范围的上限值 107，自此以后，开始呈现偏高并持续上升的趋势，从 1980 年的 106.9 震荡上升至 1990 年的 116.5，1993 年的出生性别比达到次高点 115.3。二是持续下降阶段（1994~2008 年），韩国的出生性别比偏高现象出现明显改观，从 1994 年的 115.2 持续下降到 2008 年的 106.4，并自 2007 年开始，降至正常范围 103~107 以内。从图 8.2 可以发现，在这两个阶段，出生性别比与总和生育率的变化方向上有一定差异：在第一阶段，出生性别比随着总和生育率的下降而上升，其可能的解释是，在人们的男孩偏好依然强烈的情况下，生育率下降对生育数量造成挤压，促使人们通过性别选择来达到生育男孩的目标；在第二阶段，出生性别比和总和生育率出现了同时下降的走势，总和生育率持续下降并自 2001 年开始降至 1.3 以下，但是，出生性别比却自 1997 年开始稳定地下降到 110 之下，2007 年和 2008 年连续两年处于正常值范围内，这是与群众传统生育观念的转变分不开的，同时，也说明政府和社会的有力干预是可以有效治理出生性别比偏高问题的。

那么，韩国是如何达到改善出生性别比状况的呢？自 1980 年以来，韩国政府在出生性别比治理方面主要采取了四项举措：一是广泛深入地开展宣传教育活动。利用人口日等各种机会多形式地发放宣传品、出版物等，宣传有关维护女童权益的法律、法规，以及政府关于禁止使用超声波技术或其他技术手段进行性别鉴定、禁止非医学目的的性别选择性流引产的规定，并在小学、中学、大学课程里设置了男女平等和正确认识性别问题的课程，使人们认识到出生性别比失衡给社会发展和子孙后代带来的严重后果。二是修订相关法律法规，加大对非法胎儿性别鉴定的处罚力度。1987 年韩国修改了《医疗法》，禁止进行胎儿性别鉴定，并对违反者处以取消医师资格惩罚；1994 年又修改了《医疗法》第 67 条，规定对违法者

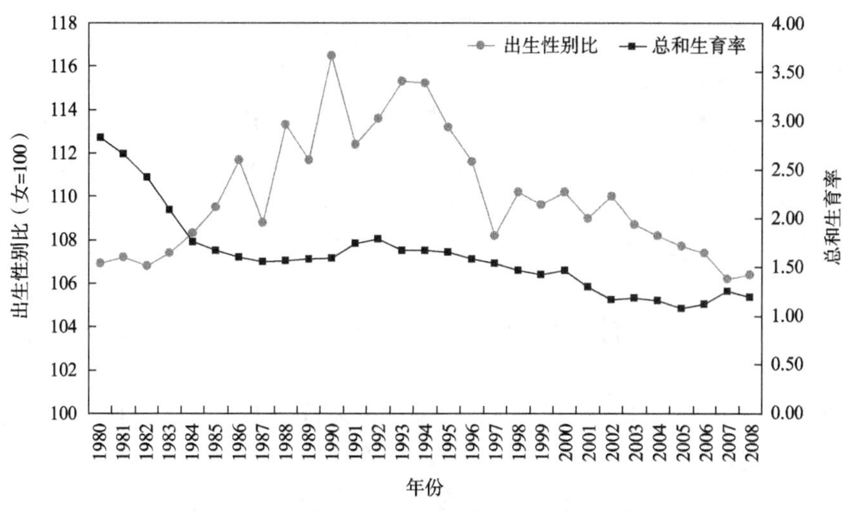

图 8.2　1980~2008 年韩国出生性别比与总和生育率变化趋势

资料来源：韩国统计局网站相关数据

处以 3 年有期徒刑和 1 000 万韩元罚款。自 20 世纪 80 年代以来，约 30 名医生因此被吊销了执业证书，还有一些从事胎儿性别鉴定的医疗人员被拘留、起诉。同时，作为民间组织，韩国医师协会开展了自律实践活动，促使医务人员自觉杜绝参与胎儿性别鉴定与性别选择性流引产女胎行为。三是以经济发展为支撑，建立良好的社会保障制度，使养老金成为生活的主要来源，降低老年人对家庭和儿子养老的依赖；同时，注重建立社会福利制度，出台了《母子保健法》、《母子福祉法》、《婴幼儿保健法》及《禁止男女差别及救济》等多项法律法规，健全以所有女性为福利对象的福利政策，提高女性经济地位。四是建立有利于提高妇女社会地位的国家制度，发挥国家制度在推动性别平等事业和社会可持续发展方面的作用，多年来，韩国政府以提高社会地位和促进社会性别平等为核心，制定相应的规定和政策，充分发挥法律、行政、教育、福利机构等部门的作用，同时，其政策的实施也从以“妇女为主”向以“性别为主”转变，并进一步向“性别主流化”方向发展（尹毫等，2007；韦艳和梁义成，2008）。

因此，只要建构并完善公共政策体系，有针对性地调整和修订相关的法律规定，严厉打击非法胎儿性别鉴定行为，促使群众转变传统重男轻女思想，帮助人们树立“生男生女一样好”的新型生育观念，努力促使出生性别比走向正常。

第二节　局限性分析

多年来，通过政府、社会、公众等多方面的努力，出生性别比升高趋势有所减缓，但还没有得到根本遏制。传统生育文化的改变需要一个长期的渐进过程，社会经济政策在具体实施过程中与人们的需求还有很大差距，仍然存在着女性就学、就业等新型性别歧视问题，并未从相应法律法规的制定和执行上得到根本解决，法律和政策规定之间还存在着一些不协调之处，从而使执行效果大打折扣，难以达到预期的法制和政策目标。实地调查了解到，国家和地方政府在综合治理出生性别比偏高问题的工作中，还存在着一些不妥之处，主要体现在以下八个方面。

一、出生数据统计制度不规范，数据问题困扰着对实际形势的判断

目前，与出生性别比相关的统计数据主要来自计生、统计、卫生、公安、教育等多个部门，数出多门现象的存在给政府准确判断形势和制定相应决策带来困扰。第一，受统计方法、口径和目的的影响，不同部门之间的数据差距较大。数据不实、数据混乱、数据不准严重困扰对形势的正确判断和决策。第二，更为严重的是，各地计生和统计普查所获得的出生性别比的动态变化差异较大，个别省份不同口径出生性别比的变化趋势甚至完全相反，使决策陷入困惑。第三，部门间存在数据垄断和信息封闭现象比较普遍，缺乏数据交流和共享机制，这既增加了行政成本，又影响了部门协作，还有的部门在数据统计中缺乏性别区分意识，部分医疗机构没有引产性别记录。

二、部门和区域协调不到位，未能真正形成全国区域协作“一盘棋”

综合治理工作是一项复杂的社会系统工程，需要配套的政策、部门间的协调和区域间的协作。目前的总体协调问题主要有两点：一是相关部门对综合治理工作还只停留在“共识”阶段，并没有形成“共识”局面。“两非”案件具有线索发现难、调查取证难、法律定性难、责任追究难的特点，决定了必须加强计划生育、卫生、药监、公安等部门的通力合作，而目前部门协调机制尚未落实，尤其是中央层面的协调机制还不健全，相关部门职责不清或者执行不到位，问责制缺失。二是流动人口服务和管理的区域合作机制不健全。由于流动人口增加和城镇化建设推进，城乡结合部、都市村庄成为计划生育管理的薄弱部位，给综合治理工作带来一定难度，各行政单位交界区域成为性别选择性流引产问题高发区。根据湖南省人口和计划生育委员会的相关调查资料，2006 年湖南省流动人口出生性别比为 156，远远高于同期常住人口出生性别比，而且在省市区交界地区，“两非”违法行为尤为严重[1]。

---

① 全国关爱女孩领导小组办公室.出生性别比偏高 11 个重点省区调研报告集，2008。

三、公共政策中的相关制度安排不配套，对专项治理工作形成一定制约

正式制度之间的配套安排是十分重要的，许多制度安排是紧密关联的，一个特定的制度安排的变迁，将会引起其他相关制度安排的不均衡。通过对各地的实地调研发现，经济领域和社会领域在做出诸多新的制度安排时，由于未能充分考虑人口发展因素，没有与人口计生领域的制度安排相配套或衔接，产生了许多不利于计划生育管理的问题。自中央提出构建社会主义和谐社会重大战略任务以来，国家推出了一系列授利于民、造福于民、方便于民的惠民政策，覆盖了农民增收、改善公共服务和社会管理等各个方面，这些政策带有明显的普惠性质，在资格认定上，仅仅根据个人经济条件进行筛选，而没有考虑受益人是否曾经违反计划生育政策，也没有针对独女家庭或双女家庭的特殊优惠措施①。从调研所掌握的资料看，这些政策冲淡了人口计生利益导向政策的引导作用，导致了惠民政策与计划生育政策在导向上的冲突，给人口计生政策的执行和出生性别比综合治理工作带来了不利影响。

另外，农村养老保障效果不甚明显，制度之间缺乏有效的衔接。目前的社会保障制度主要覆盖城镇居民，而我国一半以上的居民生活在农村，农村居民所能享受的保障项目少且保障水平低，农村已有的由政府提供的养老保障项目主要有：最低生活保障制度、“五保”供养制度、农村社会养老保险制度、农村合作医疗制度等，但保障水平有限。养老保障制度在设计上存在多元性，在城镇职工、机关事业单位、被征地农民、城镇老年居民等不同人群之间实行不同的养老保险制度，在多套保险制度之间没有形成互通互联、合理衔接的机制，当被保险人的个体身份发生变化时，不能从原有的保险制度中直接转入新的保险制度，产生制度上的缺憾，造成被保险人的损失②。

四、各项投入明显不足，限制了专项治理工作的深入开展

资金投入是保障落实打击“两非”、孕产期全程服务、宣传教育等一系列政策措施的前提。一方面，无论在国家层面还是在地方层面，综合治理工作的经费投入明显不足，一些出生性别比严重失衡的地区，亟须大笔查处“两非”案件的办

① 山东社会科学院网：http://www.sdass.net.cn/sdass/webpublish/block.254.view.detail.newsdetail?key=1248；国家人口计生委网：http://www.chinapop.gov.cn/rk/t/dybg/200902/t20090203_164891.htm。

② 中国社会保障网：http://www.cnss.cn/new/bjzm/wys/200907/t20090727_238365.htm。

案经费，同时，加强孕产期服务工作，也需要必要的经费保障，由于财政投入政策无法落实到位，群众迫切需要的一些服务难以得到满足，综合治理长效工作机制难以维持。

另一方面，为农村地区制定和落实一系列有利于女孩和女孩家庭的社会经济政策，需要有足够的经费投入予以支持，限于财政投入有限，计划生育利益导向政策措施碎片化、力度小、种类多、范围广，难以形成合力，并不能从根本上对群众的生育决策产生实质影响，从而制约了人口计生利益导向政策的实施效果。

五、各地政府重视程度有差异，部分地区对专项治理工作认识不到位

目前，在对综合治理出生性别比偏高问题的认识上，还存在一些偏差和不和谐之处：一是不承认出生性别比偏高的现实，或者对形势的判断过于乐观，或者认为出生性别比偏高是假性的，对综合治理工作缺乏紧迫感；二是虽然认识到出生性别比偏高的事实，但是对其严重后果认识不足，没有采取切实可行的措施进行治理，不敢面对现实情况和承担责任；三是认为人口计生工作的重点是控制人口数量，综合治理工作不是人口计生部门的职责，对综合治理工作存在畏难情绪，认为综合治理工作是一项难度很大的任务，是全社会的事情，人口计生部门无力承担，并以此为托词，抓而不紧或放松工作。正是由于思想认识和工作措施不到位，制约了部分地区综合治理工作的推进力度，影响了综合治理行动的整体进程，各地综合治理工作表现出一定的不平衡性。

六、打击“两非”处于两难境地，有待进一步深化对依法行政的认识

几年来，出生性别比严重偏高的几个省区在打击“两非”上投入了巨大人力、物力和财力，但是，治理效果并不是特别理想。在实际查办过程中确实存在着取证难的问题，但更重要的是目前打击“两非”的法律依据不足，《中华人民共和国刑法》第 336 条并不能成为开展行动的法律依据，各地区的打击“两非”工作仍然依靠的是行政干预。这些强硬的行政手段和高压态势，与“以人为本，依法行政”的要求相悖，因而处于“查处难、成本高”的两难境地，这种行政干预式工作具有明显的阶段性，难以持续推进，有必要加强对“两非”案件办案人员的培训，提高政策水平，强化法律意识，使其正确把握政策尺度，坚持事实清楚、证据确凿、程序合法、定性准确、处理到位的原则，依法行政，

提高质量，不留隐患。

七、对私营医疗机构管理力度较小，给“两非”行为以可乘之机

目前的医疗机构正处于多种所有制并存的阶段，在公立医院施行引产手术需要一系列证明文件和程序，而政府对私营医院和个体诊所的管理力度相对较弱，其引产手术普遍存在着费用低廉、手续简单的特点，住院分娩的份额在公立医院、私营医院、个体诊所之间平分秋色，甚至私营医院份额有逐年增大迹象。由于“两非”行为大多发生在个体诊所和私营卫生医疗机构，但牵头查处的是人口计生部门，执法的权限受到一定的限制，致使一部分违法人员逃避法律的追究，特别是对个体医生，除了罚款外，最重的也仅能吊销医师执业证书，但两年后就可以重新注册，一些性质极为恶劣、社会影响极为严重的违法者不能受到应有的制裁，削弱了打击“两非”的力度。

八、违法生育的主要目的是性别选择，计划生育基础工作仍有待加强

当前计划生育工作管理力度的强弱依旧是影响出生性别比的重要因素。新时期的人口和计划生育工作进入了稳定低生育水平、统筹解决人口问题、促进人的全面发展的新阶段，需要同时处理好稳定低生育水平与统筹解决人口素质、结构和分布问题。在新的人口形势下，部分地区对控制人口数量工作有所忽视，计划生育管理工作仍然存在着较多漏洞，部分基层干部出于讨人情、拉选票等动机，疏于计划生育管理工作，甚至还存在着个别工作人员与群众串通造假的行为，在当地的信息报表中，相当多的违法生育者生育后还依然显示为落实长效避孕措施，而这些人员违法生育的目的恰恰是性别选择性生育，即流女留男。

第三节　治理路径分析

一、出生性别比变动阶段分析

作为一种人口现象，出生性别比变动有着一定规律性。根据出生性别比偏高问题与其决定因素之间的关系，参考和借鉴我国部分地区和韩国出生性别比的发展历程和变化特点，可以描绘我国出生性别比变动趋势，如图 8.3 所示，出生性别

比有着较为明显的阶段性，从时间上划分，大致可以分成如下五个阶段。

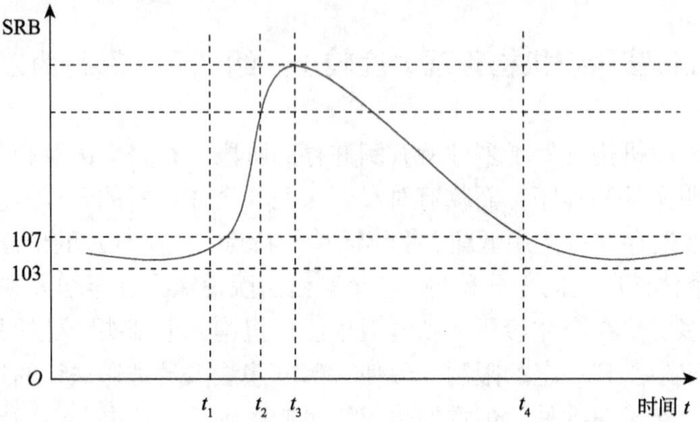

图 8.3　我国出生性别比的变化趋势模拟图

（一）阶段Ⅰ：t_1之前出生性别比基本正常，但 0~4 岁年龄组性别比偏高

尽管人们存在强烈的男孩偏好，但由于没有生育数量的限制，也没有精准的产前性别鉴定技术可供利用，出生性别比围绕着 105 窄幅波动，基本保持正常，不存在出生性别比偏高的问题。此时，人口与经济间的主要矛盾是生活贫困与人口数量之间的矛盾，越穷越生、越生越穷。由于生活条件较差，一些家庭没有能力养活那么多孩子，在营养、照看、医疗等方面不给女孩以男孩般的待遇而致其夭折，极少数的家庭甚至采取溺杀女婴的极端方式，虽然出生性别比正常，但大量的女婴缺失导致了 0~4 岁组的男女性别比偏高。

（二）阶段Ⅱ：$t_1 \sim t_2$出生性别比接近并突破上限值，呈快速上升之势

随着现代医学技术的发展，先进可靠的胎儿性别鉴定技术和人工流引产技术开始应用于临床实践，这正好适应了男孩偏好强烈者的性别选择需求。性别选择性人工流引产率先在经济发达的沿海地区得到推广和应用，导致这些地区出生性别比首先升高。但是，在是否“真性偏高”问题上，人们受惯性思维和统计资料的局限，对此仍然存在疑问和争论。但是，出生性别比升高并没有因为人们的争论而放缓，呈现出快速上升之势，进行性别选择性人工流引产的现象在全国各地（尤其是在东、中部地区）开始扩散，泛滥的性别选择性流引产降低了女婴的出生率，导致大量女胎缺失。

（三）阶段Ⅲ：$t_2 \sim t_3$在阶段Ⅱ的基础上，出生性别比继续升高，但上升速度有所放缓，在高峰处出现拐点

这是阶段Ⅱ的发展和继续，出生性别比进一步升高，平均会达到 120 以上，

个别省（自治区、直辖市）将高于130，并呈现从沿海地区向内地地区、从东部地区向西部地区不断蔓延的特征，这将不再是局部的、而是全国性的人口问题。严峻的形势摆在世人面前，国家和社会公众逐渐认识到出生性别比偏高问题及其给社会带来的严重危害。

（四）阶段Ⅳ：t_3~t_4出生性别比从最高点缓慢下降，最终接近正常值

出生性别比偏高问题及其造成的社会后果受到政府和社会的普遍关注，开始制定有效的社会公共政策和利益导向机制，并建设社会主义新型生育文化，各项制度的成效逐渐显现。随着社会经济发展和城镇化水平不断提高，群众的男孩偏好有所弱化，同时，依法严厉查处“两非”案件也对性别选择性流引产行为形成了高压态势，出生性别比偏高得到初步遏制。此时，下降态势还不是十分稳定，依然存在反弹可能，面临的主要问题是如何维持住出生性别比下降的良好局面。

（五）阶段Ⅴ：t_4以后出生性别比重新恢复到正常值范围内

人们的男孩偏好不再特别强烈，基本符合了“生男生女、顺其自然”的理念，出生性别比在正常值范围内波动。此时，总体上不再存在出生性别比偏高问题，但并不排除个别地区出生性别比出现暂时性轻微偏高的可能，此时的主要矛盾是人们为追求健康和谐生活而不断提高的对公共产品和服务的需求与政府供给之间的矛盾。

各个阶段之间是密切联系的，前一阶段是后一阶段的基础，为后一阶段取得良好治理效果提供基础保障；后一阶段是前一阶段的拓展，其治理效果充分体现前一阶段的工作积累。

二、各阶段可采取的工作策略

在具体的治理工作实践中，采取的治理措施应与其所处的特殊阶段相适应，在不同的发展阶段，所采取的治理措施亦应有所侧重，因时制宜，有的放矢。

在阶段Ⅰ，社会生产条件比较落后，人们主要从事农业、简单手工业等体力劳动，男孩将成长为家庭的主要劳动力，并主要承负养老功能，男孩给家庭带来的预期效用远远高于女孩，再加上传统的生育观念，人们表现出明显的男孩偏好。在t_1之前，由于没有生育数量的限制，也没有先进可靠的产前性别鉴定技术可供利用，再加上多养育一个孩子所需付出的教育、生活等边际成本较低，人们通过多生育孩子来提高获得男孩的机会。此时所应采取的措施如下：一是国家大力发展经济，提高人民的生活水平，弱化家庭对男孩的偏好；二是政府及相关部门制

定并落实计划生育政策，限制人口数量的过快增长，提高家庭的人均收入，少生快富；三是人口计划生育部门负责加强服务网络建设，为育龄妇女提供生殖健康服务和避孕节育知识，避免非意愿性怀孕。

在阶段Ⅱ，政府制定并落实计划生育政策，政策对限制人口规模的过快增长初见成效，逐步实现家庭小型化，社会经济有了一定发展，人民生活得到很大改善。率先富裕起来的人们开始有了物质生活以外的精神需求，修祠堂、续家谱的传统习俗在部分地区开始盛行起来，人们对男孩的偏好不再仅仅出于经济方面的追求，而更多地是受社会文化因素的影响，要儿子的目的变成了继承家业、传宗接代、光宗耀祖。过于强烈的男孩偏好和过于狭小的生育空间相碰撞，强化了个体的性别选择意识。随着现代医学技术的发展，先进可靠的胎儿性别鉴定技术和人工流产技术方便可及，这正好适应了人们性别选择的需求，性别选择性人工流引产率先在沿海地区得到应用和普及，这使得这些发达地区的出生性别比出现升高。此时所应采取的措施如下：一是政府统筹规划和管理 B 超机等性别鉴定仪器和设备的生产、销售和使用，加强对开展流引产手术医疗机构的认证，严厉打击性别选择性人工流引产行为；二是社会团体和相关部门充分利用媒体宣传出生性别比平衡的重要性以及失衡的危害性，宣传国家有关保护妇女儿童权益的法律法规和相关规定；三是人口计划生育部门深入开展优质服务工作，加强针对育龄妇女生殖健康、保健知识和避孕知识的咨询和服务，提高妇女的自我保健意识；四是政府部门制定相关的公共政策，营造有利于女孩成长的社会环境，大力宣传“生男生女一样好”，帮助群众树立新型婚育文明观念。

在阶段Ⅲ，最为关键的是解决出生性别比偏高问题，严峻的形势摆在世人面前，首要任务是坚决遏制出生性别比升高的势头。此时所应采取的措施如下：一是政府及其相关部门重拳出击，健全法律法规，依法行政，严厉打击性别选择性人工流引产行为，加大对“两非”案件的查处力度；二是加大对计划生育服务工作的投入，健全服务网络，提高服务能力，实行孕产期全程跟踪服务，从源头上防范性别选择性人工流引产行为的发生；三是加强政府部门间的协调与合作，制定并落实有利于女孩成长和发展的公共政策，建立计划生育利益导向机制，用优抚、优待政策来感召人、吸引人；四是以宣传教育为先导，深入开展新型生育文化建设工作，转变人们重男轻女的传统思想观念。

在阶段Ⅳ，出生性别比偏高问题及其造成的社会后果受到政府和社会的普遍关注，此时遏制出生性别比升高势头的任务迫在眉睫，所应采取的措施如下：一是政府和相关部门制定并落实有关胎儿性别鉴定和流引产的管理规定，继续保持打击“两非”的高压态势，依法打击性别选择性流引产；二是逐步将工作重点转移到“治本”上来，进一步整合计划生育利益导向资源，建立健全向独女户、双女户家庭倾斜的社会保障制度，将社会性别公平的理念纳入公共政策之中，推动有利于人口与社会可持续发展的社会组织建设；三是加强人口和计划生育宣教工作，以“婚育新风进万家”为载体，开展社会主义新型生育文化建设，切实转变人们的传统生育观念，弱化男孩偏好。

在阶段V，国家经济建设取得丰硕成果，社会文明程度达到较高水平，国民人口素质有明显提高，大部分群众接受婚育文化的熏陶，形成新型的婚育观念，全国总体上不再存在严重的出生性别比偏高问题，仅部分地区出生性别比存在轻微偏高现象。此时所应采取的措施为：一是政府和有关部门进一步健全胎儿性别鉴定和流引产技术的管理规定，依法维持出生性别比正常的良好局面；二是加强公共政策制度的建设和实施，建立制度创新机制和可持续发展机制，加大公共产品和服务的投入，为女孩成长和妇女发展营造良好的外部环境；三是继续深入开展社会主义新型生育文化建设，创新计划生育宣传教育工作，消除人们的男孩偏好，从根本上转变人们的传统生育观念；四是在稳定低生育水平的基础上，适时地进行生育政策调整试点工作，渐进式地放松生育数量限制，促进人口与社会的和谐发展。

第四节　主要治理措施

现有文献对如何治理出生性别比偏高问题进行了研究，其观点主要体现在以下四个方面：一是男孩偏好是中国社会的一种制度化价值取向，扭转出生性别比异常需要开展制度创新和文化建设，弱化生育个体的男孩偏好（刘爽，2006）；二是男女不平等是导致出生性别比偏高问题的根本原因，治本之策是提高女性的社会经济地位，真正做到性别平等与公正，改善女性的生存和教育状况，并调整计划生育政策中隐含的性别歧视（顾宝昌和罗伊，1996；陈卫和吴丽丽，2008）；三是现行生育政策挤压强化了人们的性别选择意识，导致出生性别比失衡，实行较为宽松的生育政策将有利于解决出生性别比偏高问题（张二力，2005；陈友华，2008）；四是性别选择性人工流引产是导致出生性别比偏高的直接原因，这就需要政府各部门共同参与打击“两非”综合治理行动（张枫，2003；乔晓春，2004；穆光宗，1995），这些研究成果给了我们很多启示。

一、主要工作做法

目前，治理出生性别比偏高问题正处于关键时刻，政府所采取的措施主要包括以下四个方面。

（一）加强人口宣教工作，改变男孩偏好的文化根基

传统生育文化是强烈男孩偏好产生的根源。虽然中国宪法规定了男女享有平等的地位和权利，但事实上传统文化使女性和男性在社会家庭中仍存在事实上的不平等，因此，改变男孩偏好的文化根基是一项治本之措。政府主要是以宣传教育为先导，以宣讲政策和形势、传播观念和知识、倡导新型婚育文化为主要手段，利用传统的平面和立体传播媒体以及互联网、手机等新兴媒体，以“关爱女孩行动”和“婚育新风进万家活动”为载体，依托人口计生网络，开展形式多样的宣传教育活动，帮助群众树立性别平等的生育文明观念。

近年来，全国各地以转变群众婚育观念、消除性别歧视为重点，大力开展以关爱女孩为主题的宣传教育活动。各地政府组织举办了各类文艺演出，开展宣传品展出活动，在机场、车站、码头、高速公路等公共场所设立大型关爱女孩宣传广告和标语牌，在城乡主要街道、社区、村居设立以关爱女孩为主要内容的大型灯箱宣传广告、宣传栏、宣传一条街、生育文化长廊、生育文化广场等设施，有效建立起关爱女孩的社会氛围。

各地人口计生部门充分利用主题宣传日、新年“三下乡”及节假日等宣传时机，印制有关关爱女孩的宣传资料发放到群众手中，用贴近群众的方式开展宣传教育，形象生动、内容丰富、寓教于乐，增强了宣传教育的吸引力和感染力，大力营造了有利于女孩成长的舆论氛围和社会环境，有效改变了男孩偏好的文化根基，促进了群众生育观念的转变。

（二）全面开展孕产期全程服务，寓管理于服务之中

孕产期生殖健康全程服务是做好综合治理工作的关键。在孕前、孕中、产后等环节做好服务和管理工作，能有效地落实孕情监护责任和防止女胎和女婴的意外流失和夭折，是从源头上遏制出生性别比持续攀升的基础性重点工作。

近年来，人口计生部门不断加强制度管理、信息化建设和规范化操作，全面提升人口计生服务质量，强化孕产期的全程服务，坚持孕产期“打防结合、以防为主”的工作理念，从根本上遏制出生性别比持续升高的势头。并注重加强源头管理，全面实施孕产期全程服务和管理，为将要生育的妇女提供孕前指导、孕中服务、产后随访，全面推行“五步工作法”，即明确服务对象、加强孕期服务、实行陪护分娩、严格出生婴儿登记、实施统计监测。

统筹各级相关管理和服务资源于一体，把孕期保健、出生分娩、婴幼儿安全检测、查环查孕生殖保健服务、出生缺陷干预、性别比监测等纳入管理服务的全过程，明确各相关部门和人员在全过程中的具体检测服务内容和效果要求，准确记载执行情况，严格出生婴儿登记，实施统计监测。对符合生育政策的对象，特

别是已经怀孕的妇女，每月入户开展孕期跟踪服务一次，准确掌握生育对象的孕情、服务需求和妊娠结果，对政策内妊娠妇女出现孕情消失、出生婴儿死亡、持证多年未生育者进行深入细致的逆向排查，直到弄清事情原委。通过开展孕产期全程服务，准确及时掌握孕情发展状况，降低漏登、漏管率，防范选择胎儿性别的人工终止妊娠行为的发生。

（三）建立完善的社会政策，发挥利益导向作用

健全的社会政策和利益导向措施是从根本上治理出生性别比偏高问题的制度保证和长效机制。近年来，各地在奖励扶助、教育、扶贫、养老保障、医疗、就业、生产等方面，积极探索和建立有利于计划生育家庭的经济和社会政策体系。各级政府坚持量力而行、因地制宜的原则，大力整合社会资源，动员社会力量加大扶持救助力度，将帮助育龄群众发展生产、脱贫致富、转变婚育观念和特困家庭救助结合起来，以“少生快富”工程和社会救助工程带动计划生育利益导向工作，充分发挥计划生育“三结合”贴息贷款的作用，建立独生子女致富基地，为其提供资金保障和技术支持，帮扶计划生育家庭摆脱贫困、走少生快富之路。各地人口计生部门广泛开展计划生育志愿者零距离服务，为计划生育困难家庭开展宣传、生产、就业、亲情、敬老、健康等多种形式的、面对面的服务，让实行计划生育的生活困难家庭得到实质性帮助。

各级人口计生委联合各相关部门，将计划生育利益导向工作与新农村建设、乡村集体经济产权制度改革、城乡最低生活保障、特困户生活救助、合作医疗、扶贫开发、改水改厕、新技术推广、就业培训、企业招工等方面的具体工作相结合，制定奖励优惠措施，使独生子女家庭（尤其是女孩家庭）得到优先优惠的机会。将计划生育利益导向机制与惠民政策相结合，走联合发展、共同为民的路子。惠民政策涉及人口计生、财政、教育、民政、卫生、劳保、工商、税务、农业等多个部门，人口计生部门做好部门间的协调工作，将计划生育奖励优惠政策融入各项惠民政策中，确保各部门出台的惠民政策与计划生育奖励政策相协调、相配套，从实际出发，在解除女儿户家庭经济困难、生产帮扶、养老保障、读书升学等方面，建立有利于女孩及其家庭的利益导向机制和社会保障制度，保障女孩生存发展，促进女孩家庭幸福。

各地把引导群众建设生育文明家园作为生育文明建设的核心内容，采取针对性和实效性强的帮扶措施，优先解决计生家庭生产和生活中的实际困难，不断强化生育文明建设的精神动力和物质基础。通过实施人口和计划生育利益导向政策，以优抚优待政策来感召人、吸引人，让群众亲身感受到实行计划生育、树立文明生育观的好处，让为计划生育做贡献的家庭感受到社会主义制度的温暖，让他们的付出得到应有的回报，带动更多的育龄群众自觉实行计划生育，接受新型生育文明。

（四）积极推动部门协调，多策并举查处“两非”

出生性别比偏高问题涉及社会经济领域的许多方面，综合治理工作绝不是人口计生一个部门能够胜任的，必须协调相关部门共同参与、齐抓共管。目前，各地普遍明确了卫生、公安、统计、药品监管等部门在综合治理工作中的责任，制定和完善孕情跟踪管理服务、婴儿出生和死亡报告制度、终止妊娠药物管理制度、B超管理制度、终止妊娠手术管理等一系列制度，从减少和杜绝非医学需要的“性别鉴定”和“终止妊娠”两个关键环节入手，开展专项清理行动，严肃查处涉案人员。

各地注重从法律层面上进行谋划，确立了政府主导、部门配合、社会监督、群众参与的工作机制，很多省份（如河南、广东）人大会议审议通过了《禁止非医学需要的胎儿性别鉴定和选择性别终止妊娠条例》，相关部门出台了《综合治理出生性别比升高问题工作联系制度》及《终止妊娠药品管理规定》等文件，对计生技术服务机构和医疗机构的B超从业技术人员进行法制教育和职业道德教育，并将此项教育内容纳入普法计划，强化经常性教育，使综合治理出生性别比偏高工作迈入法制化和规范化管理的轨道。

加大执法力度，坚持将查处“两非”案件作为综合治理出生性别比偏高问题的重要措施来抓，通过舆论宣传、明察暗访、群众举报，发现“两非”行为线索，严厉打击“两非”行为。通过收回二孩生育证、行政撤职降职、开除公职、开除党籍、吊销医师执业证等方式，对“两非”行为起到一定的威慑和警示作用，为综合治理出生性别比偏高问题创造良好的外部环境。

综上所述，政府在促进性别平等方面采取了一系列措施，国家的利益导向政策在社会上引起了强烈反响，女孩生存状况确实出现了好转，生存环境得到了很大改善，生育女孩的家庭得到更多的政策优惠和经济实惠，妇女的社会经济地位得到了较大程度提升，群众对新型生育文化有了更多认同感，人们的传统生育观念也有了一定转变。

二、需要明确的几个问题

在综合治理出生性别比偏高问题过程中，有的地方政府、部门领导和干部存在着认识误区和不正确看法，在实际工作中必须明确思路、统一认识。

（一）在打击“两非”行动中，谁应该是打击对象

我们认为，这应从经济利益链上寻找，然后以此为突破口进行分析。在非法

施行产前性别鉴定技术以及性别选择过程中，医院 B 超技术服务人员以及个体门诊直接获得了经济利益，卫生机构的医务工作者在获得劳动工资报酬的基础上非法挣得额外收入，个体门诊在正常服务收费之上赚取了超额的营业利润。而怀孕妇女是受传统生育观念影响的受害者，如果没有非法性别鉴定技术服务供应者，即便有着强烈的男孩偏好，在事先不确定所怀胎儿性别的情况下，不会采取性别选择性流引产手术，当然，也存在着一些妇女，她们本身不愿意采取性别选择性生育行为，但受到社会生活环境的影响，不得已而为之。由此而见，性别选择技术服务的供应是出生性别比偏高的原罪。因此，执法打击的对象应该是施行非法性别鉴定的卫生机构及其医务工作者，而不应该将板子打在包括怀孕妇女在内的人民群众身上。历史实践证明，一切工作成功的关键是密切联系群众、密切依靠群众，综合治理出生性别比偏高工作也不例外，需要让群众普遍认识到综合治理出生性别比偏高的重要性及其与人民群众当前利益和长远利益息息相关性，努力发动群众积极参与综合治理工作，建立良好的群众基础，为综合治理提供宝贵信息。

（二）在综合治理工作中投入了大量人力、物力和财力，为什么出生性别比依然偏高甚至继续升高

根据本章第三节所述出生性别比的发展变化阶段理论，每个地区的出生性别比并不是同时处于同一阶段。当某一地区出生性别比正处于阶段Ⅱ时，加大综合治理的投入可以缩短第二阶段的时间，使其尽快地进入第三阶段，从而抑制住出生性别比快速升高的势头，但是由于惯性的作用，出生性别比的统计数据可能会依然偏高，甚至在短期内继续升高。也就是说，出生性别比依然偏高甚至继续升高，并不表明综合治理工作没有效果，假如当时没有及时采取有效治理措施，其出生性别比可能会急剧升高，而且升高势头将维持更长时间。由此也可以看出，治理出生性别比应从第一阶段开始，预防为主，“防病胜于治疗”；对于已经跨入升高行列的地区，应针对其所处的不同阶段以及导致出生性别比升高的各种因素，采取必要措施加以治理，并需要做长期艰苦卓绝的努力。

（三）统计数据显示的出生性别比已经正常或趋于正常，是真实情况还是表面现象

借鉴穆光宗等（2007）的提法，统计上的正常包括了外生正常和内生正常。外生正常是在外在约束力的强作用下形成的，慑于综合治理的威力，群众的性别选择性生育行为受到一定程度的抑制，在人们的男孩偏好并没有彻底消除的情况下，性别选择性生育行为的社会控制与强烈偏好男孩意愿驱动下的反控制行为之间将形成对峙的局面，它随时可能会卷土重来，爆发更大规模的出生性别比偏高

问题。内在正常是在长期的综合治理活动中形成的，不仅出生性别比的统计指标正常，而且群众的传统生育观念得到转变、男孩偏好不再强烈或几近消除，其统计数据反映的是出生性别比生成机理的正常，是在男女平等的观念下自发形成的正常。外生正常是内生正常的必要基础，内生正常是外生正常的最终实现。因此，区分统计数据显示的出生性别比是真实正常还是表面现象，关键是看群众的生育观念和婚育文明程度，在经济不够发达、传统文化影响深重的地区，即便出现了暂时的统计正常，可能离稳定的内生正常还有很大距离，我们不能对此掉以轻心。只有在新型婚育文明的主导下，才能真正实现出生性别比的正常化。

三、改进建议

结合前两节的分析，在治理的措施上，需要针对不同的发展阶段采取不同的策略，我国当前处于第三阶段，我们所采取的措施应紧密与第三阶段坚决遏制出生性别比升高势头的治理目标相结合，同时也兼顾中长期的变化特点，为后续阶段取得预期效果奠定良好基础。

（一）建立全区域综合治理机制

前已述及，我国分地市出生性别比的空间分布一直表现出显著的集聚特征，出生性别比失衡的热点区域在空间分布上呈现集聚性，在时间演变上存在持续性和累积性，热点区域有连点成片的发展态势，受社会、经济、文化等多种因素的影响和渗透，出生性别比失衡程度并不依行政区划而出现明显的界限。因此，综合治理出生性别比偏高工作将是一个全国性的系统工程，各省份以行政区划为界线进行本区域范围内的治理工作将面临诸多困难，其治理效果也不会十分理想。这就需要建立全区域综合治理机制：一是在国家政府层面，通过高层倡导，努力从国家层面出台有效的政策措施，在更大地域范围上全盘考虑、统一部署，堵塞严重偏高地区的扩散和辐射渠道，形成以热点地区治理为重点的全区域治理局面。二是在部门协调层面，加强计划生育、卫生、药监、公安等部门的通力合作，破解“两非”案件线索发现难、调查取证难、法律定性难、责任追究难的问题，落实部门责任。三是在地区协作层面，建立地区间协作治理机制，扫除行政区交界处的管理盲区，形成上下互动、内外结合、联防群治的综合治理出生性别比偏高问题“全国一盘棋”格局。

（二）加大打击“两非”违法行为的力度

一是建立健全部门协调机制，以中央层面的协调带动地方层面的协调，构建

"责任明确、协调有力"的综合治理格局。在统筹解决人口问题和人口计生综合改革的框架下，通过加强高层倡导，贯彻落实中央 59 号文件精神，积极建立健全中央层面的协调机制，明确和落实成员单位的具体职责；在此基础上，以中央层面协调带动和促进地方层面协调，建立地方"一把手"负总责的组织领导机制，最终形成"责任明确、协调有力"的综合治理格局。

二是加强对典型案例的宣传。在主流媒体对查处的"两非"案件进行曝光，公布对案件当事人的处理结果，警示和震慑潜在的"两非"违法者，同时，通过主流出版物和电视媒体的宣传，使性别选择问题成为公众讨论的焦点，引起全社会对出生性别比偏高问题的广泛重视，使广大群众认识到出生性别比保持正常的重要意义。

三是加强国家和地方立法工作，为查处"两非"提供法律依据、法律解释及执法实践证明，当其他法律不能充分保护法益时，就需要刑法的保护和补充，"没有刑法作后盾、作保证，其他部门法往往难以得到彻底贯彻实施"（高铭暄，1989）。因此，可以考虑在刑法中增加："非医学需要的胎儿性别鉴定罪"和"非医学需要的选择性别人工终止妊娠罪"条款，对《中华人民共和国刑法》第 336 条非法行医罪和非法进行计划生育手术罪的主体修改为"未取得医生执业证或者超出执业范围行医的人"，对擅用仪器进行产前性别鉴别或开展性别选择性人工流引产手术的执业医师或领有执照的医疗机构，坚决严厉惩处，依法追究责任人的刑事责任；制定并完善终止妊娠药品使用和管理的法律法规，将违法销售终止妊娠药品的处罚纳入《中华人民共和国药品管理法》；条件成熟后，由国务院出台治理出生性别比偏高问题的专门条例，同时鼓励各省市在地方法律法规方面进行积极探索。

四是禁止性别选择技术扩散，加大违法成本。建立相应的管理规章制度，严格 B 超机的生产、销售和使用；规范医疗机构的工作程序，实行胎儿流引产手术实名制，坚持计划生育手术"三定点"，定点孕检、定点分娩、定点流引产；禁止药品零售企业销售终止妊娠药品，禁止药品生产、批发企业将此类药品销售给没有获得施行终止妊娠手术资格的机构或个人。

五是发挥群众优势，建立有奖举报制度。打击"两非"，必须紧密联系群众、依靠群众，努力发动群众积极参与综合治理活动，充分发挥群众在信息和监督方面的优势，建立专项举报制度，对提供有价值信息的群众给予一定物质奖励，即查即兑，为综合治理出生性别比偏高问题建立良好的工作环境和群众基础。

（三）严格控制计划外生育行为

各地计划外生育出生性别比明显高于计划内一孩，人们进行违法生育的主要目的就是性别选择性生育，因此，严格控制计划外违法生育是在一定程度上遏制出生性别比偏高的有效途径。尽管近年计划生育领域出台了许多管理制度，但计划生育管理工作仍存在一些疏漏，部分地区的人口计生工作队伍出现涣散的迹象，仍然不同程度地存在着违法生育和管理不到位现象。因此，应加强人口计生基层网底建设，健全各级人口计生干部队伍，配齐基层工作人员，强化计生工作者培训，提高基层队伍素质，制定和落实各项管理制度，通过强化管理和监督来铲除滋生出生性别比失衡的温床。

流动人口政策外生育的数量及其在政策外生育的总量中所占比例，都是比较高的，这已被很多地区的数据资料所证实。人口计生部门需要密切联系临近地区及其相关职能部门，建立跨地区联防机制，形成齐抓共管的局面，堵塞异地性别选择性生育行为。同时，坚持实行流动人口的流入地管理，准确掌握流动人口的婚情、孕情、育情，将管理措施真正落实到位。

在综合治理工作中，人口计生基层基础工作起着非常重要的作用。在新的时期和社会形势下，人口发展变化出现了新情况，这就需要人口计生工作适应市场经济的要求，转变过去那种约束型行政管理手段，使之由管理型向服务型转变，由行政型向法治型转变，真正建立起“乡负责、村为主”和“寓管理于服务之中”的经常性工作机制，采取孕前体检、怀孕建卡、跟踪服务、定点分娩的形式，将计划生育管理和服务工作紧密结合起来。同时，还需要加大对基层经费的投入，保障综合治理各项工作的顺利开展。

（四）建立以出生医学证明为基础的数据收集机制

强化统计监测在综合治理工作中的基础地位，明确卫生、公安、统计、教育、民政等部门的数据统计职责，建立和完善各部门的信息共享机制。针对出生人口基础数据收集方面的突出问题，推广海南省出生登记实名制度，以出生医学证明和住院分娩为切入点建立出生人口基础信息收集机制，具有重大的现实意义和推广基础，近年来我国孕产妇住院分娩率快速提高，2007 年已达到 88%，农村地区也超过 85%，因此通过住院分娩收集出生人口基础数据不仅具有可行性，而且具有时效性。

随着国家社会经济的发展和财政收入的增加，社会就医环境和卫生保健状况得到了极大改善，农村和城镇基本医疗保险逐渐普及，保险账户金额与家庭人员和人员数挂钩。2009 年，卫生部、财政部联合印发《关于进一步加强农村孕产妇住院分娩工作的指导意见》，到 2015 年，东部、中部、西部地区各省（自治区、直辖市）农村孕产妇住院分娩率分别达到 95%、85%和 80%以上；农村高危孕产妇住院分娩率达到 95%以上；实现我国政府承诺的“联合国千年发展目标”。到 2020 年，东部、中部、西部各省（自治区、直辖市）农村孕产妇住院分娩率分别达到 98%、95%和 90%以上；农村高危孕产妇住院分娩率达到 98%以上；孕产妇死亡率和婴儿死亡率降至中等发达国家水平[①]。《关于进一步加强农村孕产妇住院分娩工作的指导意见》提出，参加新农合的孕产妇，可按当地新农合规定补偿其在财政补助之外的住院分娩费用，对贫困孕产妇还可由农村医疗救助制度按规定给予救助，鼓励有条件的地区探索将农村孕产妇住院分娩补助与新农合和农村医疗救助补助等统筹管理使用，中央财政对困难地区农村孕产妇住院分娩给予补助，地方财政也应承担相应的支出责任，并统筹使用各级财政补助资金。我国 31 个省（自治区、直辖市，不包括港澳台地区）的农业户籍孕产妇住院分娩，将按地区获得至少 100 元的财政补助。日前，卫生部印发《农村孕产妇住院分娩补助项目管理方案》，明确表示卫生部和财政部将继续实施农村孕产妇住院分娩补助项目，并将补助范围扩展到全国，以保障母婴安全，降低孕产妇死亡率和婴儿死亡率。

《关于进一步加强农村孕产妇住院分娩工作的指导意见》的出台，得到了许多省份的积极响应，如四川在 10 个县市区开展试点，通过政府提供补助，实现农村孕产妇住院分娩顺产免费；陕西所有农村妇女住院生孩子费用全免，对全省有农业人口的 104 个县区将全面实施农村孕产妇免费住院分娩补助项目，对农村孕产妇发放免费住院分娩卡，孕妇住院分娩时，持合作医疗证、免费住院分娩卡，可自主选择医疗机构住院分娩[②]。在此社会经济背景下推广出生登记实名制，可以将群众的经济利益与户籍管理服务有机地结合起来，实现良性互动。

（五）改善女孩生存发展环境

在法律依据方面，制定或修改相关法律法规，保障妇女的各项基本权利和有关权益。以性别平等理念对现有的法律政策体系进行审视、修订和完善，通过法律手段保障女性权利，提高女性社会地位，在相关法律法规中增加相应内容，从政治、经济、社会和家庭等多个角度构建完整的法律体系，提升社会性别公平程度。制定适应中国国情的反歧视妇女法案、预防和禁止针对妇女的暴力法案等法律法规，切实规制在政治、经济、社会、文化及家庭中的歧视妇女行为，促进妇女平等地获得知识和技能，自信、自主地参与政治、经济、社会、文化及家庭生活。加强法律法规的可操作性，通过法律法规支持相关利益团体和机构对女性的援助和扶持，支持女性使用法律手段维护自身利益，保障妇女的各项基本权利和合法权益。

在生育文化方面，以宣传教育为先导，继续深入开展婚育新风进万家活动和关爱女孩行动，转变人们的传统生育观念。深入开展新型生育文化建设，以多种形式的宣传教育活动传播性别平等观念，提高群众在婚育新风进万家活动中的主

① 中国发展门户网：http：//cn.chinagate.cn/health/2009-02/02/content_17209629.htm。

② 中国发展门户网：http：//cn.chinagate.cn/women/2009-04/22/content_17653104.htm。

人翁地位，用身边人说身边事，用身边事教育身边人，吸引群众广泛参与，使其在活动中受到教育和启发，在潜移默化中受到熏陶和感染，真正地使群众在思想上受教育，在灵魂上有触动，在观念上有改变，为治理出生性别比偏高问题营造男女平等的良好舆论氛围；将婚育新风进万家活动与社会主义新农村建设和社区文化建设相结合，积极构建社会主义人口文化和新型生育文化，逐步转变人们的传统生育观念，切实弱化人们的男孩偏好。

在计划生育方面，建立健全基层服务网络，实行孕产期全程跟踪服务。各级政府加大对服务网络建设的投入，健全基层服务网络，建立“村为主”和“寓管理于服务之中”的经常性工作机制，在重视高层倡导的同时，将工作重心下移，保证服务组织、人员和设施到位。重视加强对乡镇、村居人口计生专干的培训，首先使计生专干认识到治理出生性别比的重要意义，树立公正责任心。坚持以人为本的服务理念，实行孕前指导、孕中服务和产后随访，全面实施孕产期全程服务，为育龄妇女提供优质的健康检查和咨询服务。加强婴儿死亡报告和核实工作，实行责任追查制。根据实地调研资料，安徽省明确提出计划生育工作重心下移，强调建立“村为主”的工作机制，充分调动和发挥村干部的主动性和积极性，将综合治理出生性别比偏高问题与村一级计划生育服务和管理密切结合起来，尤其是在发现早孕、孕情管理和随访服务方面，责任明确，程序完备，有效提高了早孕的发现率，安徽霍山的早孕发现率达到了 80%，减少了胎儿性别鉴定和性别选择性生育行为的发生。同时，建立全程管理和服务，有效减少政策外生育的发生率，根据对贵州省的实地调研，2000~2007 年，政策外多孩出生性别比均在 150 以上，自 2005 年开始上升到 200 以上，严重偏离正常值，而同期政策内生育多孩出生性别比均处于正常值范围内，这说明政策外生育多孩的主要目的是选择性生育男孩，因此，实行全程跟踪服务通过控制政策外多孩生育有助于达到综合治理的预期效果（全国关爱女孩领导小组办公室，2008）。

在经济建设方面，整合现有的公共政策措施，建立计划生育利益导向机制。继续开展关爱女孩行动，在社会、政治、经济、文化等各个领域，建立公共政策的性别分析机制，保证在公共政策的制定、修订、实施及评估等各个环节纳入性别平等意识，既要防止出台歧视性政策，又要避免出现宣言性的、不具操作性的政策。加强政府各相关部门间的协调与合作，制定并落实有利于女孩成长和妇女发展的公共政策，消除对女性的社会性别歧视，以独女户和双女户为切入点，优先解决独女户和双女户家庭的社会保障问题，在建立全国范围的农村社会保障体系之前，使独女户和双女户家庭优先实现以基本养老、基本保险和最低生活保障为重点的社会保障全覆盖。实行计划生育家庭奖励扶助制度和少生快富工程，让实行计划生育的家庭政治上有地位、经济上有实惠、生活上有保障、养老上有依靠，让群众亲身感受到实行计划生育、树立文明生育观念的好处，让为计划生育做贡献的家庭感受到社会主义制度的温暖，让他们的付出得到应有的回报，带动更多育龄群众自觉实行计划生育，接受新型生育文明。

（六）实行综合治理全过程考核评估

将出生性别比偏高综合治理工作纳入人口计生部门目标责任制，实行一票否决，这充分显示了政府对治理出生性别比偏高工作的重视，同时也可能会刺激相关部门和人员在数据上作假。因此，需要在考核制度安排上树立正确的绩效意识，加强对制度落实情况和产生绩效情况的调研和督察，提升政府的公信力和制度的执行力、影响力。

一是着力强化专项调度考评，建立“两非”案件季度报告制、重大案件随时报告制和落实情况问责制，及时汇总通报“两非”案件的进展情况，实行重点调度。把“两非”案件的处理结果作为关爱女孩行动和综合治理工作考评的重要内容，纳入地方人口计生目标管理责任制。

二是加强综合治理过程评价和责任考核，每年进行一次包括以综合治理出生性别比偏高问题为主要内容的人口目标管理责任制考核，每年提供一次书面总结材料，每个“五年计划”期间进行综合治理工作的中期评估和总结评估。在考核过程中，不仅评估出生性别比数据，更要注重考查综合治理的全过程，对综合治理工作有成效、有进步、有创新、有突破，以及在综合治理宣传教育方面有突出成绩和查处“两非”案件有成功案例的地区，给予加分奖励，以动态化管理原则进行考核评估，充分调动各地开展综合治理工作的积极性。

三是国务院授权国家人口和计划生育委员会行使对全国出生性别比及其制度安排的督查权，代表国务院对各省（自治区、直辖市）治理出生性别比偏高问题的工作进行监督检查，包括事前、事中、事后的全方位、全过程监督检查，确保综合治理出生性别比偏高问题的各项制度落到实处、收到实效。

（七）发挥非政府组织的监督作用

在着力抓好重点地区和重点人群的同时，要对目前出生性别比偏高问题不很突出的区域做好监测，预防这些地区出生性别比出现升高现象。治理中可采取的途径是，在以政府为主导的综合治理出生性别比偏高问题大格局下，充分发挥非政府组织的作用，在政策上为其创造发展的空间，使之与政府部门相互配合、相互补充，形成密切的互动合作关系。

结合农村乡镇和城市社区的改革、管理和建设工作，构建新型自治组织体系，建立民情恳谈会、事务协调会、决策听证会和工作评议会制度，充分发挥计生协会和村民自治组织的作用，调动村民（居民）参与、管理和监督生育文化事务的积极性和主动性，实现自我教育、自我管理、自我服务、自我约束，依靠村民、居民的积极参与来推进综合治理工作。

治理出生性别比偏高问题，还需要将工作重点切实落实到居民群众普遍关心的热点和迫切需要解决的问题上来，充分体现居民的主人翁地位，真正做到老百姓当家作主。建立入户调查、汇总分类、议事听证、民情反馈、督察考核的“五位一体”的民情畅通机制，保证民情渠道的畅通、快速、高效，加大社会监督的力度，提高社会监督效果，用非行政手段解决问题、化解矛盾。

最后需强调的是，治理出生性别比偏高问题是一项艰苦卓绝的工程，需要政府和社会的广泛参与和不懈努力。在每个阶段，都必须以宣传教育为先导，广泛宣传和倡导社会主义新型生育文明，真正使文明的生育观念入脑、入心。当前，正处于治理出生性别比偏高问题的关键时期，治理的重点是千方百计遏制出生性别比升高势头。

第五节　本章小结

出生性别比长期持续偏高表明社会生活中大规模家庭集中进行性别选择性生育行为，这将必然产生严重社会问题。坚决遏制出生性别比升高势头并从根本上解决出生性别比偏高问题，这是摆在政府和公众面前的一个重大课题，综合治理出生性别比偏高专项行动成为一项刻不容缓的重要任务。本章主要从治理可行性、路径选择和治理措施等方面，研究出生性别比偏高问题的治理措施。

基于理论分析和现实检验两个方面考虑，出生性别比偏高问题是可以治理的。从理论上来说，如果政府能够有针对性地制定公共政策，提高性别选择性人工终止妊娠的违法成本，降低家庭生育男孩偏好，最终将个体生育决策行为引导到自然生育上来。在治理实践中，存在遏制出生性别比升高趋势并使之正常化的成功案例，韩国在治理出生性别比偏高工作中所取得的成效就是最好的例证，只要建构并完善公共政策体系，有针对性地调整和修订相关法律规定，严厉打击非法胎儿性别鉴定行为，促使群众转变传统重男轻女思想，可以有效促进出生性别比走向正常。

根据出生性别比偏高问题与其决定因素之间的关系，参考和借鉴我国部分地区和韩国出生性别比的发展历程和变动特点，出生性别比有着较为明显的阶段性，从时间上划分，大致可以分成如下五个阶段：一是出生性别比基本正常，但 0~4 岁年龄组性别比偏高；二是出生性别比接近并突破上限值，呈快速上升之势；三是出生性别比继续升高，但上升速度有所放缓，在高峰处出现拐点；四是出生性别比从最高点缓慢下降，最终接近正常值；五是出生性别比重新恢复到正常值范围内。在具体的治理工作实践中，采取的治理措施应与其所处的特殊阶段相适应，因时制宜，有的放矢。

目前我国出生性别比偏高问题正处于第三阶段并向第四阶段过渡，所采取措施应紧密与第三阶段坚决遏制出生性别比升高势头的治理目标相适应，同时也兼顾中长期的变化特点，为后续阶段取得预期效果奠定良好基础。一是建立全区域综合治理机制，二是加大打击“两非”违法行为的力度，三是严格控制计划外生育行为，四是建立以出生医学证明为基础的数据收集机制，五是改善女孩生存发展环境，六是实行综合治理全过程考核评估，七是发挥非政府组织的监督作用。需要说明的是，正处于治理出生性别比偏高问题的关键时期，以宣传教育为先导，广泛宣传和倡导社会主义新型生育文明，治理重点是千方百计遏制出生性别比升高势头并使出生性别比稳步降低。

第九章 案 例 分 析

本章主要从实践层面研究出生性别比偏高治理问题，贵州和安徽是全国出生性别比比较高的省份，近年来在综合治理出生性别比工作中采取针对性措施，现以贵州和安徽为例，研究出生性别比处于不同发展阶段的变化特征、治理措施及其主要成效。为了推动 11 个重点省区开展关爱女孩行动、综合治理出生性别比偏高问题工作取得实效，国家人口和计划生育委员会组织各司局领导和专家教授组成调研组，在 2008 年和 2010 年开展了两次较大规模的综合治理出生性别比偏高问题专项行动，调研主要采取听取各省综合治理责任部门汇报、发放调查表、入户访谈和群众座谈等形式。案例数据和资料来源于实地调研中掌握的第一手资料。本章通过对贵州和安徽的案例研究，争取更好地认识出生性别比变化规律，发掘具有推广价值的典型经验和治理措施。

第一节 2000 年开始偏高的省份——贵州

贵州位于我国西南部，下辖 9 个市（地、州）、88 个县（市），是多民族聚居的省份。贵州资源丰富、生态优美，但经济发展相对落后，2009 年，实现地区生产总值 3 333.40 亿元，仅为全国 GDP 总量的 1.09%，人均 GDP 为 8 824 元，不足全国平均水平的 40%。同年底，贵州有常住人口 3 793 万人，其中，少数民族人口占 37.8%，农村人口占 71.8%，人均耕地面积不足 0.8 亩（1 亩≈666.667 平方米），低于联合国粮农组织规定的最低警戒线。

一、出生性别比变动的基本情况

贵州出生性别比偏高是在 21 世纪出现的重大人口现象，纵观出生性别比的变化轨迹，可以概括为如下四大特征。

（1）起步晚，增幅大，从一个出生性别比基本正常省份一跃成为最严重偏高省份之一。1982 年和 1990 年人口普查时，贵州出生性别比分别为 105.47 和 102.73，完全处于正常范围内。2000 年人口普查时，虽然略有升高，为 107.03，但依然基本正常，是全国仅有的出生性别比基本正常的 4 个省份之一。与全国平均值比较，贵州出生性别比偏高发生时间比全国滞后了将近 20 年。进入 21 世纪以来，贵州出生性别比在治理中快速攀升，2005 年 1%人口抽样调查时达到了 127.02，一跃成为全国出生性别比偏高程度最严重的省份之一。在我国 31 个省（自治区、直辖市，不包括港、澳、台地区）的排名从 2000 年的第 29 位跃升为 2005 年的第 6 位，是全国出生性别比升高速度最快的省份。若按省人口和计划生育委员会统计资料，自 2000 年以来呈现总体上升的趋势，从 2000 年的 108.90 上升到 2007 年的 117.70。2005 年 1%人口抽样调查资料为 127.02，虽然统计口径不同的出生性别比结果差异很大，但反映了出生性别比升高趋势和严重偏高的真实性。2008 年开始有所下降，2008 年和 2009 年分别为 117.24 和 115.98，连续两年呈现下降趋势，说明出生性别比升高势头得到遏制，出现自升而降的拐点，已经进入了下降通道，如图 9.1 所示。

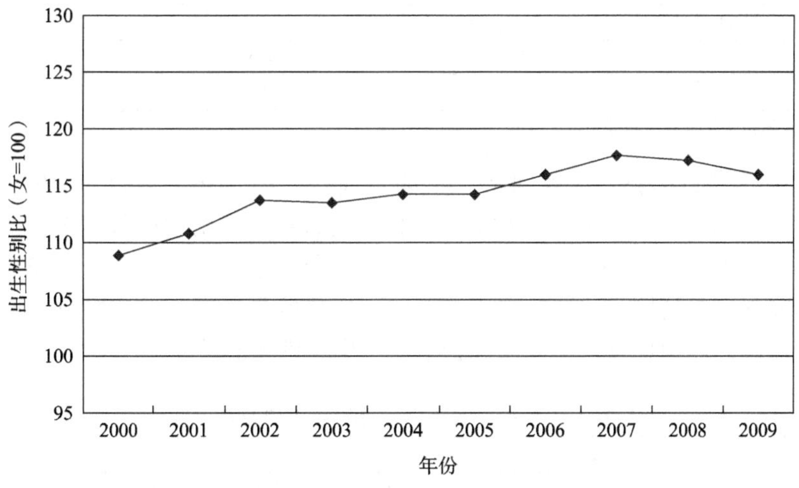

图 9.1　2000~2009 年贵州出生性别比总体变动趋势

（2）孩次分布“两头”失衡，一孩出生性别比偏低，二孩和多孩严重偏高。贵州出生性别比的失调尽管来得晚，也表现出与其他省份类似的特点。2000~2009 年，一孩出生性别比一直维持在 103 以下，不但不偏高，还略微偏低；二孩出生性别比保持在 130~150，且逐年升高；多孩出生性别比达到 150 以上，严重偏高，2006 年曾达到了 211.53。贵州省的分孩次出生性别呈现“两头”失衡的特征，一孩出生性别比低于出生性别比正常值下限，二孩及多孩又远远高出正常值上限。这表明，二孩和多孩生育中，存在着严重的性别选择行为，需要加大综合治理的力度，同时，也可能存在着一孩出生虚假登记的现象。显然，造成出生性别比总体偏高且逐年升高的主要原因是二孩及多孩生育的出生性别比偏高且持续升高，如表 9.1 所示。这说明在生育过程中还存在较为普遍的家庭胎儿性别选择行为，监控和管理好二孩及多孩生育是综合治理出生性别比偏高问题的关键。由于每年的二孩出生规模是多孩出生规模的 10~15 倍，多孩出生数量已经很少，所以，导致出生性别比总体失调的最主要原因是二孩出生性别比偏高。

表 9.1　贵州分孩次出生人口及其性别比变化

年份	一孩			二孩			三孩及以上		
	男/人	女/人	性别比	男/人	女/人	性别比	男/人	女/人	性别比
2000	163 332	170 632	95.72	120 540	92 642	130.11	10 173	6 805	149.49
2001	156 541	165 541	94.56	117 108	84 336	138.86	10 818	6 804	158.99
2002	148 829	153 970	96.66	110 448	76 289	144.78	8 064	4 902	164.50
2003	132 924	136 238	97.57	95 633	67 864	140.95	8 747	4 976	175.78
2004	125 197	127 586	98.13	84 498	57 774	146.26	5 943	3 515	169.08
2005	118 546	121 282	97.74	74 242	49 721	149.32	5 402	2 618	206.34
2006	115 418	115 713	99.75	70 958	47 593	149.09	6 712	3 173	211.53
2007	115 358	112 850	102.22	66 507	44 162	150.60	7 569	3 933	192.45
2008			102.12			148.91			194.06
2009			101.84			138.27			202.46

资料来源：贵州省人口和计划生育委员会

（3）政策外多孩出生性别比显著偏高，政策外生育的主要目的是生男孩。对多孩出生情况细化分析发现：政策内多孩出生人口的男女比例基本正常，而政策外多孩出生人口的性别比严重失衡，而且有逐年增加的趋势，目前已经高达 200 以上（表 9.2）。显然，政策外多孩生育的主要目的是选择男孩，控制好政策外多孩生育是做好计划生育工作以及综合治理出生性别比的重点。

表 9.2　贵州多孩政策内、外出生人口及其性别比

年份	政策内出生多孩			政策外出生多孩		
	男/人	女/人	出生性别比	男/人	女/人	出生性别比
2000	346	340	101.76	9 833	6 459	152.24
2001	426	421	101.19	10 392	6 383	162.81
2002	524	504	103.97	7 540	4 398	171.44
2003	595	569	104.57	8 152	4 407	184.98
2004	645	605	106.61	5 338	2 870	185.99
2005	678	609	111.33	4 724	2 009	235.14
2006	702	617	113.78	6 010	2 556	235.13
2007	684	674	101.48	6 885	3 259	211.26

注：因样本量太小，政策内多孩出生性别比仅表明出生人口的男女数量基本接近，出生性别比指标本身不具有统计意义

（4）城乡出生性别比全面偏高，边远地区是重点区域。2005 年 1%人口抽样

调查资料显示，城、镇、乡的出生性别比分别为125.7、132.3和127.0，无论城乡，均严重偏高。各市（地、州）比较，毕节地区最低，为113.0，贵阳市、黔西南州、黔南州居中，出生性别比介于120~130之间，其他地区均在130以上，其中，铜仁地区最高，为139.8。出生性别比严重偏高的地区多地处贵州省边远地区，交通不便，信息闭塞，相对封闭，经济欠发达，综合治理出生性别比难度极大，任务艰巨。基本结论：贵州全省出生性别比偏离正常值的时间滞后于全国平均水平约20年，是发生出生性别比偏高最晚的省份之一。2009年贵州出生性别比持续升高的势头得到初步遏制，但仍呈严重偏高状态。从影响贵州出生性别比偏高的人口构成看，重点人群是二胎和多胎生育家庭，尤其是政策外多孩生育者。从地域特点看，性别比一直处于低位的黔西南州和毕节地区也开始出现上升趋势，重点区域是与其他省交界的边远地区。

二、贵州省采取的主要措施

（1）健全机构，强化组织领导。根据《中共中央、国务院关于全面加强人口和计划生育工作统筹解决人口问题的决定》关于综合治理出生性别比偏高问题的要求，贵州省人口和计划生育委员会设置了专门机构，负责贵州省治理出生性别比偏高工作的协调、指导、监督检查工作。先后组织召开一系列工作座谈会、工作会、现场会、专题研讨会，加强对出生性别比治理的指导，并与有关部门联合出台了一系列规范性文件，提出了综合治理出生性别比工作的具体要求。从2005年开始，贵州省将关爱女孩行动综合治理出生性别比偏高工作纳入对市（州、地）人口计生党政、计生双线年度责任目标，并逐年加大考核权重，2008~2010年党政线15分，计生线16分。每年列出专项工作经费300万，确保工作运转。2006年，贵州省又成立了以分管副省长为组长的省综合治理出生性别比偏高工作领导小组，2008年调整了省综合治理出生性别比偏高工作领导小组成员，切实强化对此项工作的党政领导和综合协调。地、县两级也层层将其纳入目标管理，普遍成立了专门的领导协调机构，强化部门责任，狠抓性别比工作队伍建设，全省共成立综合治理出生性别比偏高工作机构88个，其中地州市6个，县市区82个，认真落实综合治理出生性别比偏高问题工作措施，推动此项工作顺利开展。

（2）完善制度，加强规范管理。贵州省进一步修订了人口计划生育条例，《贵州省人口与计划生育条例》对禁止“两非”做了明确规定；以省长令颁布了《贵州省禁止非医学需要的胎儿性别鉴定和选择性别终止妊娠的规定》；省政府办公厅转发了省人口和计划生育委员会等12个部门《关于广泛开展关爱女孩行动综合治理出生人口性别比偏高问题的实施意见》；贵州省委《中共贵州省委贵州省人民政府关于全面加强人口和计划生育工作统筹解决人口问题的意见》将综合治理出生性别比作为统筹解决人口问题的五大任务之一；省委、省政府《关于对党政领导干部实行人口和计划生育“一票否决”制的规定》首次将综合治理出生性别比偏高工作纳入“一票否决”内容；与省卫生厅、省药监局联合下发了《关于对违法进行非医学需要的胎儿性别鉴定和选择性别终止妊娠行为的举报奖励办法》和《贵州省终止妊娠药品管理规定》；与省卫生厅、省公安厅联合下发了《关于加强综合治理出生性别比偏高工作的意见》。以省人口计生领导小组文件下发了《关于有效遏制出生人口性别比偏高的五条意见》和《关于不失时机地抓紧抓好综合治理出生性别比偏高工作的通知》。各地也结合本地实际相继出台了一系列综合治理出生性别比偏高工作的政策和措施，建立了孕妇B超检查登记、孕产妇监测和随访、孕妇终止妊娠批准、终止妊娠手术管理、终止妊娠药品监管、婴儿出生死亡报告等制度，加强对医疗保健机构、计生技术服务机构及其从业人员的规范管理。

（3）源头管理，完善服务体系。全程管理服务体系是从源头上遏制出生性别比持续攀升的基础性重点工作，贵州省全面推行“五步工作法”，即明确服务对象、加强孕期服务、实行陪护分娩、严格出生婴儿登记、实施统计监测。全面实施孕产期全程管理服务，推行使用《计划生育孕产期全程管理服务工作手册》，统筹乡（镇）、村、组管理与服务资源于一体，把孕期保健、出生分娩、婴幼儿安全监测、查环查孕生殖保健服务、出生缺陷干预、性别比监测等纳入全程监控服务的全过程，明确各相关部门、人员在全过程中的具体监测服务内容和效果要求，准确记载执行情况，建立出生人口实名登记制度和出生人口统计监测系统，严格出生登记，报实统计数据。实行定点B超孕检、定点分娩、定点终止妊娠手术“三定点”制度。强化孕情跟踪责任制，提高孕情监测参检率和到位率。对符合生育政策的对象特别是已经怀孕的妇女，要按月入户随访服务，准确掌握生育对象的孕情、服务需求和妊娠结果，防止“两非”等违法行为发生。对政策内妊娠妇女出现孕情消失、出生婴儿死亡、持证多年未生育的要进行深入细致的逆向排查，直到弄清事实真相。

（4）专项整治，严厉打击“两非”。打击“两非”是贵州综合治理出生性别比偏高工作的另一重要手段。这几年，贵州各级层层成立由人口计生、卫生、药监、公安等部门参加的联合执法队伍，每季度集中开展一次“两非”专项治理活动，建立起打击“两非”的长效治理机制，基本形成了综合治理的格局。通过明确“两非”案件范围、合理分配案件数量、规范案件卷宗管理、加强工作考核，贵州查处“两非”案件的数量不断上升，几年来贵州共查处“两非”案件2 050件，形成对“两非”案件集中专项治理的高压态势，在社会上起到了强烈的震慑、惩戒和教育作用。

（5）强化责任，实行层级管理。贵州省人口和计划生育委员会多次深入出生性别比偏高问题严重的地区帮助分析原因，查找存在问题，具体指导工作。2007年，建立重点县动态管理制度，将出生性别比超过120的县（市、区、特区），纳入重点管理，加强督查指导，实行分级专门考核。年度出生性别比高于130的县（市、区、特区）纳入省级重点管理，年度出生性别比高于120低于130的县（市、区、特区）纳入各市（州、地）重点管理。对纳入重点管理的县（市、区、特区），党委、政府要制订切实可行的工作计划和落实措施，确保在重点管理期间综合治理出生性别比取得实效。各级人口计生部门对重点管理的县（市、区、特区）开展重点调研、重点督查、重点指导和重点通报，每年拨付专项经费，开展专门业务培训，对重点管理的县（市、区、特区）存在的突出问题进行及时分析帮助。对重点管理的县（市、区、特区）综合治理出生性别比偏高工作连续两年未达到年度责任目标的要兑现“一票否决”制的有关规定。连续两年达到年度责任目标的县（市、区、特区），不再纳入重点管理。

（6）关爱女孩，改善生存环境。全省以“婚育新风进万家活动”及“关爱女孩行动”为主要载体，深入开展宣传教育活动，大力宣传计划生育和男女平等的基本国策，宣传出生性别比平衡的重要性和失衡的危害性，宣传国家有关保护妇女儿童权益、禁止“两非”等法律法规和有关规定，宣传国家和社会关怀女孩家庭、关爱女孩成长的举措，宣传女儿养老敬老、成才立业的典型。在公共场所设置标语、展板和宣传牌，在医疗保健机构和计生服务机构设置禁止“两非”的警示牌，充分利用人口学校、人口文化大院、生育文化一条街等场地和图书屋、宣传栏、党员远程教育系统等设施进行宣传，印制了有关关爱女孩的宣传资料700多万份发放到群众手中，形成了有阵地、有组织、全方位的宣传教育服务网络；组织了“7·11”世界人口日纪念、“关爱女孩行动”知识竞赛、“关爱女孩——扶助自强女孩”万名志愿者结对帮扶等一系列大型社会宣传活动，大力营造有利于女孩成长的舆论氛围和社会环境，促进群众生育观念的转变。

（7）利益导向，转变生育观念。不断制定落实各种有利于女孩成长和计划生育女儿户的社会经济政策，努力帮助计生女儿户率先致富、子女成材、老有保障。截至2009年，投入奖励扶助金23 735.28万元，使14.7万人次农村“两户”夫妇每人每年获得了不低于600元的奖励（从2009年起奖励扶助金标准提高到每人每年720元）；大力开展“少生快富”工程，全省投入资金8 359.12万元，对农村自愿放弃政策内二孩生育并办理了独生子女父母光荣证的35 535户计生家庭，给予独女户每户一次性奖励金4 000元，独子户每户一次性奖励金2 000元；实施计划生育特殊家庭扶助制度，投入1 934.32万元对4 165名农村独生子女伤残、死亡家庭夫妇以及农村节育手术并发症对象，按每人每年不低于1 200元的标准发放救助金。从2002对全省3 500多名符合条件的农村独生子女户、二女户女孩考生给予了高考加10分的照顾。各地也从自身实际出发，不断探索建立新的利益导向政策，据统计，各地建立的与关爱女孩有关的奖励优惠制度已达26项。通过以奖励、优惠、扶持、保障、救助、关爱为主体的利益导向和社会保障机制的建立，使女孩家庭政治上有地位、经济上得实惠、生活上受帮助，让生育女孩的家庭优先享受改革发展的成果。

三、取得的治理成效

（1）严重偏高县（市）数量逐年减少。2009年度贵州9个市（地、州）中有6个市（地、州）出生性别比同比下降，其中贵阳市继续保持正常值，6个市（州、地）出生性别比降到120以下。全省88个县（市）中，除9个县（市）的出生性别比正常外，其余县（市）均高出正常区域上限。但是，自2007年以来，出生性别比严重偏高的县（市）明显减少：有61个县（市、区）下降，130以上的县（市）从10个减少到1个，120以上的县（市）从41个减少到19个，偏高地区呈现向110~120集中的趋势，从39个增加到60个，如表9.3所示。

表9.3　贵州出生性别比按偏高程度分类的县市数量

年份 \ 个数 \ SRB	SRB＞130	120＜SRB≤130	110＜SRB≤120	107＜SRB≤110	SRB≤107
2007	10	31	30	9	8
2008	4	29	40	6	9
2009	1	18	54	6	9

资料来源：贵州省人口和计划生育委员会

（2）服务理念得到了进一步转变。通过推行孕产期全程管理服务流程，寓管理于服务之中，把服务群众、宣传群众放在工作的首位，通过服务群众、宣传群众实现对孕情的监测和统计，避免和减少了在服务管理过程中与人民群众的误解和对立，维护了绝大多数人民群众的利益，得到了绝大多数人民群众的理解和支持。

（3）计生管理水平得到了有效提高。一是清理家庭档案人口底数，摸清了信息变动情况，有效提高数据库资源管理，进一步核实完善PIS（People Information System，即人口信息系统）的真实性、准确性和完整性；二是清理孕情服务对象和出生人口错漏瞒报，进一步提高统计准确率；三是关注大龄青年婚育状况，规范生育管理秩序；四是落实有效避孕节育措施，降低二女户库存量，提高手术及时率，基本消除政策外生育隐患；五是提高妇检质量，查清政策外怀孕，落实补救措施；六是对流出人口落实跟踪管理和服务，提高流动人口办证率及流动人口政策生育率。

四、简短评析

（1）偏高问题与经济发展具有关联性。贵州省是经济欠发达地区，人均收入不及全国平均水平的三分之一，尽管人们有着强烈的男孩偏好，但由于缺乏可靠的性别鉴定技术，群众的生育行为只能顺其自然。随着经济发展和人们生活水平的提高，医学检测技术得到普及应用，贵州省出生性别比偏高问题的出现迟于东部沿海地区，反映了出生性别比偏高问题具有时间波段性，且与经济发展相关联。

（2）队伍建设是综合治理的基础。贵州省领导及相关部门对出生性别比偏高问题进行了认真分析，尊重事实，不等不靠。2007 年以来，贵州在地、县两级普遍设立了专门的领导协调机构，截至 2009 年底，贵州共成立综合治理出生性别比偏高工作机构 88 个，其中，地（州、市）级 6 个，县（市）级 82 个，并积极落实工作人员的编制工作，共计落实 210 个行政、参公、事业编制，健全了综合治理工作机构，稳定了管理服务人员队伍，提高了工作积极性，增强了综合治理出生性别比偏高问题的战斗力。由此可见，认清形势、尊重事实、加强队伍建设是综合治理出生性别比偏高问题的基础。

（3）方法有效是防止“两非”行为的途径。贵州在全省范围内全面推行了“五步工作法”，即明确服务对象、加强孕期服务、实行陪护分娩、严格出生婴儿登记、实施统计监测，将相互关联的五个单元纳入孕产期管理和服务的全过程，有效地完善了管理服务体系。准确掌握生育对象的孕情、服务需求和妊娠结果，防止了“两非”行为的发生。防打结合，预防为主。

（4）责任明确是取得治理成效的关键。2007 年，贵州建立了重点县动态管理制度，将出生性别比超过 120 的县（市）纳入重点管理，加强督查指导，实行分级专门考核，其中，年度出生性别比高于 130 的县（市）纳入省级重点管理，年度出生性别比介于 120~130 的县（市）纳入各市（州、地）重点管理。“一票否决”制度为重点县动态管理提供了政策支持和制度保障。对纳入重点管理的县（市），党委、政府必须制订切实可行的工作计划和落实措施，确保在重点管理期间的综合治理出生性别比工作取得实效。

第二节 1982 年以来持续偏高省份——安徽

安徽地处华东地区腹地，位于长江下游，与山东、浙江、江西、湖北、河南毗邻，下辖 17 个市、61 个县（市），分属江南、江淮和淮北片区。截至 2009 年，安徽有常住人口 6 131 万人，城镇化率 42.1%，比上年提高 1.6 个百分点。2009 年，全省实现生产总值 10 052.90 亿元，人均地区生产总值 16 391 元。2000 年全国人口普查和 2005 年 1%人口抽样调查数据显示，安徽位列全国出生性别比省份前三名。

一、出生性别比的基本情况

（1）出生性别比变动趋势分析。安徽省出生性别比的发展变化可以分为四个阶段：一是自然状态期（1980 年之前），此期间出生性别比处于正常值范围内；二是平缓上升期（1980~1990 年），在 1982 年全国人口普查时，出生性别比达到全国首位，此后一直保持持续上升的趋势；三是快速上升期（1990~2000 年），出生性别比逐年升高，快速攀升，2000 年全国人口普查时的出生性别比达到了 129.43，是全国出生性别比偏高问题最严重的省份之一；四是综合治理平抑期（2000 年之后），出生性别比升高的势头有所减缓，但仍保持在 120 以上的高位运行，如图 9.2 所示。需要说明的是，人口计生报表数据与 WIS 回溯数据之间有很大差异，但变动方向基本一致；人口计生报表数据与统计数据之间的差距较大，最高时相差了 10 个百分点以上，其变动趋势也不尽相同，有时甚至出现相反的走势，如自 2004 年开始，计生报表数据呈现下降趋势，而统计数据仍在高位徘徊，如图 9.3 所示。这也印证了前文所述的对不同来源数据的基本判断，人口计生报表数据的偏低可能与工作考核有关，不排除人为干扰因素的存在。

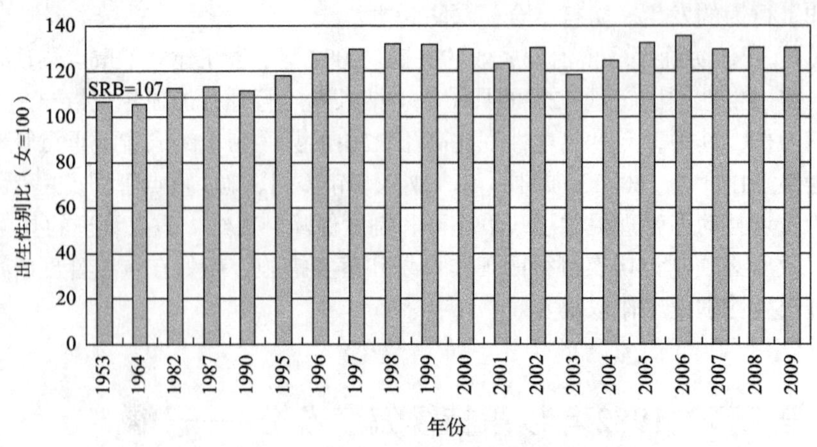

图 9.2　1953~2009 年安徽出生性别比变动趋势

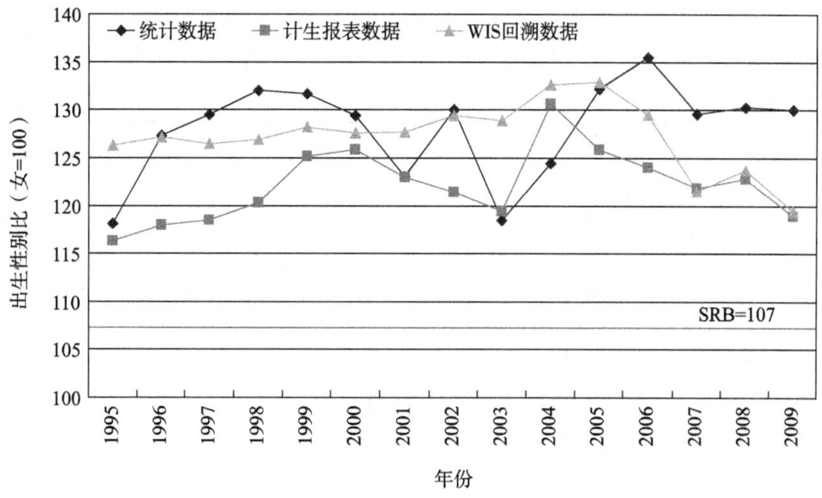

图 9.3 1995~2009 年安徽不同来源的出生性别比变化情况

（2）主要变动特征。一是从南向北逐渐升高。从 2000~2004 年的出生性别比数据可以看出，安徽北部地区出生性别比较南部地区严重，呈现“南低北高”态势，如果将安徽的 17 个地市划分为江南、江淮、淮北三个片区的话，这种趋势可能会更明显一些，如表 9.4 所示。二是随孩次升高而急剧上升。第五次全国人口普查和 2001 年以来的统计数据显示，安徽一孩出生性别比略有偏高，随着孩次升高，出生性别比急剧上升的特征十分明显，可见性别选择性生育行为主要发生在二孩和多孩次生育之中，如表 9.5 所示。当然，也不排除个别年份（2003 年）过分偏低的情形，这与出生性别错报具有较大的关联性。三是农村普遍高于城市。从总体出生性别比看，县人口最高，镇人口次之，市人口最低，但均高出了正常值范围。分孩次考察，一孩和二孩出生性别比由高到低的排序为“镇、县、市”，三孩为“县、镇、市”，如表 9.6 所示。由此可见，治理出生性别比偏高问题的工作重点在乡镇，但城市也不能忽视。四是流出人口的出生性别比偏高问题更为严重。安徽流动人口量较大，平均每年在 1 000 万人左右，流出人口的出生性别比明显高于常住人口，逾七成的“两非”行为是流动人口跨区域形成的，正如在安徽的实地调研所了解的，在流动人口较多的某地区，二孩出生性别比高达 500 以上。

表 9.4 2000~2004 年安徽及三个片区出生性别比

年份	安徽	江南片	江淮片	淮北片
2000	129.43	112.16	128.54	139.21
2001	123.05	127.72	121.21	123.28
2002	129.97	122.12	126.38	135.21
2003	118.47	100.67	119.91	135.89

续表

年份	安徽	江南片	江淮片	淮北片
2004	124.49	108.68	118.62	144.79

资料来源：安徽省统计局，2000~2004 年《安徽人口》

表 9.5　2000~2004 年安徽分孩次出生性别比

年份	总体	一孩	二孩	三孩
2000	129.43	109.92	205.51	250.93
2001	123.05	110.72	165.77	291.67
2002	129.97	112.91	193.97	200.01
2003	118.47	99.23	180.41	381.82
2004	124.49	102.99	192.67	151.85

资料来源：安徽省统计局，2000~2004 年《安徽人口》

表 9.6　安徽分城乡分孩次出生性别比

项目	总体	一孩	二孩	三孩
总体	129.43	109.92	205.51	250.93
市	112.94	108.17	154.79	154.55
镇	125.86	111.17	218.23	224.24
县	134.76	110.06	208.24	260.25

资料来源：朱向东. 世纪之交的中国人口（安徽卷）. 北京：中国统计出版社，2004

二、主要做法及其效果

（1）政府重视，加强组织领导。安徽省人大、政协、纪检委开展联合调研活动，及时出台相应的政策法规，省政府建立了关爱女孩行动综合治理出生性别比偏高问题工作联席会议制度。安徽各地市成立了由党委政府牵头、相关部门参与、公检法介入的综合治理出生性别比协调机构，实行综合治理联席会议制度，信息共享。合肥、巢湖等地市以市政府名义制定下发了综合治理出生性别比偏高问题意见和工作方案。

（2）管理创新，实行末位淘汰。在人口计生工作考核评估中，安徽采用末位淘汰制考评模式，直接由省考核县。对安徽所有被考评的县（市）中，分三类地区设置 10%的末位级别，如果在考评中，被列入末位级别的县市，党政主要领导与人口计生部门领导在考评当年“不能评先、不能提拔、不能调动”，并安排省人口和计划生育委员会处级以上干部定点指导，帮助提高工作水平，脱离末位。[①]同

① 此为 2010 年之前的工作，在 2013 年国家人口和计划生育委员会更名为国家卫生和计划生育委员会成立后，此项工作基本处于停滞状态。

时，在考评指标中，专设打击“两非”和综合治理出生性别比的分值，增加权重。

（3）强化基础，落实管理服务。安徽明确提出了人口计生工作重心下移，强调建立“村为主”的工作机制，充分调动和发挥村干部的主动性和积极性，将综合治理出生性别比偏高问题与村级计划生育服务和管理密切结合，将村级人口计生工作的重点放在发现早孕、孕情管理和随访服务方面。由于工作要求清晰、职责明确、程序完善、责任到人，有效地提高了早孕的发现率，减少了胎儿性别鉴定和选择性别生育行为的发生。

（4）协同配合，严查“两非”行为。公安、卫生、计生等相关部门密切协作，加强对医疗机构、个体诊所的 B 超和终止妊娠药品市场的管理，建立“两非”案件季度报告制、查处情况通报制、重大案件随时报告制和跟踪问责制等工作制度，加大对“两非”案件的查处力度。同时，与湖北、江西、江苏、山东、河南等省份建立综合治理出生性别比偏高问题协作区，联手查处跨区域“两非”案件。据不完全统计，2007~2009 年安徽共查处“两非”案件 1 万多件。

（5）完善政策，开展奖励扶助。安徽在全省范围内普遍推行了农村计划生育家庭奖励扶助制度，完善和落实对纯女户和计划生育家庭的奖励政策，及时加大对独女户的经济帮扶，为女孩读书升学创造条件，重点解决女孩完成义务教育和高中教育。同时，还注重解决纯女户贫困家庭的生产生活问题，支持计划生育女儿户发展经济，在小额贷款、技术培训、项目扶持等方面给以支持，优先帮助和支持贫困计划生育女儿户实施扶贫项目，帮助他们解决实际困难，发展经济，勤劳致富。

（6）宣传倡导，营造社会环境。全省各地充分发挥宣传教育的先导作用，加大对关爱女孩的倡导力度，营造舆论氛围。例如，含山县人口和计划生育委员会拍摄了“咱们村的独女户”系列节目在省电视台播出，选取老百姓身边生动鲜活的素材，以身边事教育身边人，让群众真正成为宣传教育的主体，这种宣教方式取得了良好的效果，为女孩和计划生育女儿户发展营造了良好的社会舆论环境，促进了人们生育观念转变。

三、简要评析

（1）领导重视是决定综合治理工作成败的关键。末位淘汰制考评方式，较好地体现了领导在综合治理出生性别比偏高工作中的核心作用，并存在以下三个方面的可行性：一是可以促进人口计生工作的全面发展，因为在不同类型的单位都设置了末位淘汰级别，可以促进好、中、差的所有地区都要坚持不懈地努力；二是将主要领导的提拔等切身利益与计划生育工作紧密联系，督促他们重视人口计生工作，落实亲自抓、负总责的方针；三是设置打击“两非”和治理出生性别比专项分值，突显治理出生性别比工作的重要性。

（2）长期持续偏高增加了治理的难度。自 1980 年以来，安徽的出生性别比就偏高，并高于全国平均水平，传统偏好男孩的观念根深蒂固，以及性别选择性生育已经形成气候，不容易在短时间内消除。尽管安徽打击“两非”的力度最大，但是，其出生性别比却一直位列第一方阵，这说明，综合治理出生性别比偏高问题必须及时预防，标本兼治，打击“两非”固然重要，从根本上消除人们的男孩偏好更是治理出生性别比偏高问题的关键。

（3）有效治理模式有待于全面推广。安徽在部分地区开展了“村为主”这项工作，并以此为基础加强孕情管理和服务。在霍山县，正是“村为主”的有效实施，使数年来出生性别比大致保持在正常范围内。但是，与霍山县毗邻的周边县市，其早孕发现率仅相当于霍山县的一半。这说明，综合治理经验和模式有待于进一步总结、提升和推广，使这一措施能够在安徽范围内发挥作用。

第三节　本章小结

本章选取了贵州和安徽进行案例分析。这两个省的出生性别比变动特点很有代表性，分别代表了不同的发展阶段，贵州出生性别比偏高发生时间比全国滞后了将近 20 年，但却是自 2000 年以来升高速度最快的省份；安徽的出生性别比偏高几乎与全国同时出现，是 2000 年全国人口普查和 2005 年 1%抽样调查数据显示的全国最高省份之一。通过对贵州和安徽两省在治理出生性别比偏高问题中的实践进行分析，进一步检验各因素对出生性别比升高的影响机制，总结具有推广价值的治理措施。

一是严厉查处“两非”案件是遏制出生性别比升高势头的途径。贵州各级层层成立联合执法队伍，建立起打击“两非”的长效治理机制，基本形成了综合治理的格局，通过明确“两非”案件范围、合理分配案件数量、规范案件卷宗管理、加强工作考核，贵州查处“两非”案件的数量不断上升，几年来贵州共查处“两非”案件 2 050 件。安徽建立“两非”案件季度报告制、查处情况通报制、重大案件随时报告制和跟踪问责制等工作制度，加强对医疗机构、个体诊所的 B 超和终止妊娠药品市场的管理，加大对“两非”案件的查处力度，与湖北、江西、江苏、山东、河南等省份建立综合治理出生性别比偏高问题协作区，联手查处跨区域“两非”案件，2007~2009 年，安徽共查处“两非”案件 1 万多件。打击“两非”制度的制定和落实，形成对“两非”案件集中专项治理的高压态势，在社会上起到了强烈的震慑、惩戒和教育作用。

二是建立完善的孕产期全程服务体系是防止性别选择性生育的关键。贵州全面推行“五步工作法”，将全程管理和服务有机地分解为相互关联的五个单元，有效地完善了管理服务体系，把孕期保健、出生分娩、婴幼儿安全监测、查环查孕生殖保健服务、出生缺陷干预、性别比监测等纳入全程监测服务内容，加强生殖健康服务，有效控制计划外生育行为，提高人口计生统计数据质量，有效监控孕情，减少性别选择性流产和引产的发生。安徽强调建立“村为主”的工作机制，将人口计生工作重心下移，充分调动和发挥村干部的主动性和积极性，将综合治理出生性别比偏高问题与村级计划生育服务和管理密切结合，将村级人口计生工作的重点放在发现早孕、孕情管理和随访服务方面，有效地提高了早孕的发现率，减少了胎儿性别鉴定和选择性别生育行为的发生。

三是实行目标责任制是组织领导综合治理工作的核心。贵州将关爱女孩行动和综合治理出生人口性别比偏高工作纳入各级党政、计生双线年度责任目标，增强了各级党政领导对综合治理出生人口性别比偏高工作的重视程度，建立了多级动态重点地区管理制度，形成了一套省管重点地市、地市管重点县市、县市管重点乡镇的层级动态管理体系，分层加强督查指导，分级实行专门考核。安徽建立了关爱女孩行动综合治理出生性别比偏高问题工作联席会议制度，在人口计生工作考核中，采用末位淘汰制考评模式，直接由省考核县，在考评指标中设置和增加综合治理出生性别比的分值和权重，对安徽所有被考评的县（市）中，分三类地区设置末位级别，被列入末位级别的县市党政主要领导与人口计生部门领导在考评当年“不能评先、不能提拔、不能调动”。

四是转变传统生育观念是解决出生性别比偏高问题的根本。贵州和安徽以“婚育新风进万家活动”及“关爱女孩行动”为主要载体，深入开展宣传教育活动，大力宣传计划生育和男女平等的基本国策，宣传出生性别比平衡的重要性和失衡的危害性，宣传国家有关保护妇女儿童权益、禁止“两非”等法律法规和有关规定，宣传国家和社会关怀女孩家庭、关爱女孩成长的举措，宣传女儿养老敬老、成才立业的典型。贵州“关爱女孩行动”知识竞赛、“关爱女孩——扶助自强女孩”万名志愿者结对帮扶、落实各种有利于女孩成长和计划生育女儿户的社会经济政策等活动，大力营造有利于女孩成长的舆论氛围和社会环境；安徽选取老百姓身边生动鲜活的素材，以身边事教育身边人，让群众真正成为宣传教育的主体，为女孩和计划生育女儿户发展营造了良好的社会舆论环境，促进了群众生育观念的转变。

第十章　本书主要结论

人口结构问题是关系全国人口可持续发展的重要方面。1980 年以来，中国出生性别比开始并持续偏高升高，人口性别结构尤其是婚龄人口性别结构发生畸形变化，由此带来的社会问题将错综复杂，本书对出生性别比偏高现状、原因、后果、影响因素和治理路径进行了较为深入的研究，现从理论层面和实践层面进行总结。

第一节　理论层面

本书首先从出生性别比的时间和空间分布特征入手进行分析。结果表明：出生性别比还呈现明显的阶段性，20 世纪 80 年代为缓慢上升阶段，省际差异较小；20 世纪 90 年代快速上升，省际差异扩大；2000 年以来的上升态势趋缓，个别省出现下降迹象，但省际差异进一步扩大。全国整体处于出生性别比持续偏高状态，偏高程度由轻而重，偏高区域由点及面，偏高人群由乡村到城市，出生性别比偏高正成为制约中国人口与社会经济可持续发展的重要问题。

从本质上讲，男孩偏好和性别选择技术是决定并导致出生性别比偏高的内在动因，男孩偏好是出生性别比升高的必要条件，性别选择技术可及是出生性别比升高的充要条件。传统社会文化因素是引起男孩偏好的根源，男孩偏好的强弱受生育政策、城镇化水平、公共政策等多因素的共同作用和影响，男孩偏好不强烈时仅仅表现在生育观念上，而强烈的男孩偏好却会付诸生育决策和生育行为。性别选择技术的可及性受社会经济发展、医疗技术水平的提高以及执法环境的影响，地区经济发展水平、医疗卫生发展水平、家庭经济状况、B 超诊断仪的普及情况、人工流产的社会接受程度、社会法制环境等因素决定了性别选择技术的可及性。有着强烈男孩偏好的家庭，当经济支付能力和社会资源使其能够获得性别选择技术时，将通过性别选择技术来获得满意的孩子性别结构，导致出生性别比的偏高，这是出生性别比升高的内在机理。

以出生性别比升高的内在机理为基础，从男孩偏好和性别选择技术两个决定出生性别比偏高的因素入手，结合人口统计学理论，本书构建了数学分析模型。运用空间计量分析技术定量研究了各变量对出生性别比偏高的影响及其影响程度，实证结果表明：影响出生性别比升高的各因素存在空间相互作用，其空间自相关属于高高-低低类型，出生性别比的变化在空间上具有集聚性、传染性和扩散性；人均计生宣教费用、城镇化水平和非农产业的妇女就业率与出生性别比变化之间呈负相关关系，随着各变量数值的增加（或升高），出生性别比的偏高程度将会减弱；人均地区生产总值、农村家庭纯收入、妇女平均受教育年限、每万人所拥有的卫生服务机构数与出生性别比变化之间呈正相关关系，随着各变量数值的增加（或升高），出生性别比的偏高程度将会加剧；在95%的显著性水平下，政策性总和生育率的回归系数不具有显著性，不能确定生育政策对出生性别比是否有影响以及影响程度如何。进一步的研究发现，放宽生育政策能够使出生性别比有所降低，但还不足以使出生性别比恢复到正常水平。

持续三十多年的出生性别比偏高问题给人口和社会经济可持续发展带来负面影响。本书以人口统计理论为基础，定量研究了出生性别比造成的女胎缺失和男性婚姻挤压问题，1980~2009 年，有 1 133 万~2 267 万女胎被剥夺了生命权，巨量的女胎缺失导致未来婚姻市场的失衡，男性婚姻挤压规模呈现逐年扩大的态势，到 2040 年，将有 20%的男性处于大龄未婚状态。另外，从社会性别角度来看，出生性别比偏高给妇女健康权和女性婴幼儿生存权造成直接侵害，同时，也间接侵害了女性的发展机会、生存条件和财产权益，这充分体现了社会性别、公共政策和权益保障等方面所存在的制度性问题。

第二节　实践层面

出生性别比的变化特征以及各因素对出生性别比偏高的影响及其影响程度已经明确，为了有效降低和消除出生性别比偏高问题所带来的严重社会后果，迫切需要研究并制定相关治理措施，早日遏制住出生性别比升高的势头并最终使之正常化。

首先，本书从理论和现实两个方面分析了根本解决出生性别比偏高问题的可行性。理论分析表明，只要政府和社会能够有效地弱化人们的男孩偏好和控制医疗机构开展性别选择性引流产服务，出生性别比偏高问题是可以得到根本解决的；韩国成功治理出生性别比偏高问题的事例，也为从根本上治理出生性别比偏高问题提供了例证，1980~1993 年，韩国出生性别比偏高并保持上升趋势，通过采取有效措施，出生性别比偏高现象出现明显改观，从 1994 年开始逐年持续下降，2007

年和 2008 年连续两年处于正常值范围内，这说明通过政府和社会有力干预是可以成功治理出生性别比偏高问题的。

其次，根据出生性别比偏高问题与其决定因素之间的关系，本书参考和借鉴我国部分地区和韩国出生性别比的变化特点和发展过程，描绘中国出生性别比的变化趋势，并对不同阶段的治理路径进行分析，提出各阶段的针对性措施。当前正处于第Ⅲ阶段，是治理出生性别比偏高问题的最关键阶段，首要任务是坚决遏制出生性别比升高的势头。在分析总结当前综合治理工作所采取的主要措施，并对其实际治理效果和治理过程中存在的问题进行评价，结合各因素对出生性别比的影响程度以及第Ⅲ阶段坚决遏制出生性别比升高势头的治理目标，同时兼顾出生性别比的内生正常化，提出了进一步的改进建议。

最后，本书选取贵州和安徽的治理实践进行案例分析。贵州出生性别比偏高开始时间比全国滞后了将近 20 年，但却是自 2000 年以来升高速度最快的省份；安徽出生性别比偏高时间开始于 20 世纪 80 年代初，始终是全国出生性别比偏高程度最严重省份之一。通过对贵州和安徽两省在治理出生性别比偏高问题中的实践进行分析，进一步检验了各因素对出生性别比升高的影响机制，总结了具有推广价值的治理措施：一是严厉打击“两非”行为，二是建立完善的孕产期全程服务体系，三是实行综合治理目标责任制，四是转变传统生育观念。

参考文献

贝克尔. 1985. 控制人口与发展经济. 北京：北京大学出版社.

蔡菲. 2007. 出生性别比升高的分因素贡献率. 人口研究，(4)：9-19.

蔡菲，黄润龙，陈胜利. 2008. 影响出生性别比升高的社会经济文化背景研究——2000 年全国人口普查县级资料多因素分析报告. 人口与发展，(2)：48-53.

陈斐. 2008. 区域空间经济关联模式分析：理论与实证研究. 北京：中国社会科学出版社.

陈胜利，袁建华，莫丽霞. 2006. 未来择偶男性比女性究竟多多少？市场与人口分析，(1)：17-21.

陈胜利，顾法明，蔡菲. 2008. 2005 年 1%人口抽样调查对综合治理出生性别比工作的启示. 人口研究，(1)：22-33.

陈卫，翟振武. 2007. 1990 年代中国出生性别比：究竟有多高？人口研究，(5)：1-8.

陈卫，吴丽丽. 2008. 外来人口对中国城市地区出生性别比的影响. 人口学刊，(2)：15-19.

陈友华. 1999. 中国生育政策调整问题研究. 人口研究，(6)：21-27.

陈友华. 2006. 关于出生性别比的几个问题——以广东省为例. 中国人口科学，(1)：86-94.

陈友华. 2008. 仅仅性别偏好不足以导致出生性别比偏高. 人口与发展，(2)：27-30.

陈友华，乌尔里希 M. 2000. 中德婚姻市场供需情况的比较研究. 人口与经济，(5)：3-17.

楚军红. 2001. 中国农村产前性别选择的决定因素分析. 中国人口科学，(1)：61-66.

慈勤英. 2006. 研究出生性别比问题要有性别视角. 人口研究，(1)：37-39.

崔祥芬，戴力辉，苗苗，等. 2014. 基于医疗机构出生登记的出生性别比实证研究. 中国社会医学杂志，(3)：206-208.

邓国胜. 2003. 出生性别比偏高对择偶问题的影响. 人口研究，(5)：41-43.

费孝通. 1998. 乡土中国：生育制度. 北京：北京大学出版社.

高凌. 1993. 中国人口出生性别比的分析. 人口研究，(1)：1-6.

高凌. 1995. 我国人口出生性别比的特征及其影响因素. 中国社会科学，5（1)：99-115.

高铭暄. 1989. 中国刑法学. 北京：中国人民大学出版社.

顾宝昌，徐毅. 1994. 中国婴儿出生性别比综论. 中国人口科学，(3)：41-48.

顾宝昌，罗伊. 1996. 中国大陆、中国台湾省和韩国出生婴儿性别比失调的比较分析. 人口研究，(5)：1-15.

桂江丰. 2012. 以“出生人口数量”换“出生人口性别比结构”战略. 中国社会科学院研究生院学报，(3)：5-10.

郭志刚. 2003. 北京市生育水平和出生性别比及外来人口影响. 中国人口科学，(6)：53-57.

郭志刚，邓国胜. 1995. 婚姻市场理论研究. 中国人口科学，(3)：11-16.

郭志刚，邓国胜. 2000. 中国婚姻拥挤研究. 市场与人口分析，(3)：1-17.

郭志刚，张二力，顾宝昌，等. 2003. 从政策生育率看中国生育政策的多样性. 人口研究，(5)：1-10.

国家计划生育委员会政策法规司. 2000. 中国人口出生性别比偏高问题与对策研究课题研究报告.
国家计生委课题组. 2000. 出生性别比偏高问题的研究. 国家计生委研究报告.
果臻，李树茁，Feldman W M. 2016. 中国男性婚姻挤压模式研究. 中国人口科学，(3)：69-80.
韩剑. 2009. 知识溢出的空间有限性与企业 R&D 集聚. 研究与发展管理，(3)：22-27.
胡慈珍. 2009. 孕产妇死亡率现状及对策分析. 中华现代妇产科学杂志，(3)：23-26.
胡耀岭. 2010. 中国出生性别比偏高问题研究. 南开大学博士学位论文.
胡耀岭，原新. 2012. 基于空间数据的出生性别比偏高影响因素研究. 人口学刊，(5)：12-21.
黄凯南，程臻宇. 2008. 认知理性与个体主义方法论的发展. 经济研究，(7)：142-155.
黄匡时. 2015. “单独两孩”政策对人口出生性别比的影响效应分析. 人口学刊，(4)：5-11.
黄荣清. 2005. 20 世纪 90 年代中国人口死亡水平. 中国人口科学，(3)：11-20.
黄中伟，王宇露. 2007. 关于经济行为的社会嵌入理论研究述评. 外国经济与管理，(12)：1-8.
姜全保，李树茁，费尔德曼. 2005. 20 世纪中国“失踪女性”数量的估计. 中国人口科学，(4)：2-10.
蒋永萍. 2006-07-24. 中国提高妇女地位的国家机制. http://theory.people.com.cn/GB/40557/68380/68383/4622904.html.
康建英，朱雅丽，原新. 2006. 中国出生性别比偏高及未来女性赤字预测. 南方人口，(6)：59-64.
李兵，孙永健. 2001. 出生婴儿性别选择的经济学分析. 西北人口，(1)：49-53.
李伯华. 1994. 中国出生性别比的近期趋势：从医院记录获得的数据. 人口研究，(3)：1-9.
李竞能. 1992. 当代西方人口学说. 太原：山西人民出版社.
李竞能. 1999. 现阶段中国人口经济问题研究. 北京：中国人口出版社.
李树茁. 1998. 性别歧视和婚姻挤压：中国、韩国和印度的比较研究. 中国人口科学，(6)：22-30.
李树茁，韦艳，姜全保. 2006a. 中国的女孩生存：历史、现状和展望. 市场与人口分析，(1)：2-16.
李树茁，杨绪松，靳小怡，等. 2006b. 中国乡城流动人口社会网络复杂性特征分析. 市场与人口分析，(5)：13-22.
李涛. 2007. 参与惯性和投资选择. 经济研究，(8)：95-109.
李新建，赵瑞美. 1999. 性别歧视与女性就业. 妇女研究论丛，(1)：4-8.
李涌平. 1993. 婴儿性别比以及婴儿性别比和一些社会经济变量的关系普查的结果和反映现实. 人口与经济，(4)：3-13.
梁丽霞，李伟峰. 2011. 人口出生性别比偏高问题的社会性别分析. 山东社会科学，(7)：116-120.
刘慧君，李树茁. 2011. 出生性别比下降的路径选择与有效机制. 人口与经济，1（4)：1-9.
刘爽. 1988. 对中国人口出生性别比的分析. 人口研究，(3)：33-36.
刘爽. 2005a. 世界各国的人口出生性别比及其启示. 人口学刊，(6)：33-37.
刘爽. 2005b. 中国育龄夫妇的生育“性别偏好”. 人口研究，(3)：2-10.
刘爽. 2006. 对中国生育“男孩偏好”社会动因的再思考. 人口研究，(3)：2-9.
刘中一. 2012. 印度、越南和尼泊尔的出生人口性别比：问题、原因与对策. 南亚研究季刊，(2)：95-100.
刘中一. 2013. 印度出生性别比治理成效不显著的原因探析. 人口与经济，(1)：19-26.
吕昭河，余泳，陈瑛. 2005. 我国少数民族村寨生育行为与理性选择的分析. 民族研究，(1)：26-35.

马淼. 2004. 从性别平等的视角看出生婴儿性别比. 人口研究,(5):75-79.
马寅初. 1998. 新人口论. 广州:广东经济出版社.
马瀛通,冯立天,陈友华. 1997. 创立出生性别比新概念与构建马冯陈(MFC)数学模型. 人口与经济,(5):3-12.
马瀛通,冯立天,陈友华,等. 1998. 再论出生性别比若干问题. 人口与经济,(5):10-17.
穆光宗. 1995. 近年来中国出生性别比升高偏高现象的理论解释. 人口与经济,(1):48-51.
穆光宗. 2006. 中国人口转变的风险前瞻. 浙江大学学报,(6):25-33.
穆光宗,余利明,杨越忠. 2007. 性别比问题治理研究. 中国人口科学,(3):81-88.
钱再见. 2006. 失业弱势群体的社会网络支持. 南京:南京师范大学出版社.
乔晓春. 1992. 对中国人口普查出生婴儿性别比的分析与思考. 人口与经济,(2):21-28.
乔晓春. 2004. 性别偏好、性别选择与出生性别比. 中国人口科学,(1):14-22.
乔晓春. 2006. 关于出生性别比的统计推断问题. 中国人口科学,6:30-35.
全国关爱女孩领导小组办公室. 2008. 出生性别比偏高 11 个重点省区调研报告集.
石人炳. 2013. 我国出生性别比变化新特点——基于"五普"和"六普"数据的比较. 人口研究,(2):66-72.
宋健. 2009. 中国出生性别比偏高问题的政策回应与效果. 人口研究,(4):1-9.
谭琳,周垚. 2008. 治理出生性别比偏高:公共政策的赋权性分析. 妇女研究论丛,(5):5-10
汤兆云. 2006. 治理出生性别比失衡问题为何成效甚微. 人口研究,(1):84-88.
汤兆云,郭真真. 2011. 生育政策与经济水平对出生性别比偏高的分析. 人口与经济,(1):10-21.
陶涛,杨凡. 2015. 出生性别比间接估计方法. 人口学刊,(2):68-76.
田雪原,王金营,李文. 2005. "软着陆":中国人口发展战略的理性选择. 社会科学战线,(2):237-241.
涂平. 1993. 我国出生婴儿性别比问题探讨. 人口研究,(1):1-8.
王风华,贺江平. 2006. 社会性别文化的历史与未来. 北京:中国社会科学出版社.
王广州,傅崇辉. 2009. 中国出生性别比升高的孩次性别递进过程分析. 人口学刊,(1):3-9.
王广州,胡耀岭,张丽萍. 2013. 中国生育政策调整. 北京:社会科学文献出版社.
王金营. 2003. 1990—2000 年中国生育模式变动及生育水平估计. 中国人口科学,(4):32-38.
王军. 2013. 生育政策和社会经济状况对中国出生性别比失衡的影响. 人口学刊,(5):5-14.
王军,王广州. 2016. 中国出生性别比水平估计及形势判断. 学习与实践,(3):82-91 .
王谦. 2008. 应用队列累计生育率分析我国生育水平变动趋势. 人口研究,(6):1-6.
王胜今,石雅茗. 2016. 综合治理出生性别比偏高的深层思考. 人口学刊,(3):39-46.
王向贤. 2017. 两孩政策、非婚生育和生育观的变革. 山西师大学报,(1):7-12.
王元璋. 1985. 我国人口性比例失调的现状、成因及对策. 人口学刊,(2):47-50.
威利斯 R J. 1974. 生育行为的经济理论//舒尔茨 W T. 家庭经济学. 芝加哥:芝加哥大学出版社.
韦艳. 2005. 出生性别比升高及其婚姻拥挤测度. 西北人口,(5):50-53.
韦艳,梁义成. 2008. 韩国出生性别比失衡的公共治理及对中国的启示. 人口学刊,(6):15-22.
伍海霞,李树茁,杨绪松. 2005. 中国乡城人口流动与城镇出生性别比——基于"五普"数据的分析. 人口与经济,(6):11-18.
吴擢春,黎楚湘,励晓红. 2005. 影响出生性别比偏高的直接原因的队列实证研究. 中国人口科学,(3):38-43.

肖国忠. 2007-02-06. 中国人口发展战略的目标的目标：人口零增长. http://theory.people.com.cn/GB/40553/5372613.html.
肖扬. 2007. 对人口和生殖健康领域的社会性别意识调查与思考. 人口学刊，（5）：60-65.
谢永琴. 2006. 城市外部空间结构理论与实践. 北京：经济科学出版社.
解振明. 2002. 引起中国出生性别比偏高的三要素. 人口研究，（5）：14-18.
许军，梁学敏. 2007. 延边州农村大龄未婚男青年情况调查报告. 人口学刊，（4）：63-65.
徐岚，崔红艳. 2008. 利用教育统计资料对我国出生婴儿性别比的研究. 人口研究，（5）：79-82.
徐毅，郭维明. 1991. 中国出生性别比的现状及有关问题的探讨. 人口与经济，（5）：9-12.
闫妍. 2009-03-02. 当前女性权益三大突出问题. http://acwf.people.com.cn/GB/8893065.html.
晏月平，吕昭河. 2015. 人口超百万少数民族出生性别比差异与综合治理研究. 人口与发展，（3）：19-28.
杨成刚. 2009. 从行为机制看性别比问题与生育政策的关系. 人口研究，（3）：41-44.
杨凡. 2014. 现代化视角下的出生性别比偏高与中国人口转变. 人口与经济，（5）：23-32.
杨菊华. 2008. 出生性别比与和谐社会建设：一个定性和定量的分析. 人口学刊，（1）：19-24.
杨菊华. 2016. "普二新政"下出生性别比综合治理的挑战及其应对. 探索，（1）：75-80.
杨书章，王广州. 2006. 孩次性别递进人口发展模型及孩次性别递进指标体系. 中国人口科学，2：36-47.
杨云彦，慈勤英，穆光宗，等. 2006. 中国出生性别比：从存疑到求解. 人口研究，（1）：37-49.
尹豪，金永花，侯建明. 2007. 中国与韩国出生性别比问题比较研究. 人口学刊，（4）：3-8.
于学军. 2000. 中国进入"后人口转变"时期. 中国人口科学，（2）：8-15.
原新. 2007. 对我国出生性别比失衡人口规模的判断. 人口研究，（6）：3-7.
原新. 2008. 中国出生性别比偏高是多因素综合之结果. 人口与发展，（2）：30-33.
原新，刘厚莲. 2015. 流动人口出生性别比形势与贡献分析. 人口学刊，5（1）：41-49.
原新，石海龙. 2005. 中国出生性别比偏高与计划生育政策. 人口研究，（3）：11-17.
原新，涂肇庆. 2006. 中国大陆出生性别比偏高及家庭孩子性别选择模式研究//涂肇庆. 机遇与挑战：21 世纪两岸四地的人口变迁. 北京：中国人口出版社.
曾毅，顾宝昌，涂平，等. 1993. 我国近年来出生性别比升高原因及其后果分析. 人口与经济，（1）：3-15.
张二力. 2005. 从"五普"地市数据看生育政策对出生性别比和婴幼儿死亡率性别比的影响. 人口研究，（1）：11-18.
张枫. 2003. 广东出生性别比偏高的现状、原因与对策. 南方人口，（4）：31-38.
张丽萍. 2005. 我国出生性别比区域差异研究. 人口研究，（增刊）：118-122.
郑真真，解振明. 2004. 人口流动与农村妇女发展. 北京：社会科学文献出版社.
中国人口情报中心. 1995. 中国出生性别比研究.
朱玲. 2000. 农地分配中的性别平等问题. 经济研究，（9）：34-42.
朱向东. 2004. 世纪之交的中国人口（安徽卷）. 北京：中国统计出版社.
Aird J S. 1990. Slaughter of the Innocents：Coercive Birth Control in China. Washington D.C.：American Enterprise Institute Press.
Akerlof G A. 1997. Social distance and social decisions. Econometrica，5：1005-1028.
Almond D，Edlund L. 2008-07-24. Son-biased sex ratios in the 2000 United States Census. http://www. pnas.org_cgi_doi_10.1073_pnas.0800703105.

Anselin L. 1998. Exploratory spatial data analysis in a geocomputational environment// Longley P A, Brooks S M, McDonnell R, et al. Handbook of Applied Spatial Analysis. New York: Wiley.

Anselin L. 2003. Spatial externalities, spatial multipliers, and spatial econometrics. International Regional Science Reviews, 2: 153-166.

Anselin L. 2004. GeoDa 0.9.5-i Release Notes. Center for Spatially Integrated Social Science.

Baller R D, Richardson K K. 2002. Social integration, imitation, and the geographic patterning of suicide. American Sociological Review, 67: 873-888.

Banister J. 1992. Recent mortality level and trends. Paper prepare for the population association of America, Denver.

Barbara A A, Brian D S. 1994. Fertility and sex ratio at birth in China, the effects of parity and the sex composition of previous children, based on ethnic comparisons in Xinjiang. Population Studies Center of University of Michigan, Research Reports.

Bélanger D, Liu J, Le T T, et al. 2003. Are sex ratios at birth increasing in Vietnam? Population (English edition), 58: 231-250.

Bernstein M E. 1958. A genetic explanation of the wartime increase in the secondary sex ratio. American Journal of Human Genetics, 10: 68-70.

Bhat P N M. 2002. On the trail of missing Indian females Ⅰ: search for clues, Ⅱ: illusion and reality. Economic and Political Weekly, 37: 5105-5118, 5244-5263.

Bott E. 1971. Family and Social Network: Roles, Norms, and External Relationships in Ordinary Urban Families. New York : The Free Press.

Brewis A A. 1993. Sex ratios at birth in a Micronesian Atoll population. Social Biology, 40: 207-214.

Cai Y, Lavely W. 2003. China's missing girls: numerical estimates and effects on population growth. The China Review, 3: 13-29.

Carrington A. 2003. A divided Europe? Regional convergence and neighbourhood spillover effects. Kyklos, 56: 381-393.

Chahnazarian A. 1988. Determinations on the sex ratio at birth: review of the recent literature. Social Biology, 35: 214-235

Christophe Z. 2009. The sexy ratio transition in Asia. Population and Development Review, 9: 519-549.

Coale A J, Banister J. 1994. Five decades of missing females in China. Demography, 3: 459-479.

Croll E. 2001. Endangered Daughters: Discrimination and Development in Asia. London: Routledge.

Das Gupta M, Bhat M. 1997. Fertility decline and increased manifestation of sex bias in India. Population Studies, 3: 307-315.

David D. 1969. Growth poles and growth centers in regional planning: a review. Environment and Planning, 1: 5-32.

Dubuc S, Coleman D. 2007. An increase in the sex ratio of births to India-born mothers in England and Wales: evidence for sex-selective abortions. Population and development Review, 33: 383-400.

Engle R F. 1984. Wald, likelihood ratio, and Lagrange multiplier tests in econometrics//Griliches Z, Intrilligator M. Handbook of Econometrics. Amsterdam: North-Holland.

Feitosa M F, Krieger H. 1993. Some factors affecting the secondary sex ratio in a Latin America sample. Human Biology, 2: 273-278.

Fischer C S. 1982. Social structural determinants of similarity among associates. American Sociological Review, 47 (6): 797-801.

Fred A, Liu Z. 1986. Sex preference, fertility and family planning in China. Population and Development Review, 2: 221-246.

Granovetter M. 1985. Economic action and social structure：the problem of embeddedness. The American Journal of Sociology，3：481-510.

Granovetter M，Swedberg R. 1992. The Sociology of Economic Life. Boulder：Westview.

Guerrero R. 1974. Association of type and time of insemination within the menstrual cycle with the human sex ratio at birth. New England Journal of Medicine，291：10.

Harlap S. 1979. Gender of infants conceived on different days of the menstrual cycle. The New England Journal of Medicine，26：1445-1448.

Hudson V M，Boer A D. 2002. A surplus of men，a deficit of peace：security and sex ratios in Asia's largest states. International Security，4：5-38.

Hull T H. 1990. Recent trends in sex ratios at birth in China. Population and Development Review，1：70-83.

James W H，Rostron J. 1985. Parental age parity and sex ratio in births in England and Wales UK 1968—1977. Journal of Biosocial Science，17：47-56.

James W H. 1971. Cycle day of insemination，coital rate and sex ratio. Lancet，1：112-114.

Johansson S，Nygren O. 1991. The missing girls of China：a new demographic account. Population and Development Review，17：35-51.

John W M. 1993. The effect of polygyny on sex ratio at birth. American Anthropologist，2：435-442.

Johnson K，Huang B H，Wang L Y. 1998. Infant abandonment and adoption in China. Population and Development Review，3：469-510.

Jonathan H，Dominique H. 2003. Are simple tests of son preference useful? An evaluation using data from Vietnam. Journal of Population Economics，11：495-516.

Kohler H P，Behrman J R，Watkins S C. 2001. The density of social networks and fertility decisions：evidence from South Nyanza District，Kenya. Demography，1：43-58.

Kulkarmi P M. 2007. Estimation of missing girls at birth and juvenile ages in India. UNFPA，India.

Li S，Zhu C，Feldman M W. 2004. Gender differences in child survival in contemporary rural China：a county study. Journal of Biosocial Science，36（1）：83-109.

Manski C. 2000. Economic analysis of social interactions. Journal of Economic Pers pectives，3：15-136.

Miller B D. 2001. Female-selective abortion in Asia：patterns，policies，and debates. American Anthropologist，New Series，4：1083-1095.

Mulder M B. 1994. On polygyny and sex ratio at birth：an evaluation of Whiting' s study. Current Anthropology，5：425-427.

O' Loughlin J，Flint C，Anselin L. 1994. The geography of the nazi vote：context，confession，and class in the reichstag election of 1930. Annals of the Assoclation of Amerlcan Geographers，3：351-380.

Parazzini F，La Vecchia C，Levi F，et al. 1998. Trends in male：female ratio among newborn infants in 29 countries from five continents. Human Reproduction，5：1394-1396.

Park C B，Cho N H. 1995. Consequences of son preference in a low-fertility society：imbalance of the sex ratio at birth in Korea. Population and Development Review，21：59-84.

Philip O. 1992. Sex ratio，son preference and violence in India：a research note. Economic and Political Weekly，27：2657-2662.

Population Division of the Department of Economic and Social Affairs of the United Nations. 2009. World Population Prospects：The 2008 Revision. http://esa.un.org/unpp.

Shaw C. 1989. The sex ratio at birth in England and Wales. Population trends，57：26-29.

Shep S，Mindel C. 1963. Effects on family size and sex ratio of p references regarding the sex of children. Population Studies，17：66-72.

Underwood J H. 1993. Secondary sex ratios in Micronesian populations. Social Biology, 40: 200-206.

Visaria P. 1967. Sex ratio at birth in territories with relatively complete registration. Eugenics Quarterly, 14：13-142.

Voss P R. 2007. Demography as a spatial social science. Population Research and Policy Review，26: 457-476.

Whiting J W M. 1993. The effect of polygyny on sex ratio at birth. American Anthropologist，3: 435-442.

附录：出生人口性别比、出生人口规模与缺失女婴数量速查表

一、主要目的

为了帮助各级领导和相关人员迅速了解某区域出生人口性别比偏高所导致的出生女婴“缺失”规模，判断出生人口性别比偏高后果的严重程度，科学地进行管理和决策，我们在对县级、地市级和省级出生人口规模的聚类分析结果和出生人口性别比的聚类分析结果的基础上，根据出生人口数量、出生人口性别比和缺失女婴数量三个变量之间的数学关系，设计和编制了适用于县级、地市级和省级的速查表。需要特别说明的是，缺失女婴数量是指性别选择性流引产女胎数量和女婴瞒报、漏报数量之和，就目前可获得数据而言，尚无法将这二者完全区分。

二、技术路线

（1）县级、地市级和省级出生人口的聚类分析。根据最近几年县级、地市级和省级人口统计资料，对出生人口规模分别进行县、地市、省三级聚类分析，确定县、地市、省三级出生人口数量的分布状况和聚集程度，由此确定适用于县级、适用于地市级和适用于省级三组速查表的出生人口数量起点值和终点值。

（2）根据 2000 年全国人口普查和 2005 年 1%人口抽样调查资料（只适用于省级）的出生人口性别比数值，进行聚类分析，确定速查表中出生人口性别比的最高值。

（3）在出生人口规模的聚类分析结果和出生人口性别比的聚类分析结果的基础上，根据出生人口数量、出生人口性别比和缺失女婴数量三个变量之间的数学关系，设定出生人口性别比正常值为 105，编制适用于县级、地市级和省级的三组速查表，篇幅所限，现将出生性别比间隔由 0.5 放大到 5.0，故此仅列出部分数据（附表 1~附表 3）。

附表 1 不同出生人口规模和出生人口性别比下的缺失女婴数量速查表（县级适用）（单位：人）

出生性别比 出生 人口规模/人	107.0	112.0	117.0	122.0	127.0	132.0	137.0	142.0	147.0
3 000	0	66	129	189	247	302	355	405	454
3 500	0	77	151	221	288	352	414	473	530
4 000	0	88	172	253	329	403	473	541	605
4 500	0	99	194	284	371	453	532	608	681
5 000	0	110	215	316	412	504	592	676	757
5 500	0	121	237	347	453	554	651	743	832
6 000	0	132	258	379	494	604	710	811	908
6 500	0	143	280	410	535	655	769	879	984
7 000	0	154	301	442	576	705	828	946	1 059
7 500	0	165	323	474	618	755	887	1 014	1 135
8 000	0	176	345	505	659	806	946	1 081	1 211
8 500	0	187	366	537	700	856	1 006	1 149	1 286
9 000	0	198	388	568	741	906	1 065	1 216	1 362
9 500	0	209	409	600	782	957	1 124	1 284	1 438
10 000	0	220	431	631	823	1 007	1 183	1 352	1 513
11 000	0	242	474	695	906	1 108	1 301	1 487	1 665
12 000	0	265	517	758	988	1 209	1 420	1 622	1 816
13 000	0	287	560	821	1 070	1 309	1 538	1 757	1 968
14 000	0	309	603	884	1 153	1 410	1 656	1 892	2 119
15 000	0	331	646	947	1 235	1 511	1 775	2 027	2 270
16 000	0	353	689	1 010	1 317	1 611	1 893	2 163	2 422
17 000	0	375	732	1 074	1 400	1 712	2 011	2 298	2 573
18 000	0	397	775	1 137	1 482	1 813	2 129	2 433	2 724
19000	0	419	818	1 200	1 564	1 913	2 248	2 568	2 876
20 000	0	441	861	1 263	1 647	2 014	2 366	2 703	3 027
21 000	0	463	904	1 326	1 729	2 115	2 484	2 838	3 178
22 000	0	485	947	1 389	1 812	2216	2 603	2 974	3 330
23 000	0	507	991	1 452	1 894	2 316	2 721	3 109	3 481
24 000	0	529	1 034	1 516	1 976	2 417	2 839	3 244	3 632
25 000	0	551	1 077	1 579	2 059	2 518	2 958	3 379	3 784
26 000	0	573	1 120	1 642	2 141	2 618	3 076	3 514	3 935
27 000	0	595	1 163	1 705	2 223	2 719	3 194	3 649	4 086
28 000	0	617	1 206	1 768	2 306	2820	3 312	3 785	4 238

续表

出生人口规模/人 \ 出生性别比	107.0	112.0	117.0	122.0	127.0	132.0	137.0	142.0	147.0
29 000	0	639	1 249	1 831	2 388	2 921	3 431	3 920	4 389
30 000	0	661	1 292	1 894	2 470	3 021	3 549	4 055	4 540

附表 2　不同出生人口规模和出生人口性别比下的缺失女婴数量速查表（市级适用）（单位：人）

出生人口规模/人 \ 出生性别比	107.0	112.0	117.0	122.0	127.0	132.0	137.0	142.0	147.0
5 000	0	110	215	316	412	504	592	676	757
6 000	0	132	258	379	494	604	710	811	908
7 000	0	154	301	442	576	705	828	946	1 059
8 000	0	176	345	505	659	806	946	1 081	1 211
9 000	0	198	388	568	741	906	1 065	1 216	1 362
10 000	0	220	431	631	823	1 007	1 183	1 352	1 513
12 000	0	265	517	758	988	1 209	1 420	1 622	1 816
14 000	0	309	603	884	1 153	1 410	1 656	1 892	2 119
16 000	0	353	689	1 010	1 317	1 611	1 893	2 163	2 422
18 000	0	397	775	1 137	1 482	1 813	2 129	2 433	2 724
20 000	0	441	861	1 263	1 647	2 014	2 366	2 703	3 027
22 000	0	485	947	1 389	1 812	2 216	2 603	2 974	3 330
24 000	0	529	1 034	1 516	1 976	2 417	2 839	3244	3 632
26 000	0	573	1 120	1 642	2 141	2 618	3 076	3 514	3 935
28 000	0	617	1 206	1 768	2 306	2 820	3 312	3 785	4 238
30 000	0	661	1 292	1 894	2 470	3 021	3 549	4 055	4 540
32 000	0	705	1 378	2 021	2 635	3 223	3 786	4 325	4 843
34 000	0	749	1 464	2 147	2 800	3 424	4 022	4596	5 146
36 000	0	794	1 550	2 273	2 964	3 626	4 259	4 866	5 449
38 000	0	838	1 637	2 400	3 129	3 827	4 495	5 136	5 751
40 000	0	882	1 723	2 526	3 294	4 028	4732	5 407	6 054
42 000	0	926	1 809	2 652	3 458	4 230	4 969	5 677	6 357
44 000	0	970	1 895	2 778	3 623	4 431	5 205	5 947	6 659
46 000	0	1 014	1 981	2 905	3 788	4 633	5 442	6 218	6 962
48 000	0	1 058	2 067	3 031	3 952	4 834	5 678	6 488	7 265
50 000	0	1 102	2 153	3 157	4 117	5 035	5 915	6 758	7 567
55 000	0	1 212	2 369	3 473	4 529	5 539	6 507	7 434	8 324

续表

出生性别比 / 出生人口规模/人	107.0	112.0	117.0	122.0	127.0	132.0	137.0	142.0	147.0
60 000	0	1 323	2 584	3 789	4 941	6 043	7 098	8 110	9 081
65 000	0	1 433	2 799	4 105	5 352	6 546	7 690	8 786	9 838
70 000	0	1 543	3 015	4 420	5 764	7 050	8 281	9 462	10 594
75 000	0	1 653	3 230	4 736	6 176	7 553	8 873	10 137	11 351
80 000	0	1 763	3 445	5 052	6 587	8 057	9 464	10 813	12 108
85 000	0	1 874	3 661	5 368	6 999	8 560	10 056	11 489	12 865
90 000	0	1 984	3 876	5 683	7 411	9 064	10 647	12 165	13 621
95 000	0	2 094	4 091	5 999	7 822	9 567	11 239	12 841	14 378
100 000	0	2 204	4 307	6 315	8 234	10 071	11 830	13 517	15 135
105 000	0	2 314	4 522	6 630	8 646	10 574	12 422	14 192	15 892
110 000	0	2 425	4 737	6 946	9 058	11 078	13 013	14 868	16 648
115 000	0	2 535	4 953	7 262	9 469	11 582	13 605	15 544	17 405
120 000	0	2 645	5 168	7 578	9 881	12 085	14 196	16 220	18 162

附表 3　不同出生人口规模和出生人口性别比下的缺失女婴数量速查表（省级适用）（单位：人）

出生性别比 / 出生人口规模/人	107.0	112.0	117.0	122.0	127.0	132.0	137.0	142.0	147.0
50 000	0	1 102	2 153	3 157	4 117	5 035	5 915	6 758	7 567
60 000	0	1 323	2 584	3 789	4 941	6 043	7 098	8 110	9 081
70 000	0	1 543	3 015	4 420	5 764	7 050	8 281	9 462	10 594
80 000	0	1 763	3 445	5 052	6 587	8 057	9 464	10 813	12 108
90 000	0	1 984	3 876	5 683	7 411	9 064	10 647	12 165	13 621
100 000	0	2 204	4 307	6 315	8 234	10 071	11 830	13 517	15 135
150 000	0	3 306	6 460	9 472	12 351	15 106	17 745	20 275	22 702
200 000	0	4 408	8 614	12 629	16 468	20 142	23 660	27 033	30 270
250 000	0	5 510	10 767	15 787	20 585	25 177	29 575	33 792	37 837
300 000	0	6 613	12 920	18 944	24 703	30 213	35 490	40 550	45 405
350 000	0	7 715	15 074	22 102	28 820	35 248	41 405	47 308	52 972
400 000	0	8 817	17 227	25 259	32 937	40 284	47 320	54 067	60 540
450 000	0	9 919	19 381	28 416	37 054	45 319	53 236	60 825	68 107
500 000	0	11 021	21 534	31 574	41 171	50 354	59 151	67 583	75 674
550 000	0	12 123	23 687	34 731	45 288	55 390	65 066	74 342	83 242
600 000	0	13 225	25 841	37 888	49 405	60 425	70 981	81 100	90 809

续表

出生性别比 出生 人口规模/人	107.0	112.0	117.0	122.0	127.0	132.0	137.0	142.0	147.0
650 000	0	14 327	27 994	41 046	53 522	65 461	76 896	87 858	98 377
700 000	0	15 429	30 148	44 203	57 639	70 496	82 811	94 617	105 944
750 000	0	16 531	32 301	47 360	61 756	75 532	88 726	101 375	113 512
800 000	0	17 634	34 455	50 518	65 873	80 567	94 641	108 133	121 079
850 000	0	18 736	36 608	53 675	69 991	85 603	100 556	114 891	128 647
900 000	0	19 838	38 761	56 833	74 108	90 638	106 471	121 650	136 214
950 000	0	20 940	40 915	59 990	78 225	95 674	112 386	128 408	143 781
1 000 000	0	22 042	43 068	63 147	82 342	100 709	118 301	135 166	151 349
1 050 000	0	23 144	45 222	66 305	86 459	105 744	124 216	141 925	158 916
1 100 000	0	24 246	47 375	69 462	90 576	110 780	130 131	148 683	166 484
1 150 000	0	25 348	49 528	72 619	94 693	115 815	136 046	155 441	174 051
1 200 000	0	26 450	51 682	75 777	98 810	120 851	141 961	162 200	181 619

（4）出生人口聚类分析结果。通常认为，出生人口性别比的正常范围是103~107，这是当样本（或总体）规模足够大时，服从大数定律的结果。根据对出生性别比的标准误差、置信区间的统计推断研究，样本规模越大，标准误差越小。即便是总体数据，不存在从样本指标向总体指标的推断问题，总体规模比较小时，出生性别比的随机波动较大，导致总体结果的不确定或不稳定。由此可见，为了保证指标的科学性和可靠性，出生人口总量的样本（或总体）规模至少应该保持在一定规模之上。

根据2007年的行政区划统计，除港、澳、台外，全国共有31个省（自治区、直辖市），333个地市级行政区（53个地区和280个地级市），2 860个县级行政区（1 463个县、369个县级市、856个市辖区和172个自治县、旗、特区等）。第一，在333个地区（地级市）中，有12个地区（市、州）的总人口少于30万人，分别属于西藏、新疆、青海等西部省（自治区）的少数民族地区，出生人口性别比基本正常；其余地级行政区总人口都在30万人以上，其中有301个地市级行政区在50万人以上，占总数的90%以上。第二，按照拥有一定人数的县（市、区）的个数来进行分析，如附图1所示，图中曲线表明数量变化趋势，其大致呈正态分布，众数为21万人，中值为37万人。在县级行政区中，总人口数少于10万人的有292个，总人口超过30万人的有1 782个，占64.4%，其中，总人口在50万人以上的有981个。如果按照人口出生率10‰计算，人口规模在30万人以上的区域，其出生人口将多于3 000人。第三，省级行政区，年出生人口数量最少的5万人，最多的 110 万人。因此，编制速查表时，我们把县级行政区出生人口样本量的下限和上限值确定为 0.3 万~3.0 万人；地级行政区出生人口数量的下限和上限值确定为 0.5 万~12.0 万人；省级行政区出生人口数量的下限和上限值确定为 5.0 万~120.0 万人。这样，该速查表适用于全国所有省（自治区、直辖市）、地区（地级市）以及除少数民族聚居区以外的 90%以上县（市）。根据 2000 年全国人口普查资料和 2005 年 1%全国人口抽样调查资料，出生人口性别比的下限值确定为 107，上限值确定为 147。

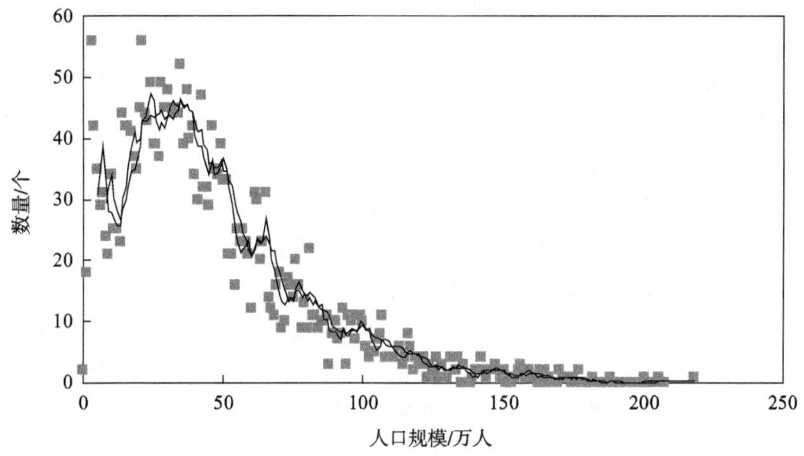

附图 1　全国县域（县、市、区）人口规模与数量分布

三、使用方法

在附表 1~附表 3 中，最左边的一列数字代表出生人口规模，最上面一行数字表示出生性别比。在实际使用中，首先需要确知所在区域的出生人口规模和出生性别比；其次，在最左边的列中找到与出生人口规模相同（或接近）的数字，在最上面的行中找出与出生性别比相同（或接近）的数字；最后，出生人口规模数字所在的行与出生性别比所在的列将交叉于一点，该点所对应的数字，既为缺失女婴数量。

后　记

在书稿付梓之际，感激之情油然而生感谢南开大学原新教授给予的真心关怀和精心指导，感谢中国社会科学院王广州研究员指点迷津，你们不仅给了我思想的启迪，也为我树立了前进的榜样。同时，也特别感谢徐倩老师及叶编辑提出的许多宝贵意见和建议，为文章增色添彩。本书以分析出生性别比历史变动趋势为基础，对影响出生性别比偏高升高的主要因素和作用机理进行深入分析，根据实证研究结果和主要结论，提出治理出生性别比偏高问题的有效路径。本书研究分析并回答了一些出生性别比偏高升高原因和治理问题，但人口社会发展实践活动纷繁复杂，出生性别比偏高相关问题层出不穷，有些问题甚至有时还比较尖锐，近几年，中国出生性别比发生了很大变化，主要表现在四个方面：一是全国出生性别比偏高程度有所降低，大部分省份出现一定程度下降，但也有部分省份依然处于上升之中，这反映综合治理出生性别比偏高问题取得了一定成效，但出生性别比偏高问题并未得到根本解决，出生性别比变动趋势是否由此进入下降通道，尚需时间检验；二是一孩次出生性别比开始偏高，性别选择性生育由二孩次提前到一孩次，这与孩子养育成本有着一定关系，人们生育挤压由政策性外部约束变成自发性内部约束，全面放开二孩生育政策对降低出生性别比偏高程度起到多大作用，尚需时间检验；三是性别选择性生育需求依然旺盛，开始由 B 超鉴定性别向性染色体检验过渡，并出现中介机构专门从事性别鉴定活动，这与保持打击“两非”高压态势有着一定关系，如何转变群众重男轻女观念弱化男孩偏好，尚需深入研究；四是受婚姻市场失衡和娶媳高昂费用影响，部分一孩是男孩的家庭开始寻求生育女孩的“灵方妙法”，期望第二胎生育女孩，担心第二胎再生男孩，这些问题或现象有待于日后进行更为深入的研究和思考。鉴于作者水平有限，疏漏之处在所难免，欢迎批评指正。

胡耀岭

2017 年 4 月